GOLDMANN
ARKANA

Buch

Brigitte Hamann unterscheidet anhand von sechs Begriffspaaren sechs zentrale Lebensmuster. Daraus gewinnt sie eine umfassende Typologie, mit der jeder Leser tiefe Einblicke in die Muster, Herausforderungen und Chancen seines Lebens gewinnen kann. Anhand von Fragebögen kann er seinen Typ objektiv und präzise herausfinden und so seinen Lebensthemen auf die Spur kommen.

Die Polarität von

- Durchsetzung und Kompromissbereitschaft
- Realismus und Idealismus
- Analyse und Synthese
- Subjektivität und Objektivität
- Egozentrik und Exzentrik
- Einordnung und Freiheit

hat sich aus der Praxis astrologischer Erfahrungen entwickelt. Dieses Beschreibungsraster hat sich als extrem aussagekräftig erwiesen für Menschen, die konkrete Hilfe auf dem Weg zu sich selbst suchen. Einfach und dennoch substantiell bietet sie Menschen Orientierung, die wissen wollen, welche Erfahrungen und Motive ihr Leben gestalten und wie sie ihre Talente sinnvoll einsetzen können. Aus dieser Erkenntnis kann der Leser sein persönliches Problemlösungsmuster entwickeln und seiner wahren Bestimmung näher kommen.

Autorin

Brigitte Hamann ist Dolmetscherin für Englisch, Französisch und Spanisch. Zahlreiche Reisen durch Europa, Amerika und vor allem im asiatischen Raum sowie ein zweijähriger Aufenthalt in Taiwan veranlassten sie zu einer intensiven Auseinandersetzung mit den Mythen der Völker und mit östlicher Philosophie und Kultur. Sie bildete sich weiter mit psychologischen Seminaren und Fortbildungen, insbesondere in Astrologie, Transaktionsanalyse und körperorientierten Therapieverfahren. Seit 20 Jahren arbeitet sie hauptberuflich als Astrologin, Therapeutin und gibt Seminare im ganzen deutschsprachigen Raum.

Brigitte Hamann

Reise zum Lebensziel

Herausforderungen, Potenziale und Wege der 6 Persönlichkeitstypen

GOLDMANN
ARKANA

FSC
Mix
Produktgruppe aus vorbildlich bewirtschafteten Wäldern und anderen kontrollierten Herkünften
Zert.-Nr. SGS-COC-1940
www.fsc.org
© 1996 Forest Stewardship Council

Verlagsgruppe Random House FSC-DEU-0100
Das für dieses Buch verwendete FSC-zertifizierte Papier *München Super* liefert Mochenwangen.

1. Auflage

Originalausgabe Juli 2006

Umschlaggestaltung: Design Team München
Umschlagmotiv: Design Team München
WL · Herstellung: CZ
Satz: Uhl + Massopust, Aalen
Druck und Bindung: GGP Media GmbH, Pößneck
Printed in Germany
ISBN-10: 3-442-21756-3
ISBN-13: 978-3-442-21756-4

www.goldmann-verlag.de

Für Jochen, meine Liebe,
und meine Tochter Susanne, die durch ihre Herzenswärme,
Liebe und viele ungewöhnliche Gedanken mein Leben
reich gemacht und inspiriert hat.

Inhaltsverzeichnis

Wichtig zu wissen

Dieses Buch will Sie nicht in typologische Schablonen stecken. Es möchte Sie darin unterstützen, die Grundthematik Ihres Lebens tiefer zu verstehen, neu zu beleuchten und Ihre eigene Form der Verwirklichung zu finden. Es ist eine Gebrauchsanleitung und zugleich nicht: Dort, wo Ihr eigener, schöpferischer Antrieb beginnt, schreiben Sie Ihr(e) Kapitel auf Ihre eigene Weise weiter.

In den folgenden Kapiteln finden Sie eine Beschreibung der Motive, Erfahrungen und Probleme, die jeden der sechs Typen bewegen, sowie einen Blick darauf, wie Ihr Lebensziel aussehen kann, wenn Sie die Gegensätze, um die sich Ihr Leben dreht, in einer sinnvollen Synthese vereinen.

Jeder Mensch trägt die Lebensthemen aller sechs Typen in sich. Sie werden sich deshalb in abgeschwächter Form auch in den anderen Typen wieder finden. Diejenigen, die nicht Ihrem Haupttypus entsprechen, zeigen zusätzliche Schwerpunkte in einzelnen Lebensbereichen: in der Liebe, der Gesundheit, bei den Finanzen, in der Kommunikation. Der rote Faden Ihres Lebens – das Muster, das sich anhand Ihrer Biografie und Ihrer Erinnerungen erkennen lässt, und das damit verbundene Lebensziel – bilden sich jedoch durch einen bis maximal drei Typen ab, die eine Mischung eingehen.

Niemand ist einem reinen Typus zuzuordnen, denn wir alle sind komplexe Mischungen. Mit Hilfe des Fragebogens können Sie Ihren Haupttyp und Untertypen bestimmen, die Ihre persönliche Mischung ausmachen.

Lesen Sie bitte zunächst die Erläuterung, wie die Texte zu verstehen sind, bevor Sie mit den Kapiteln zu den sechs Typen beginnen. Sie finden sie nach der Auswertung im Anschluss an den Fragebogen.

Um die Sprache dieses Buches zu vereinfachen, habe ich in den meisten Fällen die männliche Ausdrucksform gewählt. Dies ist nicht als Diskriminierung der Frauen zu verstehen (ich bin ja selbst eine ☺). Es entspricht dem Sprachgebrauch, die männliche Form als übergeordnete Form zu verwenden, so wie wir von dem »Menschen«, aber nicht von der »Menschin« sprechen.

Die Reise zum Lebensziel – eine neue Typologie der Lebenswege

Der Weg zum Ziel

> *Am Ende all eueres Suchens werdet ihr zu euerem Ausgangspunkt zurückkehren, und ihr werdet ihn zum ersten Mal sehen.*
> *T. S. Eliot*

Wir sind immer auf dem Weg zum Ziel. Wir können gar nicht anders. Mit unserer Geburt betreten wir unsere individuelle *Lebenslandschaft*, in der wir auf unsere Weise, fröhlich oder traurig, aktiv gestaltend oder passiv erlebend, wandern. Der Weg, den wir darin zurücklegen, ist nicht als Strecke zu verstehen, die bei »A« beginnt und bei »Z« endet, sondern als Pfad, der innerhalb dieser Landschaft verläuft. Unser Leben besteht darin, uns den Bedingungen, Herausforderungen und Chancen, die wir unterwegs antreffen, zu stellen. Unsere *Lebenslandschaft* bietet uns die Möglichkeit, das, was wir in ihr vorfinden, aktiv zu nützen und zu gestalten. Während wir wandern, entdecken wir unterschiedliche Perspektiven. Sie zeigt sich uns hell beleuchtet oder auch düster und dunkel. Indem wir sie selbst immer wieder neu beleuchten – neue Blickwinkel einnehmen –, können wir ihre verschiedenen Aspekte und Möglichkeiten wahrnehmen. Wir sind, mit den Worten von Frances Vaughn, »Künstler mit dem Auftrag, unser Leben zu entwerfen«. Unsere persönliche *Lebenslandschaft* auf die uns bestmögliche Weise zu gestalten ist unser Lebensziel.

Die Griechen der Antike bezeichneten die Kraft, die unseren Lebensweg bestimmt, als *daimon:* den Zuteiler unseres Schicksals. Aus diesem Wort entstand später das Wort *Dämon*, der Geist, der uns treibt. Wir können diesen Geist fatalistisch als unausweichliches Schicksal betrachten wie bei Ödipus, der trotz aller Versuche, seinem Schicksal zu entgehen, schließlich doch seinen Vater tötet und seine Mutter heiratet, oder als Aufgabe wie bei Odysseus, der nach vielen Irrfahrten und Abenteuern schließlich nach Hause zurückkehrt. Auf der »Reise zum Lebensziel« geht es genau darum: »nach Hause« – zurück zu uns selbst und zu unserem wahren Ursprung – zu finden. Der Weg in unserer *Lebenslandschaft* ist ein Kreis: Wir ziehen aus, um schließlich zu uns zurückzukehren. Wie in dem Wort »Religion« ausgedrückt, das von »religio«, Rückverbindung, kommt, suchen wir die Rückverbindung zu den spirituellen Wurzeln unserer Existenz. In den Augenblicken, in denen wir mit uns selbst eins sind, entdecken wir Gott.

Worum es uns wirklich geht

Nur wenn wir das tun, wozu wir in der Tiefe unserer Seele berufen sind, berühren wir das wirkliche Leben.
Brigitte Hamann

Über die ursprüngliche Bedeutung des Begriffs »Sünde«

Alles, was wir fühlen und tun, ist der Versuch, unser *Lebensmotiv* auszudrücken: den Grund, warum wir geboren wurden. Wir können dies auf unterschiedliche Weise tun – mehr oder weniger deutlich, bewusst oder unbewusst, in einer beglückenden oder dramatischen Form. Wir können mehr von dem ausschöpfen, was in uns liegt, oder weniger. Aber immer sind wir auf unserer Lebensbahn.

Das Wort »Sünde« geht auf das hebräische Wort *chata* zurück, welches das Ziel verfehlen oder auch sich verfehlen bedeutet. Adam wurde ein Sterblicher, weil er das göttliche Ziel verfehlte. Und in eben diesem Sinne sprechen wir davon, wir seien vom »rechten Weg abgekommen«, wenn wir etwas getan haben, das uns falsch erscheint. Wir sprechen auch davon, dass Menschen vom rechten Weg abgekommen sind, wenn sie etwas tun, das sich schädlich auswirkt und sie selbst und andere unglücklich macht. Auf dem rechten Weg zu sein bedeutet nicht, dass immer alle Dinge reibungslos laufen oder wir nur noch glücklich sind. Es bedeutet, dass wir, wenn wir in uns nachspüren, ein Gefühl von Stimmigkeit und Heilsein entdecken, zu dem wir auch nach Augenblicken des Zweifels oder der Sorge wieder zurückkehren.

Auch wenn wir »sündigen«, bewegen wir uns innerhalb unserer *Lebenslandschaft*. Wie hilfreich oder schrecklich die Auswirkungen unseres Tuns auch sein mögen, wir können nichts anderes sein als das, was im Kern unseres Wesens angelegt ist und was am Ursprung unserer Existenz steht. Die Worte von Karl Geyer helfen uns, das zu verstehen: »Letzten Endes ist jede Sünde der Versuch des Geschöpfes, eine echte Sehnsucht auf falschem Weg oder mit falschen Mitteln zu befriedigen«. Unsere echte Sehnsucht – nicht das, was wir oft dafür halten – ist der Ausdrucks unseres *Lebensmotivs.*

Der systemische Therapeut Klaus Mücke drückt einen ähnlichen Gedanken mit den folgenden Worten aus: »Probleme sind Lösungen«, was nichts anderes bedeutet, als dass unsere Probleme Lösungsversuche darstellen. Wir können nicht wirklich vom Weg abkommen, denn unser Weg führt, wie alle Wege in den sechs *Lebenslandschaften*, mehr oder weniger direkt, auf Umwegen, über Berge und Täler, zum Ziel: der Wiedervereinigung mit dem Ursprung alles Seins, aus dem wir hervorgegangen sind. Ungeeignete Lösungen führen zu Zuständen, die wir als problematisch erleben. Es scheint, als seien wir vom Weg abgekommen, aber jede »Sünde« zeigt uns letztlich, dass die von uns eingeschlagene Abzweigung unsere Sehnsucht nicht wirklich stillen kann. In diesem Sinn ist es richtig, eine bestimmte Abzweigung genommen zu haben, denn wir lernen, indem wir Dinge ausprobieren.

Entwicklung bedeutet sowohl, unser wahres Ziel hinter all den vermeintlichen, denen wir nachjagen, zu finden, wie auch Lebensformen und Lösungen zu entwickeln, die uns mehr mit diesem Ziel in Einklang bringen.

Quelle und Flussbett

Jedes Schöne, das empfindsame Menschen hier unten sehen,
gleicht mehr als alles andere jenem himmlischen Ursprung,
aus dem wir alle kommen. *Michelangelo*

Allem Sein liegt ein Motiv zu Grunde, das Gestalt annehmen will. Wir geben ihm durch unsere Art zu leben erst eine konkrete Form. Wir tun dies mehr oder weniger bewusst. Unser *Lebensmotiv*, die Triebkraft in uns, die sich manifestieren will, strebt einem prinzipiellen Ziel zu, das sich in unterschiedlichen konkreten Lebensformen ausdrücken kann. Unser *Lebensziel* ist immateriell und kann auf eine Vielzahl von Arten verwirklicht werden, in verschiedenen Berufen, Beziehungen und Lebensstilen und an unterschiedlichen Orten. Nur die grundsätzliche Richtung, in die es weist, ist vorgegeben.

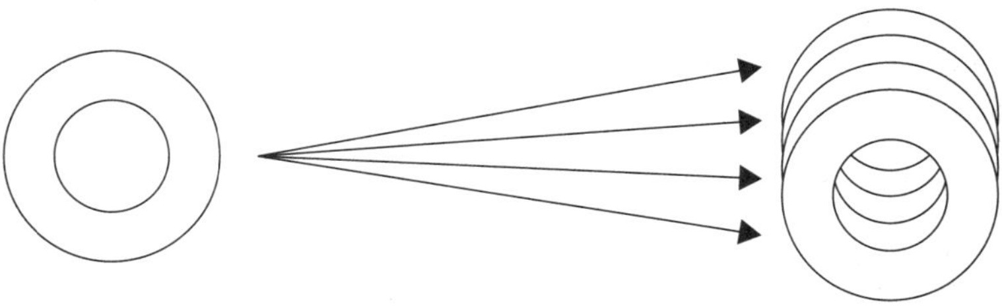

ABB 1: Lebensmotiv und Lebensziel

Wir können unser Leben mit einer Quelle und ihrem Flussbett vergleichen: Wenn eine Quelle zu sprudeln beginnt, sucht sie sich eine Richtung. In gewisser Weise ist diese Richtung durch ihren Ausgangspunkt und die Bedingungen des Bodens, auf den sie fällt, vorgegeben. Ihr Flussbett muss sie sich jedoch erst graben, um Gestalt anzunehmen. Ebenso sucht sich unsere innere Quelle ihre Lebensform. Die Form des Flussbettes wird von Umweltbedingungen mitbestimmt: von Wind und Wetter und der Beschaffenheit des Bodens. Das Gleiche gilt für unsere Lebensquelle. Entscheidend ist jedoch ihre Kraft, die wir mit unserem Willen, unser Leben zu gestalten, vergleichen können. Mehr Klarheit darüber, in welcher Form dieser Gestaltungswille ausgedrückt werden kann, bekommen wir, wenn wir bereit sind, das uns innewohnende *Lebensmotiv* zu entdecken und es anzunehmen, auch wenn es den offensichtlichen Motiven unserer Alltagspersönlichkeit entgegenzustehen scheint, und es mit all unseren Möglichkeiten umzusetzen.

Im Laufe unseres Lebens kann unsere Quelle immer reiner und kräftiger sprudeln: Wir haben die Chance, mit dem, was wir fühlen und denken und wie wir handeln, immer mehr mit uns selbst in Einklang zu stehen, so dass ein Gefühl von Richtigkeit entsteht. Zu Beginn unseres Lebens ist die Gestalt unserer inneren Persönlichkeit nur eine schattenhafte Form. Wie das Wasser der Quelle ist sie noch nicht klar definiert. Unser Lebensziel ist, dieser Form immer deutlichere Konturen zu verleihen. Indem wir unsere Quelle, das heißt unser *Lebensmotiv* erkennen, finden wir konkrete Formen, wie wir dieses Motiv in unseren Beziehungen, im Beruf und im Alltag ausdrücken können. Einen Sinn im Leben finden bedeutet genau das: sich mit dem ursprünglichen Motiv verbinden und Formen zu finden, wie wir dieses Motiv durch unsere Persönlichkeit und unsere Tätigkeiten in die Welt einbringen können. Darin liegt unser Beitrag, den wir zum Leben leisten. Dieser Beitrag findet ebenso in den kleinen, alltäglichen Dingen wie in den großen Taten statt. Er zeigt sich in unserer Einstellung zum Leben und zu anderen Menschen ebenso wie in jeder kleinen und großen Tätigkeit, die wir aus dem Herzen heraus tun. Wie sich unser individuelles *Lebensmotiv* ausdrückt, hängt von unserer Einstellung ab. Die Basis für das, was wir aus uns machen, liegt in unserer inneren Haltung begründet.

Aus ihr heraus bewerten und entscheiden wir, und sie ist die Grundlage all unseres Handelns. Wie wir das Verhalten anderer Menschen und die Ereignisse des Lebens deuten, entscheidet darüber, was wir erleben. Eine liebevolle Einstellung zu anderen Menschen wie zu uns selbst wird andere Ergebnisse nach sich ziehen als eine, die stark ausgrenzend ist. Eine einfache Frage genügt, um einen ethischen und liebevollen Maßstab zu finden: Würde ich in einer Welt leben wollen, in der alle so handeln wie ich?

Wo fiel Ihr Stein ins Wasser?

Ich lebe das Leben in wachsenden Ringen,
die sich über die Dinge ziehen. Ich werde den letzten
vielleicht nicht vollbringen, aber versuchen will ich ihn.

Rainer Maria Rilke

Wie unser Weltbild entsteht

Unser Lebensmotiv nimmt schon sehr früh Gestalt an. Vollziehen wir einmal nach, was geschieht, wenn ein Kind gezeugt wird und auf die Welt kommt. Der Typologie »Reise zum Lebensziel« liegt dabei die Annahme zugrunde, dass weder die Zeugung selbst noch der Zeitpunkt der Geburt Zufall ist, sondern dass es zu der Zeugung kommt, weil dieses Kind eine Aufgabe in der Welt hat. Der Zeitpunkt der Geburt stellt dabei die die Richtung gebende Initialzündung dar. Das bedeutet, dass es auf seine Weise zu dem großen Muster beiträgt, das das Leben webt, auch wenn wir manchmal die Zusammenhänge mit unserem begrenzten Verstand und Vorstellungsvermögen nicht verstehen können.

Ein Kind wächst im Mutterleib heran und macht erste Erfahrungen. Es entsteht ein elementares Erleben und Deuten dessen, was für ein Ort die Welt ist, was dort vor sich geht und was sie bereithält. Diese Eindrücke sind sehr intensiv, weil das Ungeborene noch sehr offen ist. Es hat außer dem, was es an Anlagen mitbekommen hat, noch keine Prägungen erfahren. Der Geburtsvorgang selbst stellt eine weitere Prägung dar. Er beeinflusst das Grundgefühl des Kindes bezüglich der Frage, wie es in die Welt hinausgehen, sich dort behaupten und sein Leben gestalten kann. Das frisch Geborene hat also bereits ein grundsätzliches, noch nicht ausgeformtes Bild davon, was Leben für es bedeutet. Dieses Bild hat nichts mit konkreten

Vorstellungen und Denkvorgängen zu tun, denn das Baby ist dazu noch gar nicht in der Lage. Es handelt sich vielmehr um Gefühlszustände, ein noch vages, aber bereits in eine Richtung weisendes Erleben.

Im Mutterleib und in den ersten Wochen und Monaten ist die Mutter oder die Mutterfigur gleichbedeutend mit der gesamten Welt. Das Kind kennt nichts anderes, und deshalb entsteht aus diesen ersten Eindrücken sein zentrales Lebensgrundgefühl. Die Erfahrungen, die wir mit unserer Mutter und dem Mütterlichen in unserer ersten Lebenszeit machen, bilden die Wurzel unseres Lebens. In Wechselwirkung mit seinen eigenen Anlagen, durch die jedes Baby seine Erfahrungen auf seine individuelle Weise deutet, werden diese Eindrücke zur Grundlage seines Weltbildes. Es entsteht, wie das Wort bereits ausdrückt, ein »Bild von der Welt« und entsprechend eine Vorstellung darüber, wie diese Welt beschaffen ist, was in ihr geschieht und welche Möglichkeiten dem Kind dort offen stehen. Elementare Prägungen aus dieser Zeit wie die Erfahrung von Ohnmacht oder liebevoller Akzeptanz entscheiden über die Ausgangsbasis, von der aus das Kind sein Leben in der Welt gestaltet. In dieser Zeit entsteht auch eine erste Ausprägung des *Lebensmotivs*, das seinen Ausdruck suchen wird.

Während es aufwächst, vergrößert sich seine Welt um den Vater, Geschwister oder andere Bezugspersonen. In dieser Welt macht es weitere Erfahrungen, die auf die bereits vorhandenen Prägungen treffen und sie weiter ausformen. Die Welt des Kindes und sein Weltbild entstehen also bereits im Mutterleib. Die ersten drei Lebensjahre haben darüber hinaus einen entscheidenden Einfluss darauf, wie die konkreten Konturen später aussehen werden. Als Quintessenz lässt sich sagen: Mutter ist die Welt für uns. Aus der kleinen Welt des Kindes wird später die große Welt des Erwachsenen. In der kleinen Welt des Kindes können auch Dinge, die aus der Sicht des Erwachsenen geringfügig sind, große Wirkungen erzeugen. Der Erwachsene wird später die großen Dinge seiner Erwachsenenwelt ähnlich erleben und zuordnen, wie er das als Kind getan hat. Die Wirklichkeit, in der wir als Erwachsene leben, ist in ihren wesentlichen Grundzügen die Vergrößerung der Welt, wie wir sie als Kind erfahren haben. Wir können uns diesen Vorgang mit dem Bild eines Steins, der ins Wasser fällt, verdeutlichen: Dort, wo er hinein gefallen ist, entstehen Ringe, erst kleinere, dann immer größere.

Schlüsselerlebnisse

Diese Erfahrungen sind nicht als Stempel zu verstehen, der auf ein leeres Blatt gedrückt wird, sondern als eine Wechselwirkung aus etwas Bestehendem – unseren mitgebrachten Anlagen – und den Ereignissen. Auf Grund unserer Anlagen haben wir eine Vorstrukturierung, eine Neigung, wie wir Ereignisse deuten werden und welche Rückschlüsse wir daraus über uns und die Welt ziehen. Nicht alle Erlebnisse sind gleich intensiv. Das Muster, nach dem sich unser Leben entwickelt, entsteht an wichtigen Eckpunkten, an denen Schlüsselerlebnisse stattfanden. An diesen Eckpunkten haben wir – meist unbewusst – Weichenstellungen vorgenommen, die den Lauf unseres Lebens beeinflussen. Auch hier verdeutlicht das Bild des Steins, der ins Wasser gefallen ist, was geschieht: Jedes Schlüsselerlebnis zieht Kreise in unserem Leben. Je größer unser Lebensraum wird, desto größer sind auch die Kreise.

Wo ist in diesem Bild unser freier Wille? Unabhängig davon, was wir erfahren haben, gilt der Grundsatz: Eine schlechte Kindheit ist eine Erklärung, aber keine Entschuldigung. Mit den Worten von Wilhelm von Humboldt: »Wie wenig ist am Ende der Lebensbahn daran gelegen, was wir erlebten, und wie unendlich viel, was wir daraus machten.« Es liegt in unserer Verantwortung, das, was wir erleben, als Grundlage für eine schöpferische Lebensgestaltung zu nützen. Viele zum Teil extreme

Beispiele zeigen, wozu der Mensch fähig ist, wenn er seine Seele und seinen Geist nicht brechen lässt: Der Vater der Logotherapie, Viktor Frankl, zum Beispiel, der seine Zeit im Konzentrationslager in dem Buch »Und trotzdem ja zum Leben sagen« beschrieb, oder der Schauspieler Christopher Reeve, der mitten in einem erfolgreichen, aktiven Leben durch einen Sturz vom Pferd eine Querschnittslähmung davontrug. Er gab nicht auf. Bis zu seinem Tod kämpfte er für die Rechte anderer Querschnittgelähmter und Schwerstbehinderter, hielt unter schwierigsten Bedingungen Vorträge und schrieb das Buch: »Meine zwei Leben«. Der stumme Schrei eines Kindes, das herumgestoßen und misshandelt wurde, wurde zum Grundmotiv, anderen helfen zu wollen, sich zu artikulieren: Aus dem Kind wurde eine Therapeutin, die erfolgreich mit Autisten arbeitet. Rollstuhlfahrer haben eine eigene Olympiade gegründet, und zahlreiche Menschen, die im Waisenhaus aufwuchsen, haben große Dinge vollbracht. Irgendwann in ihrem Leben haben diese Menschen beschlossen, das Ausbreiten der Ringe ihres Lebens nicht sich selbst zu überlassen.

Und wo fiel Ihr Stein ins Wasser?

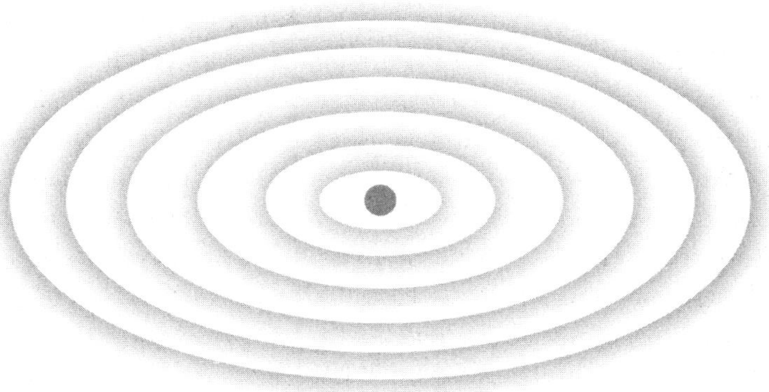

ABB 2: Ringe

Ihr Geschenk – was haben Sie schon früh gelernt?

Das Universum wird in seiner gesamten Geschichte niemanden mehr erleben, der so ist wie Sie.
Vartan Gregorian

Durch unsere Schlüsselerlebnisse und ihre Deutung entsteht der Impuls, ein Motiv, ein tiefer seelischer Wunsch, etwas in diesem Leben zu tun. Das gilt ebenso für unsere schönen Erfahrungen. Stärker motivierend sind jedoch die Verletzungen, die jeder von uns erfährt, unabhängig davon, wie gut oder schlecht es die Eltern gemeint haben. Durch unsere Kindheitsdramen und unsere Versuche, sie zu bewältigen, konkretisiert sich unser *Lebensmotiv*, aus dem wir später die konkrete Form unserer Berufung schöpfen können. Wie die Auster eine Verunreinigung mit Perlmutt umschließt und dabei eine Perle entsteht, so führen auch unsere Verletzungen dazu, dass wir Fähigkeiten entwickeln, die wir für die Erfüllung unserer Bestimmung benötigen. Wir müssen sie als das erkennen, was sie sind: hilfreich, um bestimmte Dinge aus eigener Erfahrung zu verstehen und eine entsprechende Kompetenz zu entwickeln. Während wir unsere Quelle reinigen, lassen wir eine Perle entstehen. Sie wird jedoch nur dann ihr kostbares Perlmutt entwickeln, wenn wir den Mut haben, unseren Weg zu gehen, anstatt unterwegs, an den Wegkreuzungen unserer Lebensentscheidungen, stehen zu bleiben.

Ihr Geschenk liegt in dem, was Sie lernten, als Sie in Ihrer ersten Lebenszeit »Strategien« entwickelten, um mit dem Leben umzugehen. Aus der Bewältigung Ihres Kindheitsdramas, das irgendwo auch unter den besten Bedingungen für jeden Menschen stattfindet, entstehen Fähigkeiten und ein starkes, meist vergessenes Motiv, etwas zu werden und zu tun: Aus einer Frau zum Beispiel, die in einem verwirrenden Umfeld konträrer und teilweise unberechenbarer Elternfiguren aufwuchs, wurde eine hervorragende Zukunftsforscherin. Sie hatte schon früh gelernt, auf die kleinsten Anzeichen dessen, was kommen würde, zu achten und es im Vorfeld zu deuten.

Das Ziel dieser Typologie ist, Sie darin zu unterstützen, die Grundrichtung Ihres Lebensmotivs und Ihrer Fähigkeiten zu entdecken oder weitere Inspirationen dazu zu finden.

Der Schlüssel zum Lebensziel – Sechs Reiserouten

Der große Test: Welcher Persönlichkeitstyp sind Sie?

Der nachfolgende Testbogen soll Ihnen helfen, Ihren persönlichen Typ bzw. Ihre Mischung zu bestimmen. Er besteht aus 144 Fragen, die Sie bitte folgendermaßen beantworten:

1. Gehen Sie die Fragen der Reihe nach durch und machen Sie **nur dort ein Kreuz** in dem dafür vorgesehenen Kreis, wenn Sie zu dieser Frage »ja« sagen können. **Antworten Sie auch dann mit »ja«,** wenn Sie die Frage im Augenblick zwar nicht bejahen würden, Sie aber wissen, dass Sie sich schon oft so gefühlt haben oder so gedacht und gehandelt haben. Was für Ihr Ergebnis zählt, ist, wie es die meiste Zeit Ihres Lebens war, nicht nur zum gegenwärtigen Zeitpunkt.
2. Fragen, die Sie mit »nein« beantworten würden, lassen Sie unausgefüllt stehen.
3. Wenn Sie sich bei einer Frage unsicher sind, ob Sie ein Kreuz machen möchten, können Sie zunächst ein Fragezeichen setzen und sich dieser Frage nochmals zuwenden, wenn Sie alle anderen Fragen beantwortet haben.
4. Lassen Sie sich nicht irritieren, wenn Sie über längere Strecken kein Kreuz machen können.
5. Fühlen Sie bei den einzelnen Fragen nach, ob sie auf Sie zutreffen. Antworten Sie nicht aus dem Kopf und aus rationalen Begründungen heraus, sondern möglichst aus dem, was Sie spontan empfinden.

6. Zählen Sie die Punkte der einzelnen Rubriken von 1a bis 6b zusammen und tragen Sie sie in die Liste ein.
7. Der Typ, der die meisten Punkte hat, ist Ihr Haupttyp.
8. Die beiden Typen, die das nächstniedrige Punkteergebnis erzielen, zeigen, welche Themen in Ihren Haupttypus einfließen. Kombinieren Sie die Aussagen der Texte. Sie können widersprüchlich ausfallen und beschreiben dann zwei von einander abweichende, aber wichtige Wesenszüge.
9. Wiederholen Sie den Test von Zeit zu Zeit. Die Schwerpunkte können sich dabei phasenweise verschieben, weil zum gegebenen Zeitpunkt ein anderer Wesenszug und Entwicklungsbereich stärker hervortritt.

Testbogen

	1	2	3	4	5	6	7	8	9	10	11	12
1. Ich sehne mich danach, friedliche, tragfähige Beziehungen aufzubauen, auch bei der Arbeit in einem Team	○											
2. Es ist mir wichtig, in eine Gruppe von Menschen eingebunden zu sein			○									
3. Ich sehne mich danach, meine innere Fülle auszudrücken und mitzuteilen						○						
4. Ich sehne mich danach, den Sinn der Dinge zu verstehen					○							
5. Ich sehne mich danach, etwas ganz Besonderes zu sein und zu tun									○			
6. Ich sehne mich danach, meinen eigenen, unabhängigen Weg zu gehen		○										
7. Ich sehne mich danach, meine Ängste zu überwinden und vertrauen zu können											○	

	1	2	3	4	5	6	7	8	9	10	11	12
8. Ich sehne mich danach, klar und eindeutig entschlossen sein zu können										○		
9. Ich sehne mich danach, entspannen und genießen zu können und einmal nichts leisten zu müssen				○								
10. Ich bin ziemlich kritisch und kritisiere andere eher, als dass ich sie lobe												○
11. Ich sehne mich danach, meinen Gefühlen und meinem eigenen Rhythmus folgen zu können, anstatt mich immer zusammenzunehmen								○				
12. Beziehungen und Freunde sind mir ausgesprochen wichtig		○										
13. Ich sehne mich danach, ausdauernd und diszipliniert sein zu können							○					
14. Ich habe ein Talent dafür, Dinge zum Laufen zu bringen											○	
15. Es ist mir wichtiger, etwas logisch erklären zu können, als daran zu glauben					○							
16. Ich hänge an allem, was mich an früher erinnert							○					
17. Ich sehne mich danach, etwas Großes, Bedeutsames zu tun			○									
18. Ich sehne mich nach Ordnung in meinem Leben / Es war mir wichtig, dies zu haben, und es ist mir schon gelungen												○

	1	2	3	4	5	6	7	8	9	10	11	12
19. Ich bin meistens innerlich angespannt	○											
20. Ich halte lange eine Distanz aufrecht und öffne mich nur langsam, wenn die Spielregeln klar sind								○				
21. In meiner Familie waren Rituale wie gemeinsames Essen, feiern und gemeinsamer Besitz wichtig			○									
22. Ich arbeite meist mit anderen in einem Team zusammen, würde es aber gern allein können		○										
23. Ich führe gern interessante, leichtgängige Gespräche über viele unterschiedliche Dinge					○							
24. Ich sehe mich meist im Zentrum des Geschehens									○			
25. Ich möchte gern möglichst viele Informationen haben und sie weitergeben						○						
26. Ich finde es oft schwierig, für meine Bedürfnisse einzutreten		○										
27. Ich habe einen tiefen Glauben						○						
28. Ich neige dazu, mir Schreckenszenarien über das, was sein wird, auszumalen											○	
29. Ich bin ein Perfektionist und werde ungeduldig, wenn andere es nicht richtig machen oder nicht verstehen, was ich meine				○								

	1	2	3	4	5	6	7	8	9	10	11	12
30. Ich kann mich in die meisten Menschen hineinversetzen und die Dinge aus ihrer Perspektive sehen										○		
31. Ich habe eine große Sehnsucht nach familiärer Geborgenheit							○					
32. Wenn ich nicht weiß, was ich tun soll, hole ich mir bei anderen Rat	○											
33. Ich will intensiv leben und das Leben bis zur Neige ausschöpfen						○						
34. Ich möchte frei sein und über bestehende Grenzen hinausgehen											○	
35. Ich gerate oft in die Rolle des Vermittlers										○		
36. Ich sehne mich danach, weniger aus meinem Verstand heraus zu leben und stattdessen an etwas zu glauben und zu vertrauen					○							
37. Ich bin eher praktisch als theoretisch veranlagt und möchte auch etwas Praktisches tun			○									
38. Meine Erinnerungen verschwimmen oft, oder ich kann mich gar nicht erinnern												○
39. Ein geregelter Tagesablauf gibt mir ein gutes Gefühl							○					

	1	2	3	4	5	6	7	8	9	10	11	12
40. Ich finde Selbstbeherrschung und Kontrolle wichtig				○								
41. Andere finden, dass ich lebhaft und positiv eingestellt bin und aus mir herausgehe					○							
42. Mehr als logische Erklärungen brauche ich das Gefühl, dass alles seinen Sinn hat						○						
43. Es fällt mir oft schwer, zu entscheiden, ob ich lieber auf andere eingehe oder ob ich einen Kompromiss schließe, damit die Harmonie gewahrt bleibt		○										
44. Soziale Anerkennung ist mir wichtig. Ich möchte beliebt sein					○							
45. Es fällt mir oft schwer, eine zweifelsfreie Meinung zu entwickeln										○		
46. Ich musste früh Verantwortung übernehmen und war wie ein kleiner Erwachsener								○				
47. Bei uns galt das Motto: Gemeinsam sind wir stark			○									
48. Vernunft, Anpassung und Bescheidenheit waren in meiner Familie wichtig											○	
49. Ich hatte schon als Kind eine Sonderrolle									○			
50. Ich habe immer wieder das Gefühl, ich möchte loslegen, und kann es nicht – ich bin wie im »Standby«									○			

	1	2	3	4	5	6	7	8	9	10	11	12
51. Ich will konkrete Ergebnisse sehen, wenn ich etwas tue. Ich will meine Zeit nicht für Spielereien und Banalitäten verschwenden				○								
52. Ich suche nach Richtlinien für mein Leben / ich habe früher lange danach gesucht							○					
53. Ich folge eher meinem Kopf als meinem Bauch					○							
54. Ich habe starke Stimmungsschwankungen						○						
55. Ich habe Gedanken, Visionen und Träume, die über die gängigen Vorstellungen, was möglich ist, hinausgehen, und die ich realisieren will											○	
56. Ich brauche in Beziehungen klare Regeln, damit ich weiß, woran ich mich halten kann											○	
57. Ich glaube, Beziehungen sind mir letztlich wichtiger als berufliche Ziele	○											
58. Ich neige zum Grübeln und brauche lange, um Enttäuschungen zu verarbeiten				○								
59. Ich lasse mich leicht ablenken										○		
60. Es ist mir wichtig, in meinem Umfeld anerkannt und beliebt zu sein						○						
61. Ich habe wenige, aber gute Freunde											○	

	1	2	3	4	5	6	7	8	9	10	11	12
62. Perfektion ist mir nicht so wichtig. Ich möchte vor allem mit anderen gut auskommen.		○										
63. In meinen Gefühlen und Bedürfnissen bin ich oft ambivalent										○		
64. Mit gesellschaftlichen Spielregeln und Normen kann ich nicht wirklich etwas anfangen											○	
65. Als ich ein Kind war, gingen viele Menschen bei uns ein und aus / hatte ich wechselnde Bezugspersonen					○							
66. Grenzen sind dazu da, um Ordnung zu schaffen, und helfen, damit wir uns orientieren können												○
67. Ich spreche oder schreibe gern über das, was ich fühle, oder drücke es mit meinem Körper aus					○							
68. Ich habe Angst davor, ausgeschlossen zu werden und schutzlos zu sein			○									
69. Wissen ist Macht: Je mehr ich weiß, desto besser kann ich meinen Platz finden und mich sicher fühlen											○	
70. Einer meiner größten Vorzüge ist meine Gefühlstiefe							○					
71. Ich habe eine große Sehnsucht danach, von anderen unabhängig zu werden und für mich allein stehen zu können		○										

	1	2	3	4	5	6	7	8	9	10	11	12
72. Ich neige dazu, mich zu betäuben: mit Alkohol, Drogen, Tabletten oder Sex und vielen Aktivitäten											○	
73. Ich bin bei allem, was ich tue, ausgesprochen konzentriert und möchte alle Dinge immer noch besser machen				○								
74. Ich würde am liebsten das Rad neu erfinden									○			
75. Ich lebe nach klaren ethischen Prinzipien				○								
76. Es fällt mir oft schwer, mich zwischen zwei Möglichkeiten zu entscheiden										○		
77. In meiner Familie war die Meinung der Leute sehr wichtig								○				
78. Ich glaube, dass der Satz »Hilf dir selbst, dann hilft dir Gott« wahr ist	○											
79. Manchmal bin ich von etwas tief überzeugt, ohne genau erklären zu können, warum						○						
80. Ich suche nach meinem Platz im Leben, einem Rahmen, in den ich mich einordnen kann												○
81. Alle meine Emotionen sind stark und fordern mich auf, sofort zu handeln									○			
82. Ich kann leicht zwischen richtig und falsch unterscheiden				○								

	1	2	3	4	5	6	7	8	9	10	11	12
83. Schon als Kind wollte ich nicht allein gelassen werden		○										
84. Ich habe oft das Gefühl, dass man mich unterschätzt									○			
85. Ich fühle mich wohl, wenn ich mit wenig auskomme								○				
86. Ich kann mich leicht anpassen und finde einen Weg, um mit fast jeder Situation zurechtzukommen						○						
87. Ich neige dazu, mich über meine Beziehungen zu definieren, denn ohne sie bin ich sehr einsam												○
88. Ich habe oft das Gefühl, dass ich ein Außenseiter bin und nicht dazugehöre										○		
89. Andere bezeichnen mich als entgegenkommend, diplomatisch und charmant	○											
90. Andere sagen, ich sei diszipliniert, korrekt und würde eher wenig Gefühle zeigen							○					
91. Ich konzentriere mich immer auf das Positive					○							
92. Ich sehne mich danach, Menschen zu finden, bei denen ich so sein darf, wie ich bin				○								
93. Ich ergreife nicht gern die Initiative										○		
94. Ich bin ein Verstandesmensch und lasse mich nicht gern von Gefühlen mitreißen					○							

	1	2	3	4	5	6	7	8	9	10	11	12
95. Ich fühle mich in Gruppen und bei gemeinsamen Zusammenkünften wohl			○									
96. Ich empfinde alle meine Bedürfnisse intensiv und will sie sofort befriedigen	○											
97. Ich beobachte genau, was geschieht. Das gibt mir Sicherheit.											○	
98. Ich möchte gern den Ton angeben									○			
99. Ich habe oft mit redseligen Menschen zu tun, die sich gern präsentieren	○											
100. Mir ist oft alles zu viel										○		
101. Regeln und Grenzen sind ein notwendiges Korsett, das man akzeptieren muss							○					
102. Ich mag keine Unklarheiten und Doppeldeutigkeiten				○								
103. Mir sind oft Dinge peinlich								○				
104. Meine Ziele haben sich schon öfter geändert und/oder die Wege, die ich dorthin einschlage									○			
105. Ich neige dazu, auf Konfrontationskurs zu gehen		○										
106. Ich bin sehr zielstrebig, wenn ich einmal auf Kurs bin								○				
107. Im Grunde meines Herzens weiß ich, was ich wert bin, und denke, dass ich oft besser bin als andere									○			

	1	2	3	4	5	6	7	8	9	10	11	12
108. Ich habe oft das Gefühl, keinen festen Boden unter den Füßen zu haben, und fühle mich verloren												○
109. Ich habe oft das Gefühl, dass ich mir keinen Platz nehmen darf								○				
110. Ich fühle mich schnell bedroht	○											
111. In meiner Kindheit ging es ziemlich chaotisch zu												○
112. Ich habe ein besonderes Talent darin, mich durchs Leben zu schlagen, und kann aus allem das Beste machen												○
113. Ich habe hohe Ansprüche an das, was ich leisten und verwirklichen will, komme aber oft nicht so in die Gänge, wie ich mir das vorstelle			○									
114. Ich schließe öfter Kompromisse, als ich es will	○											
115. Obwohl ich das meistens nicht zeige, bin ich sehr gefühlvoll und stimmungsabhängig								○				
116. Wenn mich etwas verletzt, verkrieche ich mich in mein Schneckenhaus							○					
117. Andere finden mich durchsetzungskräftig, direkt und sagen, ich wüsste genau, was ich will		○										

	1	2	3	4	5	6	7	8	9	10	11	12
118. Es ist mir wichtig, bewundert zu werden						○						
119. Ich kann mich sehr genau an alles erinnern. Meine Erinnerungen sind oft wie ein Foto				○								
120. Eindrücke sauge ich auf wie ein Schwamm. Sie bewegen und inspirieren mich							○					
121. Ich liebe Musik und bin fantasievoll und kreativ												○
122. Obwohl ich mit anderen zusammenarbeite, bin ich davon überzeugt, dass ich mich im Grunde nur auf mich selbst verlassen kann	○											
123. Ich möchte immer gut informiert sein und lese zum Beispiel gern Zeitungen					○							
124. Ich bin ziemlich sentimental								○				
125. Im Grunde meines Herzens bin ich ein Genussmensch			○									
126. Ich versuche, nach Möglichkeit keine Partei zu ergreifen									○			
127. Ich ziehe mich oft in Traum- und Fantasiewelten zurück, in denen alles so ist, wie ich es mir wünsche												○
128. Ich liebe es, ab und zu wieder Kind sein zu können							○					
129. Für mich ist Zeit etwas sehr Dehnbares, das durch Uhren nur geordnet wird							○					

	1	2	3	4	5	6	7	8	9	10	11	12
130. Ich sehne mich danach, ein eigenes Lebenskonzept zu entwickeln und danach zu leben			○									
131. Ich bin ein ausgezeichneter Beobachter						○						
132. Konflikten gehe ich aus dem Weg, ich bleibe lieber unparteiisch										○		
133. Gesellschaftliches Ansehen und ein guter Ruf sind mir wichtig								○				
134. Ich möchte gern nützlich sein												○
135. Ich habe Angst, dass mich andere übervorteilen könnten	○											
136. Als Kind hat man mir vermittelt, dass ich etwas Besonderes bin									○			
137. Ich brauche große Sicherheit, um mich emotional öffnen zu können			○									
138. Als Kind musste ich es machen wie alle anderen und durfte nichts Besonderes sein								○				
139. Allein fühle ich mich oft unausgefüllt und fülle die Leere mit Arbeit		○										
140. Im Grunde meines Herzens liebe ich die Freiheit / bin ich ein Rebell, der sich nicht anpassen will										○		

	1	2	3	4	5	6	7	8	9	10	11	12
141. Mich aus einer Beziehung oder aus einer sicheren Lebenssituation zu lösen bedeutet für mich ein großes Opfer und macht mir Angst			○									
142. Ich finde, dass Konkurrenz das Geschäft belebt und mich auffordert, besser zu werden		○										
143. Ich fordere Spitzenleistungen von mir und will alles perfekt machen				○								
144. Im Grunde meines Herzens bin ich ein Optimist						○						

Auswertung

	1	2	3	4	5	6	7	8	9	19	11	12
Punktezahl												
Typ	1a	1b	2a	2b	3a	3b	4a	4b	5a	5b	6a	6b

In den folgenden Kapiteln zu den sechs Persönlichkeitstypen sind problematische, konstruktive und lösungsbezogene Entsprechungen aufgeführt sowie ein Grundriss des jeweiligen Lebenszieles. Sie selbst haben die individuelle Variante Ihres Lebenszieles bereits ausgeformt und formen Sie weiter aus. Dabei soll dieses Buch behilflich sein. Da es sich um typologische Beschreibungen handelt, können nicht alle Aussagen auf Sie zutreffen.

Sie selbst entscheiden, wo Sie stehen. Streichen Sie die Stellen in Ihrem Kapitel an, die Ihnen besonders passend erscheinen, aber auch die, mit denen Sie sich in keiner Weise identifizieren können und die Sie vielleicht sogar empören.

Lesen Sie auch diese Passagen öfter als einmal und lassen Sie die Möglichkeit zu, dass sie etwas mit Ihnen zu tun haben könnten. Vielleicht kennen Sie sie auch von einem anderen Menschen. Fragen Sie sich, welche Konsequenzen es für Sie hat, dass dieser Mensch so ist und so handelt, und wozu Sie das auffordern könnte.

Lesen Sie Ihr Kapitel oder, wenn es mehrere sind, Ihre Kapitel immer wieder einmal. Sie selbst verändern sich, und mit Ihnen auch das, was Ihnen Ihr Text zu sagen hat.

Typ 1: Der Weg der Beziehungen: Zwischen Einzelkämpfer und Beziehungsmensch

In der Welt gibt es genug für jedermanns Bedürfnisse, aber nicht genug für jedermanns Gier. — *Mahatma Gandhi*

Menschen vom Typ 1 wollen sich durchsetzen und suchen den richtigen Weg dazu. Ihr Leben kreist darum, was und wie viel sie mit anderen tun wollen und wie viel allein. Dazu gehört auch die Frage, wer wie viel vom großen Kuchen bekommt. Sie sind einerseits Beziehungsmenschen, die ein tiefes Bedürfnis nach Kontakt und Austausch haben, und andererseits Einzelkämpfer, die sich von niemandem etwas vorschreiben lassen wollen. Weil andere Menschen eine so zentrale Rolle in ihrem Leben spielen, müssen sie ihr Verhältnis zu ihnen immer wieder neu definieren: Wie viel Harmonie und entsprechend Verzicht auf vielleicht wichtige Bedürfnisse wollen sie aufbringen zugunsten des Verlangens, mit anderen zusammen zu sein? Wie viel Abgrenzung und Konzentration auf sich selbst brauchen sie? Sind sie gemeinsam stärker, kreativer und erfolgreicher, oder möchten sie ihre Ziele doch lieber allein verwirklichen?

Sie haben einen starken Eroberungsdrang, lieben Aufbruchsituationen und sind zukunftsorientiert. Menschen vom Typ 1 wollen gewinnen. Die Welt ist für sie im besten Sinne eine große Auslage, die darauf wartet, in Besitz genommen und gestaltet zu werden, sie ist aber auch eine Arena, in der noch andere antreten, um das begehrte Objekt zu erringen. Deshalb müssen sie immer wieder ihr Maß aus Selbstbehauptung und Kompromissbereitschaft, aus Nehmen und Teilen finden. Sie sind großzügig, tolerant und teilen gern, solange ihre wesentlichen Bedürfnisse erfüllt sind. Dort jedoch, wo echte, nicht gestillte Bedürfnisse berührt werden, werden sie zum Kämpfer. Ihre Instinkte funken: Jeder ist sich selbst der Nächste, und wenn sie sich nicht angemessen selbst der Nächste sein können, löst das einen großen Schmerz und ein heftiges Verlangen in ihnen aus. Weil sie einen starken Selbsterhaltungstrieb haben, liegt es ihnen nicht besonders, ein Opfer zu bringen. Es entstehen Wettbewerbssituationen, in denen sie sich je nach innerem Standort fair und sportlich verhalten oder in denen sie einen Krieg der Interessen sehen, der ihre Überlebensinstinkte aktiviert.

Allein fühlen sie sich nicht besonders wohl, obwohl sie sich sehr danach sehnen, einfach zu tun, wonach ihnen ist, ohne andere ständig einzubeziehen und besonders Rücksicht nehmen zu müssen. Immer fragen sie sich, wie sich die verschiedenen Interessen der Menschen so miteinander vereinen lassen, dass jedem Genüge getan wird – auch ihnen selbst. Und immer wieder gilt es zu entscheiden, wie offen und wie gewappnet sie sein müssen, um im Leben zu bestehen. Sie sind Überlebenskünstler, die aktiv am Leben teilnehmen und sich ein schönes Stück vom Kuchen abschneiden wollen. Ihr Leben kreist um das Thema »was ich will und was du willst« und mündet in die Sehnsucht nach Umständen, in denen »ich und du gewinnen«. Zu entscheiden ist dabei, ob sie den geraden, direkten Weg gehen, der andere verärgern oder verletzen könnte, oder ob sie lieber einen Umweg wählen sollen, der andere einbezieht.

Menschen vom Typ 1 gehen entweder von einer sehr selbstbezogenen Warte aus und sind stark mit ihren Bedürfnissen, Vorlieben und Abneigungen identifiziert, oder sie sind besonders auf andere bezogen, was vor allem bedeutet, dass der andere Mensch ein wesentlicher Teil ihrer Bedürfnisstruktur ist. Sie neigen dazu, sich ohne eine Bezugsperson einsam oder unausgefüllt zu fühlen, was sie dazu veranlasst, Bindungen einzugehen, die im Negativfall weniger mit dem Menschen selbst als mit seiner Präsenz zu tun haben. Entsprechend geht es für sie darum, sich wirklich für den anderen in seinem Sosein zu öffnen und ihn als das zu sehen, was er ist: ein Mensch wie sie selbst, mit gleichen Rechten und Bedürfnissen, mit Sehnsüchten und Neigungen, die nach Erfüllung verlangen. Weil sie zu Einsamkeitsgefühlen neigen, suchen sie in Beziehungen Sicherheit und sind eher besitzergreifend als tolerant. Hier spielt die Frage der Gleichwertigkeit eine große Rolle: Menschen vom Typ 1 kämpfen darum, sich weder unterlegen zu fühlen noch eine Überlegenheit unangemessen auszunützen. Entscheidend ist, wie mutig und risikobereit sie sind. Das Wort »Zivilcourage« könnte einer von ihnen geprägt haben. Sie üben die Kunst, sich auf die richtige Weise zu arrangieren, was in erster Linie bedeutet, dass sie weder aus Verlustangst noch für persönliche Vorteile faule Kompromisse eingehen.

Der Schlüssel zu ihrem Leben findet sich in dem elementaren menschlichen Thema des Tauziehens der Interessen und eines möglichen friedlichen Ausgleichs. Die Reibungsenergie, die daraus entsteht, lässt sie munter und aktiv werden. Viele haben einen sicheren Instinkt sowohl für Gefahrensituationen wie auch für günstige Gelegenheiten. Eine ihrer besonderen Begabungen liegt darin, Menschen zu finden, mit denen sie sich bei ähnlich gelagerten Interessen zu einem Schulterschluss zusammenfinden können, der ausgesprochen effektiv sein kann. Entwickelte Menschen vom Typ 1 fühlen sich durch Wettbewerb positiv motiviert und angespornt, die eigenen Leistungen zu verbessern.

Die vielleicht größte Einsicht von Typ 1 besteht in der Erkenntnis, dass es uns am Ende unseres Lebens wenig nützt, wichtige Wünsche nicht gewagt zu haben oder ein ordentlicher Bürger der Gesellschaft gewesen zu sein, von dem andere »gut« sprechen, weil er den Regeln anstatt sich selbst entsprochen hat. Deshalb geht es für ihn darum, Normen und Konventionen in ihrer wahren Funktion zu verstehen und sie für sich arbeiten zu lassen, anstatt sie als unüberwindliche Schranken und Hindernisse zu interpretieren. Auf diese Weise entsteht eine kreative Offenheit für die Möglichkeiten, die das Leben dem Menschen für seine Selbstverwirklichung bietet. In diesem Verständnis ist Leben wie der Besuch eines »Running-Sushi«-Lokals: Man sitzt zusammen mit anderen vor dem Laufband, auf dem mehr oder weniger köstliche Gerichte vorbeiziehen. Jeder soll sich an der Theke des Lebens nach eigenem Geschmack bedienen. Dies wird nur gelingen, wenn wir davon überzeugt sind, dass genug für alle da ist.

Das Risiko der Menschen vom Typ 1 liegt in einer Fixierung auf sich selbst und darin, in emotionale Abhängigkeit zu geraten; ihre Gabe in einer besonderen Fähigkeit, Beziehungen aufzunehmen und zu pflegen. Ihre Grundfrage lautet: Wie können alle Beteiligten gewinnen? Um dies möglich zu machen, muss Typ 1a sich seiner Ichzentriertheit bewusst werden und sich für andere öffnen. Typ 1b muss sich dagegen von seiner Abhängigkeit von anderen Menschen lösen und lernen, seinen eigenen Weg zu gehen.

Subtyp 1a: Der Einzelkämpfer: Von der Selbstbezogenheit zur Kooperation

Worum es Ihnen wirklich geht

Der eine wartet, dass die Zeit sich wandelt, der andere packt sie kräftig an – und handelt. *Dante Alighieri*

Im Grunde Ihres Herzens sind Sie eine Kämpfernatur. Sie wissen, wie es ist, sich unter widrigen Umständen zu behaupten, und genau diese Lebensform ist für Sie das Natürlichste von der Welt. Ihr Selbsterhaltungstrieb ist stark ausgeprägt. Sie funktionieren nach dem Prinzip »erst handeln, dann denken«, denn Sie wissen, dass es zu spät sein kann, wenn man erst denkt und dann handelt. »Überleben oder untergehen«, funkt etwas in Ihnen, und Sie entscheiden sich ganz selbstverständlich für das Überleben. Ein Feuer brennt in Ihnen, das nach Ausdruck verlangt. Sie sind voll Tatendrang und wollen in diesem Leben nicht leer ausgehen. Dies ist nicht zuletzt so, weil Sie jedes Bedürfnis unmittelbar und intensiv empfinden und es möglichst umgehend befriedigen wollen. Alle Ihre Motive sind stark und sehr präsent. Ohne viel nachzudenken wissen Sie, was Sie wollen und was Ihnen gut tut. Was Verlangen in Ihnen erzeugt, weckt Ihren Eroberungsdrang und spornt Sie zum Handeln an. Ihre Lebensdevise lässt sich am besten mit den Worten »if you like it, go for it« umschreiben.

Obwohl Sie sich nach einer Welt des Friedens und der Harmonie sehnen, ist kaum einem anderen so bewusst, dass die Welt, in der wir leben, ein Ort des Ringens um Vorteile und Güter ist – eine Arena der Gladiatoren. Sie wollen nicht zu den Christen gehören, die den Löwen zum Fraß vorgeworfen werden. Nein, Sie sind fest entschlossen, all Ihre Kraft, Ihren

Mut und Ihre Geschicklichkeit zu investieren, um siegreich vom Spielfeld zu gehen. Deshalb leben Sie nach der Devise: Hilf dir selbst, dann hilft dir Gott. Wer sonst könnte ebenso an Ihrem Wohlergehen interessiert sein wie Sie selbst? Mit dieser Regel sind Sie bisher nicht schlecht gefahren. Wenn Sie auf Ihre Erfahrungen zurückblicken, wurden Durchsetzungsvermögen und Stärke belohnt, Nachgiebigkeit oder gar Schwäche aber nicht. Grundsätzlich liegt Ihnen nichts daran, sich mit anderen direkt anzulegen. Sie bevorzugen subtilere, diplomatische, freundliche Methoden, um an das zu kommen, was Sie haben wollen. Ihr gewinnendes Wesen nimmt andere für Sie ein. Sie können einen Charme ausstrahlen, der ausgesprochen überzeugend wirkt. Weil Sie eine so großzügige »laissez-faire«-Atmosphäre verbreiten können, in der sich jeder angenommen fühlt, lassen sich die Menschen gern auf Sie ein. Ein Kampf um Prinzipien ist Ihnen fremd. Sie orientieren sich an der Praxis und nicht an Ideologien. Gern gehen Sie den bequemeren Weg, auf dem Sie so manches einfach sein lassen können, das Ihnen zu viel Mühe erscheint. Solange Ihre Grundbedürfnisse befriedigt sind, sind Sie jovial. Weil die Natur Ihnen eine Art natürliche Tarnkappe mitgegeben hat, sind Sie in der Lage, Ihre eigentlichen Motivationen so lange verdeckt zu halten, bis Ihre Stärke reicht, um zu tun, was Sie sich vorgenommen haben. Sie werden deshalb leicht unterschätzt, was sich für Sie so manches Mal als Vorteil erwiesen hat.

Ihre große Stärke liegt in Ihrer Kommunikationsfähigkeit. In gewisser Weise sind Sie ein Kontaktathlet. Anders als andere Persönlichkeitstypen, denen es irgendwann zu viel wird, mit Menschen zu tun zu haben, können Sie eine fast unbegrenzte Menge an kommunikativem Input verkraften. Ihr ganzes Wesen ist auf Expansion ausgerichtet, und dazu benötigen Sie Anregung von außen. Mehr in Besitz nehmen, die eigene Sphäre ausweiten. Mehr erleben. Nicht stehen bleiben. So entdecken Sie, was es alles gibt, was Sie davon haben wollen und was Sie tun möchten. Sie brauchen die anderen, denn Beziehungen sind das, worin Sie die Lösung Ihrer Lebensfragen und die Befriedigung Ihrer Bedürfnisse sehen. Oscar Wilde drückte dies mit den Worten aus: »Das Buch der Bücher beginnt mit einem Mann und einer Frau in einem Garten – und schließt mit Offenbarungen.«

Darüber hinaus suchen Sie die Herausforderung, das Messen der Kräfte, den Wettbewerb. Ganz selbstverständlich erwarten Sie Widerstand. Auch wenn Sie nach außen Frieden, Harmonie und gemeinschaftliches Handeln vertreten und eine Sehnsucht danach verspüren, verlangen Sie tief im Inneren nach Reibung. Das macht Sie lebendig und gibt Ihnen ein Gefühl von Zuhause. Wenn es nichts zu tun und nichts zu erobern gibt, werden Sie unlustig und träge. Sie haben einen – meist gut versteckten – Hang zur Dominanz und wollen bei Entscheidungen gefragt werden. Wer Ihnen gegenüber Schwäche zeigt oder sich von Ihnen einschüchtern lässt, hat schnell bei Ihnen verloren. Sie verachten Schwäche und neigen dazu, auch bloße Nettigkeit als Weichlichkeit zu interpretieren.

In Ihrer Außenorientierung gibt es einen interessanten Widerspruch: Obwohl Sie sich nach Kontakt, Beziehungen und Freundschaften sehnen, sind Sie im Grunde ein Einzelgänger und schließen sich bei allem Interesse an der Umwelt nicht wirklich an andere an. Ihre Freiheitsliebe ist ein Grund dafür, Ihre innere Habachtstellung ein anderer. Etwas in Ihnen signalisiert: Vertrauen ist gut, Kontrolle ist besser. Mag es im Jenseits einen Himmel geben, hier sehen Sie ihn nicht. Tief im Herzen sehnen Sie sich danach, in die Welt des Fressens und gefressen Werdens Offenheit für das Wesen und die Bedürfnisse des anderen, gegenseitige Anteilnahme und Unterstützung, faire Bedingungen und Frieden zu bringen. Ihre Sehnsucht lässt sich mit den Worten von Ricarda Huch beschreiben: »Die Welt ist nicht wie ein Kieselstein, den man auf den Tisch wirft, und da liegt er und so ist er, sondern ein großer Teppich, an dem alle mitweben.«

Erinnerungen und Ängste

Wir können der Angst nicht entkommen. Wir können sie lediglich in einen Begleiter verwandeln, der uns bei allen aufregenden Abenteuern begleitet... Gehe ein Risiko pro Tag ein – eine kleine oder kühne Tat, bei der du dich großartig fühlen wirst, sobald du sie erst einmal unternommen hast.

Susan Jeffers

Sie kennen das latente oder auch deutliche Gefühl der Bedrohung. Meist sind Sie innerlich angespannt, denn Sie sind davon überzeugt: Diese Welt ist ein Ort des Kampfes, an dem der Rücksichtslosere und Stärkere siegt. Schon immer war es so. Sie erinnern sich genau: Um in dieser Welt zu überleben, musste man sich in Acht nehmen. Wer nicht gewappnet war, wurde verletzt, übervorteilt, herumgeschupst und musste die Forderungen anderer erfüllen. Schon früh haben Sie Ihre Instinkte trainiert, um sich zu schützen. Ihre Sensoren schlagen an, sobald ein Hauch von Aggressivität in der Luft liegt. Angst und Zorn waren Ihre Begleiter, vielleicht auch ohnmächtige Wut. Diese Wut steigt noch heute in Ihnen auf, wenn Sie sich in Bedingungen fügen müssen. Sie können unglaublich zornig werden. Weil Sie jedoch gelernt haben, dass Zorn große Nachteile oder sogar fürchterliche Folgen haben kann, zeigen Sie ihn nur selten nach außen, meist erst dann, wenn das Maß übervoll ist. In Ihre Wut mischt sich eine gehörige Portion Verzweiflung. Sie wissen: Im Leben wird einem nichts geschenkt. So gern wären Sie – schon als Kind – liebevoll und harmonisch mit anderen zusammen gewesen. Eigentlich waren Sie noch nie wirklich gern allein, obwohl Ihnen viel daran liegt, unbehelligt Ihr eigenes Ding machen zu können. Aber schon früher gab es etwas, einen Wermutstropfen, Forderungen, konkrete Bedrohungen, das Risiko, einschneidende Nachteile zu erleiden, eine Konkurrenzsituation vielleicht, in der Sie fürchteten zu unterliegen, sobald Sie mit anderen zusammen waren. Möglicherweise mussten Sie wichtige, intensiv gefühlte Bedürfnisse opfern, als Liebesbeweis zum Beispiel oder einfach, weil diese unerwünscht waren. Wenn es jedoch etwas gibt, was Ihnen zuwider ist, dann ist es das Opfer. Immer wieder werden Sie mit der Notwendigkeit konfrontiert, zu verzichten oder sogar ein echtes Opfer zu bringen, und das ist ausgesprochen unangenehm oder sogar schmerzhaft für Sie. Sie erinnern sich, wie es war, als man Ihnen etwas wegnahm, als Sie ein Kind waren, und Sie erinnern sich, wie sich das anfühlte. Zum selbstaufopfernden Idealisten sind Sie nicht geboren. So sind Sie vielleicht noch heute damit beschäftigt, herauszufinden, wer Ihnen die Butter vom Brot klauen könnte.

Ebenso groß wie Ihre Angst war und ist Ihr innerer Antrieb, sich durchzusetzen. Doch damals, als Sie klein waren, mögen Sie gelernt haben, dass ein Küken totgepickt wird, wenn es nicht vorsichtig ist. So ist es Ihnen zur zweiten Natur geworden, dieses Gefühl, Angriffen ausgesetzt zu sein. Weil Sie klein waren, entwickelten Sie ein Gefühl der Unterlegenheit, das Sie mit ebenso viel Angst wie Wut erfüllte. Sie zerren innerlich an Ihren Fesseln und wollen beweisen, dass Sie ebenso gut sind wie jeder andere. Sie fühlen sich schnell angegriffen und verletzt. So sind Sie ständig auf Selbstverteidigung eingestellt. Sie glauben, dass Sie zu denjenigen zählen, denen auf dieser Welt Unrecht getan wird, und dass Sie nur selbst dafür sorgen können, dass sich das ändert, denn niemand sonst wird das tun. Das schmerzt und ängstigt Sie, und immer wieder suchen Sie nach Menschen, denen Sie glauben und vertrauen können.

Weil Sie als Kind nicht erkennen konnten, dass Ihre damalige Unterlegenheit eine natürliche, altersbedingte Begleiterscheinung war, mögen Sie die Schlussfolgerung gezogen haben, dass etwas an Ihnen nicht stimmt. Ein schwaches Selbstwertgefühl ist das Ergebnis Ihrer verletzten Seite. Sie neigen dazu, sich selbst als »nicht o.k.«, den anderen aber als »o.k.« einzustufen, und glauben, Sie seien nicht liebenswert. Wer Sie liebt, wird es eines Vorteils wegen tun. Das hat Sie schon als Kind verletzt und wütend gemacht. Irgendwann haben Sie beschlossen zu misstrauen. Letztlich fühlen Sie sich wie ein einsamer Wolf, allein auf sich gestellt: Hilf dir selbst, dann hilft dir Gott.

Lösungsversuche und Fallstricke

Diplomatie ist die Kunst, einen Hund so lange zu streicheln, bis Maulkorb und Leine fertig sind. — *Felix Fauré*

Auf Ihre Umgebung wirken Sie entspannt, entgegenkommend, offen, ein positiver, optimistischer Mensch, dem die Dinge gelingen. Das ist Ihre Überlebensstrategie. In Wahrheit sind Sie trotz Ihres starken Selbsterhaltungstriebes zart besaitet und bauen eine Mauer aus Stärke und Optimismus um sich auf. Sie können sich scheinbar mühelos abgrenzen und anderen das Gefühl vermitteln, dass Sie unabhängig und gefestigt sind. Tatsächlich aber fühlen Sie sich wie einer, der gegen alle anderen antreten muss. Etwas in Ihnen ist davon überzeugt, dass sich die ganze Welt gegen Sie verschworen hat. Ihre freundliche, joviale Art kann eine Form von Selbstschutz sein, denn Ihr Instinkt sagt Ihnen, wer freundlich lächelt, reizt niemanden zum Angriff. Sie suchen Sicherheit, weil Sie sich unterlegen fühlen.

Wenn Sie sich selbst nicht mögen und Selbstverhinderungsmechanismen aufgebaut haben, funktionieren Sie nach dem Prinzip »Wie man sich selbst das Leben zur Hölle macht«. Sie glauben an Kampf, Wunden und Benachteiligungen und holen sie sich ab. Ihre massive, unterdrückte Wut bringt Sie dazu, sich selbst zu verletzen. Während Sie versuchen, nach außen zuversichtlich zu wirken, als würde Ihnen nichts etwas ausmachen, kochen Sie innerlich. Sie lächeln während Sie einstecken. »Wohin mit meiner Wut?«, fragen Sie sich, wenn Sie ein weiteres Mal nur Hürden und keine Erfolge sehen und wenn andere in Ihren Augen erfolgreicher sind als Sie. Sie warten auf Ihre Chance und malen sich aus, wie es sein wird, wenn Sie zum Zuge kommen.

Gehören Sie umgekehrt zu denjenigen, die sich schon früh entschlossen haben, auf der Gewinnerseite des Lebens zu stehen, treibt Sie ein mächtiger Motor voran. Sie haben erfahren, was es heißt, auf der Verliererseite des Lebens zu stehen, und wollen das mit allen Mitteln ändern. Ihre Lebenserfahrung sagt: Wir sitzen alle im gleichen Boot, aber manche sitzen näher an der Kombüse, und Sie gehören nicht dazu. Mit Diplomatie, Liebenswürdigkeit oder Schmeichelei gewinnen Sie Helfer und das begehrte Objekt: Wer freundlich lächelt, dem gibt man gern. Mit wohl gesetzten Worten und oft geradezu unwiderstehlichem Charme bauen Sie sich ein Netz, Ihr »Vitamin B«. Beziehungen sind alles, das ist Ihnen klar. Sie wissen instinktiv, dass Sie allein nicht gut überleben können und dass das Leben durch die Unterstützung und Zuwendung anderer wesentlich leichter wird. Hinter Ihrer Kompromissbereitschaft verbirgt sich der Wolf im Schafspelz. Im Ringen um die Vormachtstellung sind Sie entgegenkommend und liebenswürdig. Sie verstehen es, unauffällig zu bleiben, bis es Zeit ist, zuzupacken. Auf viele wirken Sie geradezu harmlos. Sehen Sie Ihre Interessensphäre bedroht, kann Ihre Freundlichkeit unvermittelt umschlagen und einer scharfen Aggression Platz machen, die Ihre Umgebung erstaunt und erschreckt.

Sie können nicht anders: Alles, wonach Sie verlangen, hat erste Priorität. Ihr direkter Zugang zu Ihren Bedürfnissen ist Ihre Stärke und Schwäche zugleich: Sie haben Mühe, auf die

Bedürfnisse anderer Rücksicht zu nehmen, es sei denn, es wäre in Ihrem Interesse, dies zu tun. Weil Sie unbedingt siegen wollen, sind Sie, wenn Sie verlieren, wie Rumpelstilzchen, das sich vor Wut in der Luft zerriss. Ihr starker Wille kann zu heftigen Interessenskonflikten mit anderen Menschen führen. Vielleicht leben Sie aus dem Gefühl heraus, anderen etwas wegnehmen zu müssen, damit es Ihnen gut geht. Sie haben kein Vertrauen darin, dass auch genug für Sie da ist. Solange Sie keine Chance sehen, bleiben Sie in Deckung, denn Sie haben einen sicheren Instinkt für mögliche Gefahren. In solchen Fällen können Sie lange abwägen, und eine Entscheidung fällt Ihnen schwer. Immer wieder fragen Sie sich, mit welcher Strategie Sie wohl am besten an Ihr Ziel kommen, und wollen nichts riskieren, wenn nicht der Sieg in Aussicht ist. Sie können für eine erstaunliche lange Zeit Harmonie aufrechterhalten und im Hintergrund bleiben, bis Sie sich stark genug fühlen, zu kämpfen. Das gilt auch dann, wenn Sie umgekehrt das Empfinden haben, andere würden sich auf Ihre Kosten nehmen, was sie wollen. Nur eines ist gewiss: Sie sind entschlossen, irgendwann selbst an die Fleischtöpfe zu kommen, an denen sich andere schon lange laben.

Konstruktive Lösungsstrategien auf dem Weg zum Ziel

> *Auch zwischen Gegnern ist eine Verständigung möglich, wenn sie das Trennende gemeinsam tragen.* — *Trygve Lie*

Entspannen Sie sich. Seien Sie offen und betrachten Sie, was geschieht, ohne Ihrem Impuls zu reagieren sofort nachzugeben. Entwickeln Sie innere Ruhe und lassen Sie die Dinge auf sich wirken. Sehen Sie über den Tellerrand hinaus. Diese Offenheit wird Ihnen eine neue Perspektive einbringen und Ihre Möglichkeiten erweitern. Sie müssen nicht in der Arena kämpfen, um sich lebendig zu fühlen, und Sie können auch dort zu Hause sein, wo Menschen echte Bereitschaft zeigen zu teilen. Nützen Sie Ihre naturgegebene Großzügigkeit für ausgewogene Entscheidungen statt für faule Kompromisse. Mit leeren Taschen haben Sie nichts zu vergeben. Stehen Sie also dazu, dass Sie gern Ihre Taschen füllen wollen – mit Zuneigung, Wertschätzung, Bestätigung, Erfolg, mit Wohlstand oder einfach Spass am Leben. Alle Menschen wollen das, und die klügste Überlebensstrategie ist, dies auf eine Weise zu tun, die möglichst allen nützt. Mit wem könnten Sie sonst Ihre Freude teilen? Lassen Sie auch andere profitieren. Enttäuschen Sie gelegentlich auch diejenigen, die kein gutes Haar an Ihnen finden.

Treten Sie innerlich ein Stück zurück. Gewinnen Sie Distanz zu sich selbst. Seien Sie offen für die Bedürfnisse anderer. Entdecken Sie, dass sie ähnliche Bedürfnisse haben wie Sie – im Kern wollen alle Menschen Aufmerksamkeit, Liebe, Sicherheit. Nur die Formen, die sie wählen, unterscheiden sich. Gewöhnen Sie sich an zu reflektieren: Projizieren Sie vielleicht Ihre Ängste auf andere? Will man Sie wirklich aus dem Rennen werfen? Stellt man Sie tatsächlich in Frage? Oder will der andere vielleicht nur ebenso sein Leben »fristen« wie Sie selbst? Folgt er vielleicht ebenso alten Programmen, die auf Verletzung und Schuld basieren? Können Sie ihn erreichen, wenn Sie sich auf seine wahren Bedürfnisse beziehen? Könnte es sein, dass ein Angriff ein Hilferuf ist? Denken Sie daran, dass man nicht Gleiches mit Gleichem vergelten muss. Überlegen Sie sich andere Möglichkeiten und ihre positiven Auswirkungen. Entwickeln Sie Humor. Machen Sie sich die Worte von Wilhelm Busch zu Eigen: »Man ist ja von Natur kein Engel, vielmehr ein Welt- und Menschenkind, und ringsherum ist ein Gedrängel, von solchen, die dasselbe sind.«

Tun Sie etwas Positives, auch wenn andere Sie enttäuscht haben. Definieren Sie Ihre Beziehungen neu, wählen Sie eine andere Perspektive. Albert Camus sagte: »Das echte Gespräch bedeutet: aus dem Ich heraustreten und an die Tür des Du klopfen.« Folgen Sie Ihrer Sehnsucht nach dem Du. Es ist nicht gut, dass der Mensch allein sei – das gilt auch für Sie. Doch nur mit Menschen, die sich von Ihnen aufrichtig geschätzt und gemocht fühlen und die spüren, dass Sie ihnen vertrauen, werden Sie glückliche Erfahrungen machen. Wagen Sie es, Gefühle zu zeigen. Auch Ihre Wut ist ein solches Gefühl. Zeigen Sie Ihre Verletzlichkeit. Wenn Sie zu Ihren Gefühlen und Bedürfnissen stehen, werden Sie stärker, nicht schwächer.

Öffnen Sie sich für die faszinierende Vielfalt, die das Leben zu bieten hat, und lassen Sie sich wahrhaft bereichern: unterschiedliche Mentalitäten, Sichtweisen und Sehnsüchte, bei denen es weniger um einen – letztlich uninteressanten – Gleichklang und mehr um einen intelligenten Zusammenklang geht. Suchen Sie Ihre Ergänzung, in der Liebe, in der Arbeit, im Alltag. Lassen Sie sich davon faszinieren, wie die Welt aus Gegensätzen entsteht, die sich reiben und vereinen, um das Ganze zu schaffen, das wir »Leben« nennen. So entdecken Sie auch das, wonach Sie intensiv verlangen: einen Sinn. Überwinden Sie Ihre Tendenz, eine Mauer um sich zu bauen, denn Ihre Mauer lässt nicht nur niemanden herein, sie lässt Sie auch nicht hinaus. Kommen Sie wirklich, nicht nur scheinbar aus sich heraus. Bestimmen Sie stattdessen die Regeln, nach denen Ihr Leben und Ihre Beziehungen verlaufen sollen und sprechen Sie darüber. Lassen Sie Regeln zu etwas werden, das Ihnen und Ihren Zielen dient, statt Sie einzuschränken. Lernen Sie zu delegieren. Dazu müssen Sie vertrauen. Weder das eine noch das andere hat mit einem bequemen Abgeben von Verantwortung zu tun, sondern mit dem wohlüberlegten Übergeben einer Aufgabe.

Entwickeln Sie echte Teamfähigkeit, die mehr verlangt, als Kompromisse zu schließen: Dazu gehören Regeln für die Zusammenarbeit als sinnvolle Stütze, Achtsamkeit als Grundlage für den Austausch, Freude am gemeinsamen Tun. Hegen und pflegen Sie Ihr Selbstwertgefühl. Entdecken Sie Ihren Wert, und sorgen Sie für gleichwertige Beziehungen. Erkennen Sie das Gesetz von Aktion und Reaktion: Durch Ihre Handlungen erzeugen Sie die Wirkungen Ihres Lebens, oder, anders ausgedrückt, auf jede Aktion folgt eine Reaktion. Das bedeutet, dass Sie in einem wesentlichen Umfang bestimmen, mit welchen Reaktionen Sie konfrontiert werden. Der Volksmund sagt: Wie man in den Wald hineinruft, so schallt es heraus. Wenn Sie sich nicht schätzen, wie können andere das tun? Wollen Sie aufrichtige, liebevolle Beziehungen, ist es unabdingbar, mit gutem Beispiel voranzugehen.

Gehen Sie liebevoll mit sich und Ihren Bedürfnissen um, und setzen Sie sich auch für die Bedürfnisse anderer ein. Motivieren Sie die Menschen um Sie herum. Sie verfügen über ein besonderes Energiepotenzial, das Sie gegen sich und andere richten, aber auch für sich und andere einsetzen können. Die Entscheidung liegt bei Ihnen. Knüpfen Sie ein Netz, das allen nützt. Entwickeln Sie Rücksichtnahme aus Einsicht. Seien Sie aufmerksam und üben Sie sich in Geduld. Oft wird der zweite Blick Ihnen mehr offenbaren als der erste.

Ihr Lebensziel

> *Der vollendete Umgang mit Menschen besteht darin, zugleich ehrlich und liebenswürdig zu sein.* *Jean Paul*

Dieses Leben ist Ihre Chance, sich für die Welt und ihre Schönheiten zu öffnen, sodass Sie mit dem Gefühl von Glück und Fülle beschenkt werden. Es gelingt Ihnen, Beziehungen aufzubauen, bei denen alle Beteiligten sich gegenseitig annehmen und achten, wie sie sind. Auf diese Weise wird jeder Erfolg zu einem Ereignis, von dem alle profitieren. Antoine de Saint-Exupéry, der in seinem Buch »Der kleine Prinz« beschreibt, wie unser offenes und liebevolles Herz empfindet, sagte einmal: »Eine Gemeinschaft ist nicht die Summe von Interessen, sondern die Summe von Hingabe.« Sie können Menschen zeigen, wie man aufrichtig teilt und was Großzügigkeit bedeutet. Das tun Sie, ohne sich selbst außer Acht zu lassen. Sie haben Objektivität sich selbst und anderen Menschen gegenüber entwickelt, die eine Gleichwertigkeit herstellt: Keiner ist besser oder schlechter, und Sie fühlen sich weder unterlegen noch überlegen. Sie kennen Ihre Stärken und die der Menschen um Sie herum ebenfalls. Für Sie sind Sie selbst o.k., und die anderen auch.

Sie haben entdeckt, dass Menschen die Summe Ihres Lebens ausmachen. Sie bemühen sich darum, die Gefühle und Motive zu verstehen, die den anderen bewegen, und beziehen sie in Entscheidungen ein. Sie orientieren sich nun weniger an seinem Verhalten als an dem, was ihn dazu veranlasst. Indem Sie sich auf die tieferen statt die scheinbaren Motive der Menschen um Sie herum beziehen, entstehen neue Verbindungen, eine Kommunikation von Herz zu Herz, eine Öffnung, die anders nicht möglich gewesen wäre. Auf diese Weise gewinnen Sie echte Freunde, und zwischen Ihnen und Ihren Konkurrenten entsteht eine Form von Achtung, die den Wettbewerb zu einer sportlichen Herausforderung statt zu einem bitteren Kampf werden lässt. Sie haben gelernt, auf der feinen Trennlinie zwischen beidem zu jonglieren und Ihren Instinkten zu vertrauen, ohne Projektionen von Angriff und Verlust. Sie können den Kummer und Schmerz derer nachempfinden, die auf schlimme Erfahrungen zurückblicken, und ihnen Zuversicht spenden. Auch darin sehen Sie einen Sinn: Indem Sie begreifen, wie andere Menschen fühlen, können Sie dazu beitragen, ihre Welt ein wenig besser zu gestalten.

Sie haben gelernt zu kämpfen, ohne zu verletzen, was bedeutet, dass Sie kluge und faire Strategien entwickeln, um Ihre Ziele zu verwirklichen und andere zu überzeugen. Sie wissen, dass in Ihrer Verletzlichkeit eine große Kraft liegt: Das Motiv für echte Freundlichkeit und Akzeptanz, aus denen eine aufrichtige Form von Gemeinschaftlichkeit entspringen. Sie haben Geduld und Umsicht mit denen, die in die großen menschlichen Kämpfe verstrickt sind: in die verzweifelte Suche nach Bestätigung und Liebe durch Leistung und Erfolg, in die Angst, übervorteilt und vom Kuchen des Lebens ausgeschlossen zu werden, in Selbstangriff und in die ständige Verteidigungsstellung. Das bedeutet, dass Sie auch Geduld und Liebe für sich selbst aufbringen, für Ihr verletztes inneres Kind, das Heilung will. Es ist Ihnen deutlich bewusst, dass wir uns in diesem Leben entscheiden, ob wir Nullsummenspiele oder Nichtnullsummenspiele spielen wollen: Bei einem Nullsummenspiel muss einer 50 Prozent verlieren, wenn ein anderer 50 Prozent gewinnt. Des einen Gewinn ist des anderen Verlust. Sind wir auf der Gewinnerseite, übersehen wir jedoch leicht, dass der Verlust unserer Mitmenschen in irgendeiner Form auch unser Leben beeinflussen wird. Wenn wir Verlust aussenden, kehrt Verlust zu uns zurück. Wir verlieren ebenfalls etwas, vielleicht an anderer Stelle, sodass wir die Verbindung nicht erkennen. Paul Watzlawik schreibt in seinem vergnüglichen Buch »Anleitung zum Unglücklichsein«: »Warum fällt es uns nur so schwer, zu begreifen, dass das Leben ein Nichtnullsummenspiel ist? Dass man daher *gemeinsam* gewinnen kann, sobald man nicht mehr davon besessen ist, den Partner besiegen zu müssen, um nicht besiegt zu werden? Und – für den routinierten Nullsummenspieler ganz unfasslich – dass man sogar mit dem großen Gegenspieler, dem Leben, in Harmonie leben kann?«

Subtyp 1b: Der Beziehungsmensch: Von der Bezogenheit auf andere zur Selbstbehauptung

Worum es Ihnen wirklich geht

Man kann niemand überholen, wenn man in seine Fußstapfen tritt. *François Truffaut*

Ohne Beziehungen fühlen Sie sich wie ein Fisch auf dem Trockenen. Begegnungen aller Art sind Ihr Lebenselixier. Sie brauchen ein Gegenüber, auf das Sie sich beziehen und mit dem Sie in Verbindung treten. Wenn es einen Menschen in Ihrer Nähe gibt, mit dem Sie sich austauschen können, verändert sich Ihre Welt. Sie sind lebendiger, entwickeln Ideen und haben Lust, sie umzusetzen. Sie fühlen, dass gemeinschaftliches Tun geteilte Freude ist. Ihre Seele nährt sich von dem Energiefluss zwischen Ihnen und der Welt. Die Qualität Ihrer Partnerschaft, Ihrer Freundschaften und Arbeitsbeziehungen bestimmt darüber, wie glücklich Sie sind und ob Sie sich als einen erfolgreichen Menschen erleben. Anders als Ihr Gegentyp, der durch sein Naturell spontanen Zugang zu seinen Bedürfnissen hat und dabei feststellt, dass er andere braucht, um sie zu befriedigen, brauchen Sie andere Menschen, um sich selbst und Ihre Bedürfnisse zu erkennen. Es sind die Eindrücke von außen, die Sie in Bewegung bringen und durch die Sie erst entdecken, wer Sie sind und was Sie wollen.

Sie kooperieren gern. Durch das Zusammenführen unterschiedlicher Elemente fühlen Sie sich in Ihrer Kreativität angeregt. Voraussetzung ist jedoch, dass Sie den anderen auch als anders erleben. Ungeachtet Ihrer Sehnsucht nach harmonischer Übereinstimmung lässt zu viel Gleiches Sie unberührt. Sie suchen die Herausforderung, die Unterschiedlichkeit hervorbringt. Beziehungen haben für Sie auch immer etwas mit einem Messen der Kräfte zu tun, bei dem Sie beweisen möchten, wozu Sie in der Lage sind. Unter den richtigen Bedingungen sind Sie bereit, Ihre Kraft auch anderen zur Verfügung zu stellen. Wenn andere Ihren Einsatz würdigen, erweisen Sie sich als ausgesprochen großzügig. Bei allem Verlangen nach dem Du empfinden Sie einen Stolz, eine persönliche Würde, durch die Sie nicht einfach eine oder einer unter vielen sind, sondern immer auch im Bewusstsein Ihrer Einzigartigkeit leben. Die Angst, Sie könnten dieser Besonderheit nicht genügend Ausdruck verleihen, treibt Sie voran.

Ihre starke Beziehung zu anderen Menschen löst ambivalente Gefühle in Ihnen aus: Einerseits fühlen Sie, dass Sie nicht zum Alleingang geboren sind, andererseits sehnen Sie sich danach, unabhängig voranzugehen. Eine Sehnsucht nach Ihrem eigenen Weg brennt in Ihnen. Auf diesem gibt es keine falsche Rücksicht, keine Unterordnung unter die Regeln und Vorstellungen anderer und keine Kompromisse um des lieben Friedens willen. Wenn Sie ihn gefunden haben, dessen sind Sie gewiss, werden Sie ein freier, selbstbestimmter Mensch sein, der auch in Beziehungen seinen Weg nicht verlässt. So sehr andere Menschen die Grundlage Ihres Fühlens und Handelns bilden, Sie streben danach, unabhängig zu sein.

Es liegt Ihnen viel daran, das Spiel des Lebens zu gewinnen, auch wenn Sie sich in Phasen der Mutlosigkeit in eine Weltabgewandtheit flüchten. Auf Ihrem Lebensplan stehen aktive Teilnahme, Entschlusskraft und Mut. Eroberung ist Ihr Ziel, Neuland erschließen, dort Fuß fassen, sich behaupten. Sie wünschen sich, der Kämpfer und Motor, der Pionier zu sein, und sind fest davon überzeugt, dass man erst besiegt ist, wenn man aufgibt. Aufzugeben haben Sie aber nicht im Sinn. Gewinnen hat für Sie viel mit Überleben zu tun, und Sie haben nicht vor, am Gabentisch des Lebens leer auszugehen.

Sie sehnen sich nach einem Menschen, der zu Ihnen passt wie der Schlüssel zum Schloss. Sie träumen von der idealen Liebe, von der vollkommenen Welt, in der es keine Konflikte gibt und sich das findet, was zusammengehört. Ein Schatten der Wehmut liegt über diesem Bild, so als sei es etwas Verlorenes, wie die sagenhafte Stadt Vineta auf dem Grunde des Meeres. Unter der Oberfläche Ihres durchsetzungsstarken Auftretens liegt die Erinnerung an ein verlorenes Glück. Sie haben das Gefühl, irgendwann an einer entscheidenden Stelle Ihres Lebens nicht genug gekämpft zu haben, um zu bekommen oder zu halten, was Ihnen am Herzen lag. Vielleicht aus Rücksichtnahme, aus Angst vor Verlust, vielleicht weil Sie sich nicht entscheiden konnten – nun sehnen Sie sich danach, zum Kämpfer zu werden, der für das, was er will, vollen Einsatz bringt.

Vielleicht träumen Sie von einer Welt, in der niemand alt wird, niemand leiden muss, und in der sich alle verstehen. Anders als Ihr Gegentyp, für den die Welt von Anfang an Wettstreit und Kampf ist, tragen Sie in Ihrem Herzen Gemeinsamkeit und Frieden. Während Ihr Gegentyp lernen muss, offener zu werden und mehr echte Gemeinsamkeit zuzulassen, gehen Sie den umgekehrten Weg, auf dem es heißt, für eine Entscheidung eventuell auch das zu tun, was die ursprüngliche Bedeutung des Wortes »entscheiden« ist: das Schwert aus der Scheide ziehen. Das bedeutet, dass Sie nicht von den Ergebnissen Ihrer Handlungen träumen, sondern sich tatkräftig für sie einsetzen und dass es sein kann, dass Sie dabei andere hinter sich lassen.

Erinnerungen und Ängste

Nicht weil die Dinge schwierig sind, wagen wir sie nicht, sondern weil wir sie nicht wagen, sind sie schwierig.

Seneca

Schon früh haben Sie das Empfinden entwickelt, Sie könnten viele Dinge nicht so gut allein. Vielleicht waren Sie das Lieblingskind, wurden verhätschelt und standen im Zentrum der Aufmerksamkeit. Immer war jemand bei allem, was Sie taten, dabei. Sie wissen kaum, wie es ist, etwas allein zu tun, und fürchten sich ebenso davor, wie Sie die Vorstellung magisch anzieht. Vielleicht wuchsen Sie in einer hübschen, harmonischen Welt, einer Vorzeigefamilie auf, deren oberstes Gesetz war, den Frieden nicht zu gefährden. Sie lernten, lieb zu sein, aber etwas sehr Mächtiges in Ihnen verlangte danach, das schöne Bild ein wenig aufzumischen, um Leben hineinzubringen. Nur konnten Sie sich nicht wirklich entscheiden, es auch zu tun. Die Furcht vor der Enttäuschung, die Angst, man würde sich von Ihnen abwenden, hielt Sie zurück.

Umgekehrt kann es sein, dass Sie sich allein und auf sich gestellt fühlten. Vielleicht stritten Ihre Eltern und Geschwister viel, sodass Sie sich sehr nach Harmonie sehnten. Jeder Augenblick ohne Dissonanzen war so wertvoll, dass Sie um keinen Preis darauf verzichten wollten. Sie taten alles, um den Frieden aufrechtzuerhalten, und lernten, Ihre Rolle im Familiengefüge zu übernehmen: Sie wurden zum Vermittler, zum Diplomat in Kriegsverhandlungen, auf dessen Schultern die Aufgabe lastete, Frieden zu stiften. Sie fürchten sich davor, zu scheitern. Auch wurden Sie für Erfolg und besondere Leistungen gelobt und belohnt. Sie lernten bald zu signalisieren: Kein Problem, ich bin erfolgreich und kann es auch allein. Erfolgreich zu sein war, was zählte. Sie vermissten echte Gefühlswärme, Geborgenheit und Zärtlichkeit.

Gleich ob Sie in einer Welt aufwuchsen, in der offene Auseinandersetzungen verpönt waren, oder ob es ständig Auseinandersetzungen gab: Die wirklich grundlegenden Fragen wurden entweder nicht diskutiert oder dem anderen ins Gesicht geschleudert, ohne jeden Versuch, einen gemeinsamen Weg zu finden. Schon bald war Ihnen klar, dass nicht zu streiten nicht gleichbedeutend mit Herzenswärme ist. Die Art von Streit, die Sie vielleicht erlebt haben, war jedoch keine Alternative. Was war die Mitte aus Konflikt und Scheinharmonie? Aus unter den Teppich kehren und herausschreien? Wie konnte man mitteilen, was man wollte, ohne andere zu enttäuschen oder Streit heraufzubeschwören? Den eigenen Weg zu gehen bedeutete entweder, die Harmonie zu stören oder einen Konflikt zu provozieren. Sie waren klein und wünschten sich nur eins: Nehmt mich an, wie ich bin! Lasst mich nicht allein!

In Ihren Träumen und Fantasien zogen Sie aus, um Abenteuer zu bestehen und mutige Taten zu vollbringen. Sie waren stark, und niemand hatte über Sie zu entscheiden. Sie waren frei. Zurück in der Realität kehrte auch die Abhängigkeit zurück, diese Angst, sich zu entscheiden und den Konsequenzen ins Gesicht zu sehen. In Ihrer Angst vor Einsamkeit klammern Sie sich vielleicht noch heute an andere Menschen. Ihre Verlustangst in Beziehungen ist groß und kann Sie dazu bringen, sich eine Partnerin oder einen Partner zu suchen, den Sie scheinbar dominieren können, der Ihnen vielleicht sogar in vielem unterlegen ist. Sie mögen Ihre Partnerin oder Ihren Partner zunächst unterschätzt haben. Es schien, als sei es ein leicht zu kontrollierender Mensch. Tatsächlich aber erwies sie oder er sich als der Stärkere, denn Sie können den Gedanken an Trennung viel weniger ertragen. Gefangen in Ihrer eigenen Schlinge kämpfen Sie nun wieder darum, sich zu behaupten.

Weil Sie sich so ausgeliefert fühlen, wenn Sie sich einmal geöffnet haben, kann es lange dauern, bis Sie Ihre weicheren und sanfteren Seiten zeigen. Sie kennen diese emotionale Abhängigkeit, die Sie zu dem Menschen entwickeln, der Ihnen seelische Geborgenheit gibt. Immer begleitet Sie die Angst, ohne den anderen verloren zu sein, sodass Sie auch nie das heftige Verlangen verlässt, sich genau das Gegenteil zu beweisen. Sie fürchten, Sie könnten sich niemals befreien und Ihren eigenen Weg versäumen. Vielleicht brechen Sie deshalb dann doch einmal einen Streit vom Zaun. In allen Gefühlsdingen empfinden Sie diese Ambivalenz: Liebe und Hass, Verbundensein und dieses starke Verlangen nach Autonomie. Das Gleiche gilt für Ihren Beruf, Ihre Freundschaften. Einen anderen Weg einschlagen als den gemeinsamen bedeutet, auf sich gestellt zu sein und nicht mehr dazuzugehören. Sie fürchten sich davor, aus dem Nest geworfen zu werden, bevor Sie flügge sind.

Lösungsversuche und Fallstricke

Es gehört meist mehr Mut dazu, einfach menschlich, statt heldenhaft heroisch zu sein. *Hermann Hesse*

Vor Ihren Augen sehen Sie die Lösung: Der kürzeste Weg zwischen zwei Punkten ist eine gerade Linie. Es sieht so einfach aus: losmarschieren und ans Ziel kommen. Direkt, entschlossen, willensstark. Sie wollen siegen. Sie suchen den Erfolg. Doch eine laute Stimme in Ihnen hält Sie zurück: Stoße ich jemanden vor den Kopf? Verliere ich die Unterstützung? Kann ich es wirklich allein? Voll Frustration haben Sie alles vor Augen, was nötig wäre, um sich von dem feinen Spinnennetz zu befreien, in dem Sie sich gefangen fühlen. Weil Sie sich im Grunde Ihres Herzens nicht wirklich vorstellen können, auf sich selbst gestellt zu sein, und Sie am liebsten alle Dinge mit anderen zusammen tun, fällt es Ihnen nicht leicht, sich zu unabhängigen Entscheidungen durchzuringen. Sie spüren, dass in dem Mut dazu ein großer Wachstumsschritt für Sie liegt, wollen aber Ihre Partner, Freunde und Kollegen nicht verärgern und ziehen es deshalb oft vor, sich zu arrangieren. So durchsetzungsstark und entschlossen Sie nach außen wirken mögen, in Ihrer Seele sehnen Sie sich nach Harmonie und Reibungslosigkeit. Nach außen vermeiden Sie jede Form von Schwachheit oder gar Hilflosigkeit. Mühelos, wie es scheint, managen Sie Ihr Leben. Viele glauben, Sie seien stark und unabhängig. Manchen mögen Sie sogar rigoros oder dominant vorkommen, denn Stärke und Unabhängigkeit zu zeigen sind für Sie die Mittel der Wahl, um Ihre weiche, passive, unentschlossene Seite zu überwinden. Gefühlsduselei oder das, was Sie dafür halten, lassen Sie nicht zu. Sie sind das unverwüstliche Stehaufmännchen, der Ritter ohne Furcht und Tadel. Sie haben beschlossen, zu sein wie der, der »auszog, um das Fürchten zu lernen«. Sie wollen herausfinden, ob Sie dem Wind und den Wellen trotzen können. Also machen Sie sich auf den Weg, und andere Menschen nehmen Sie mit ins Boot, sicher ist sicher, und schon Puh, der Bär, meinte, dass es für einen nicht so lustig sei wie für zwei, die zusammenhalten. Ihr echtes Interesse am anderen mag sich jedoch in Grenzen halten – er ist das Fundament, von dem aus Sie starten, das Basislager, zu dem man zurückkehrt, um Proviant zu holen, der Mitstreiter, um Kräfte zu potenzieren. Das Ziel aber ist klar: Wir starten gemeinsam, aber auf dem Gipfel bin nur ich. Sie wollen die anderen überholen, und das bedeutet, wie François Truffaut sagt, dass Sie nicht in ihre Fußstapfen treten dürfen – zumindest nicht länger, als Ihre eigenen Lehrjahre dauern. Während Sie zu Zeiten, in denen man sich gegenseitig braucht, den Schulterschluss kultivierten, mögen Sie mit wachsender Stärke Ihre Unabhängigkeit suchen. Oft haben Sie mehrere Eisen im Feuer, damit es auch sicher immer jemanden in Ihrem Leben gibt.

Sie leben nach dem Motto: »Es gibt nichts Gutes, außer man tut es.« Mit allen Mitteln prügeln Sie sich dahin, aktiv zu werden, falls Sie nicht schon von selbst in die Gänge gekommen sind. Sie wollen den Erfolg um jeden Preis und scheuen sich nicht, andere aus dem Rennen zu werfen. Ihr Ehrgeiz treibt Sie voran. Wenn es um Ihre Ziele geht, sind Sie ein Langstreckenläufer, dessen größtes Problem sein kann, dass er, wenn er durch das Ziel gegangen ist, keine Zeit für eine Pause einlegen will. Runde um Runde drehen Sie Ihren Marathon – gleichmäßig, motiviert, nach vorn blickend. Der Kamerawagen fährt mit. Sie sind nicht allein unterwegs, obwohl Sie davon träumen, wie Reinhold Messner Ihren eigenen Achttausender allein und ohne Sauerstoffmaske zu erklimmen. Hinter oder vor sich sehen Sie Ihre Mitläufer. Das spornt Sie heftig an. Sie legen sich noch mehr ins Zeug. Schneller, besser, stärker… Ohne Fleiß kein Preis. Verlieren fällt Ihnen schwer. Am liebsten möchten Sie niemand neben sich dulden, der ebenso stark ist wie Sie. Um an das Ziel Ihrer Wünsche zu kommen, setzen Sie auch Gefühle ein. Mit sicherem Instinkt wissen Sie, wen Sie durch gefühlvolles Verhalten erreichen und mit wem Sie besser in einen offenen Wettstreit gehen.

Allein zu sein, ohne etwas zu tun zu haben, kann ausgesprochen unangenehme Gefühle in Ihnen wachrufen. Es kommt Ihnen außerdem vielleicht wie verschwendete Zeit vor. Wenn Sie sich Ruhe gönnen, geschieht auch dies unter einem Motto. Sie pflegen Ruhe nach Programm: Fernsehen soll Sie weiterbilden, Meditation den Weg zur Erleuchtung weisen. Sie sehnen sich danach, einfach nur mal da zu sein, ohne besondere Absicht. Einmal nichts zu sollen und nichts zu wollen; das Leben losgelöst betrachten, an sich vorüberziehen lassen. Aber Sie müssen Ihr Tretrad in Schwung halten. Immer unterwegs sein, ein starker, lebensbejahender Mensch, das ist Ihr Lebensverständnis. Sind Sie mit sich allein, kommt Ihre wehmütige Seite zum Vorschein, die das Leben aus der Perspektive eines großen Verzichtes erlebt, einer nicht erfüllten Liebe, einer verlorenen Sehnsucht. Wie wenn im Herbst die Blätter fallen und es zu spät ist, sie in ihrer vollen Blüte zu genießen, so fühlen Sie, es könne zu spät sein für die Erfüllung Ihrer wahren Wünsche. Das treibt Sie erneut voran.

Konstruktive Lösungsstrategien auf dem Weg zum Ziel

> *Die Zukunft hat viele Namen. Für die Schwachen ist sie das Unerreichbare. Für die Furchtsamen ist sie das Unbekannte. Für die Tapferen ist sie die Chance.* *Victor Hugo*

Seien Sie mutig. Es gibt viel zu tun, packen Sie es an. Gehen Sie Ihren Weg. Das kann bedeuten, dass Sie in manchen Situationen tatsächlich gehen müssen – aus einer Beziehung, einem Job, einer Lebenssituation. Gehen ist meist nicht einfach, auch wenn man gehen will. Doch Sie brauchen diesen Mut zum Alleingang, um dann unter neuen Bedingungen zu Ihren Beziehungen zurückzufinden oder neue aufzubauen. Harriet Rubin beschreibt in ihrem Buch »Soloing«, wie der Sprung in eine selbstbestimmte Zukunft gelingen kann: »Soloing heißt, in vielerlei Hinsicht wie ein Künstler zu sein. Fern von ermüdenden Kompetenzstreitigkeiten, hemmender Bürokratie und einengenden Terminplänen sind Sie von nun an für niemanden mehr verantwortlich – außer für sich selbst. *Soloing* erfordert Kreativität, Selbstdisziplin und Eigeninitiative. Vor allem aber verlangt *Soloing* Mut und Unternehmungsgeist, eigene Ideen ohne fremde Hilfe erfolgreich zu verwirklichen.«

Wenn Sie es wagen, diesen freien Unternehmergeist in Ihr Leben zu bringen, nabeln Sie sich ab und finden Sie zu einer neuen Form von Gemeinsamkeit. In einer solchen Beziehung verbinden sich zwei Individuen, und was sie teilen, ist die Schnittmenge, die sich zwischen ihnen bildet. Sie stärken sich den Rücken, ohne sich beim anderen einzumischen. In dem Augenblick, in dem Sie den Mut aufbringen, die volle Verantwortung für sich zu übernehmen und im Zweifel auch auf die Unterstützung anderer zu verzichten, verändern sich Ihre Beziehungen zum Positiven. Sie werden feststellen, dass Sie auf einmal frei lieben können, während Sie vorher an den Ketten Ihrer emotionalen Abhängigkeit rüttelten. Gestehen Sie sich Ihre Abhängigkeit ein, und fassen Sie den festen Entschluss, den anderen zu lieben, ohne ihn als Ihren sicheren Besitz vereinnahmen zu wollen.

In Ihrem Wunsch nach unabhängiger Selbstbehauptung haben Sie zwei große Versuchungen zu bewältigen: In völlige Abhängigkeit zu geraten und Ihren eigenen Weg aufzugeben, oder sich nur auf sich selbst zu konzentrieren und den anderen so lange als selbstverständliche Begleiterscheinung zu betrachten, bis Sie ihn verloren haben. Denken Sie an den Satz aus dem Film »Samsara – Geist und Leidenschaft«: »Alles, was dir begegnet, ist eine Möglichkeit, den Weg zu gehen.« Alle Menschen um Sie herum sind Ihre Lehrer, und die Fesseln liegen in Ihnen selbst. Jeder gibt Ihnen die Möglichkeit, sich und Ihren Weg zu bestimmen, und jeder Mensch und jede Lebenssituation fordern Sie auf, sich zu entscheiden, wie Sie dazu stehen. Überwinden Sie Ihre Neigung zur Scheinharmonie. Seien Sie auch dort tatkräftig, direkt und aufrichtig, wo es um Gefühle geht. Vielleicht haben Sie sich einen konfliktscheuen Partner gesucht, der lieber seine eigenen Wege geht, als sich durchzusetzen. Bleiben Sie jedoch auf Kurs. Setzen Sie sich ganz konkret mit anderen auseinander. Sprechen Sie unterschiedliche Bedürfnisse, Zielsetzungen und Wahrnehmungen an. Falls Sie das Streitmuster Ihrer Eltern wiederholen, erinnern Sie sich, dass Streiten nicht Klärung bedeutet. Lernen Sie eine Partnerin oder einen Partner zu schätzen, der Ihr Bedürfnis nach Durchsetzung ebenso respektiert, wie er sich darum bemüht, einfühlsam mit Ihrer Neigung zu emotionaler Abhängigkeit umzugehen.

Betrachten Sie die Unterschiede zwischen sich und anderen Menschen als Reichtum statt als Dissonanz. Sie brauchen Beziehungen zu Menschen, die Sie als deutlich anders erleben, als Sie es sind. Suchen Sie in diesen Beziehungen nach der gemeinsamen Wurzel, die Sie verbindet. Der kluge Premierminister Englands, Winston Churchill sagte: »Wenn zwei Menschen immer die gleiche Meinung haben, ist einer von ihnen überflüssig.« Und von Hermann Hesse stammen die Worte: »Jedes Leben wird erst durch Spaltung und Widerstand reich und blühend.« Erkennen Sie, dass Sie in allem, was Sie tun, ein gewisses Maß an Reibung brauchen. Sie wollen das, was Sie nicht haben, weil Sie es dann erobern können, und das, was Sie haben, soll Sie immer wieder provozieren. Sie sehnen sich nach Aufbruch und danach, Neuland zu betreten. Suchen Sie sich die Menschen, die ein ähnliches Verlangen verspüren wie Sie. Schließen Sie sich locker und selbstverantwortlich zusammen. Auf diese Weise entsprechen Sie beiden Seiten Ihrer Persönlichkeit.

Setzen Sie sich mit Ihren Ängsten auseinander. Was bedeutet Scheitern für Sie? Welche Gefühle löst die Vorstellung in Ihnen aus, Sie könnten Ihr Ziel nicht erreichen? Was geschieht, wenn der Erfolg ausbleibt? Wer sind Sie dann? Seien Sie vollkommen ehrlich mit sich. Achten Sie darauf, authentisch zu sein, was bedeutet, dass Sie keine Rolle spielen sollten, auch nicht die des Erfolgreichen, dem nichts zu viel wird. Lernen Sie, nicht nur ein ausgezeichneter Gewinner, sondern auch ein guter Verlierer zu sein. Gestehen Sie sich ein, dass Ihnen die Bewunderung Ihrer Umgebung wichtig ist. Sie möchten glänzen – entdecken Sie das Strahlen, das Sie von der Natur aus mitbekommen haben. Man wird Sie umso mehr lieben, wenn Sie nicht nur tüchtig sind, sondern auch Ihre Gefühlen so zeigen, dass andere verstehen, was in Ihnen vorgeht. Dazu gehört zum Beispiel, dass Sie weder heikle Themen unter den Teppich kehren noch wütend werden, wenn Sie sich schwach und verletzlich fühlen. Nicht jeder Mensch versteht, dass ein Angriff auch ein Hilferuf sein kann.

Ihre Formel des Glücks ist mit den Worten von Friedrich Nietzsche »ein Ja, ein Nein, eine gerade Linie, ein Ziel«. Wenn Sie so leben, sind Sie auf dem richtigen Weg. Denken Sie jedoch daran, auch einmal aus dem Turbogang zurückzuschalten. Suchen Sie Entspannung und innere Schau.

Ihr Lebensziel

> *Das Pendel muss zwischen Einsamkeit und Gemeinsamkeit, zwischen Einkehr und Rückkehr schwingen. Ich muss irgendwann einen Ausgleich finden oder einen Rhythmus, der zwischen den beiden Extremen abwechselt.*
>
> *Anne Morrow-Lindbergh*

Dieses Leben ist Ihre Chance, echte Durchsetzungsfähigkeit, Zivilcourage und Engagement zu entwickeln. Sie haben auf einer tiefen Ebene erkannt, was es bedeutet, dass Sie ein einzigartiges, unverwechselbares Individuum sind, mit individuellen Anlagen, persönlichen Eigenheiten und Bedürfnissen, das seinem eigenständigen, unabhängigen Lebensweg folgen muss. Sie sind Ihren persönlichen Weg der Selbstfindung gegangen und haben den Mut aufgebracht, an wichtigen Stellen Ihres Lebens den Alleingang zu wagen. Sie gehen voran, auch wenn andere zögern, sich Ihnen anzuschließen. Sie haben gelernt, auch dort direkt, offen und mutig zu sein, wo Ihre empfindlichsten Stellen sind. Sie müssen sich und anderen nichts beweisen, denn Sie haben den Mut, zu sich selbst zu stehen, und wirken überzeugend in dem, was Sie tun. Sie nehmen das Risiko eines Konflikts auf sich und grenzen sich, wenn nötig, auch an heiklen Stellen von anderen ab. Aus Beziehungen, die sich überlebt haben oder die nicht mehr tragfähig sind, können Sie sich verabschieden. Weil Sie, wenn nötig, eine klärende Aussprache nicht scheuen, können Sie sich im Umgang mit anderen entspannen.

Sie sind sich bewusst, dass Beziehungen der Nährboden Ihrer Seele sind, und bemühen sich darum, mit anderen einen gemeinsamen Nenner zu finden. Um das zu können, haben Sie ein Gefühl für Grenzen entwickelt. Statt Grenzen als Feinde der Vereinigung anzusehen, sind sie nun Ihre Freunde, denn Sie haben verstanden, dass sich nur derjenige öffnen kann, der auch in der Lage ist, sich abzugrenzen. Sie stehen für sich selbst, kraftvoll und liebevoll zugleich. Statt Identifikation, durch die vollkommene Harmonie möglich zu sein scheint, suchen Sie die Schnittmenge, die sich zwischen Ihnen und den Menschen bildet, mit denen Sie sich verbunden fühlen. Sie leben Ihre ureigenste Natur, was bedeuten kann, dass Sie den einen oder anderen Menschen auch einmal brüskieren müssen, denn einem jeden Recht getan ist bekanntlich eine Kunst, die keiner kann. Sie haben Ihre Bedürfnisse erkannt und nehmen sich das Recht, zu ihnen zu stehen. Für Ihre Träume setzen Sie sich tatkräftig ein. Das Lebensmotiv, das Sie befreit hat, lautet »so bin ich«, und es erlaubt Ihnen, zu sein, wie Sie geschaffen wurden: Sie wissen nun, dass Sie mit der Umsetzung Ihrer Wünsche erst dann an eine Grenze stoßen, wenn Sie einen anderen wirklich verletzen oder ihm schaden könnten. In Ihren Beziehungen, Ihren Wertvorstellungen und Zielen ebenso wie in Ihrer Sexualität leben Sie, was Ihnen gemäß ist, anstatt sich den Vorurteilen und Beschränkungen anderer Menschen oder der Gesellschaft zu beugen. Aus dieser Haltung entstehen echte Würdigung und Respekt für die Einzigartigkeit eines jeden Menschen, auch für Sie selbst. Sie gehen Ihren eigenen Weg und können auch die anderen ihren Weg gehen lassen. Weil Sie nicht mehr kontrollieren, sondern wissen, dass die sicherste Tür diejenige ist, die wir offen stehen lassen können, sind Sie nun wirklich gern mit anderen zusammen. Statt Misstrauen fühlen Sie Vertrauen: in Ihre eigene Stärke, in Ihre Fähigkeiten, in Ihre Willenskraft. Sie lassen sich nichts vorschreiben und schreiben auch niemand anderem etwas vor. Es liegt Ihnen nicht wirklich daran, die oder der Vorgesetzte zu sein. Sie teilen nun wirklich gern und können deshalb auch ein guter Verlierer sein. Das Leben ist zu einer sportlichen Herausforderung geworden, an der Sie sich immer wieder erproben. Sie kämpfen ohne zu verletzen. Sie wollen nicht zerstören, sondern lieben die Spannung, die entsteht, wenn Sie Ihre Kräfte messen können. Sie wissen, dass, wie Henry Ford sagt, »Ihr bester Freund derjenige ist, der das Beste in Ihnen zum Vorschein bringt«, und wählen Ihre Freunde deshalb mit Bedacht.

Im großen Wettbewerb »Leben« sind Sie ein gern gesehener Mitbewerber und Kooperationspartner, denn Sie sind fair und hilfsbereit. Gern zeigen Sie auch anderen, wie sie mutig ihren Weg gehen können. Weil Sie wissen, dass Sie sich, auch wenn es schmerzt, aus Abhängigkeiten befreien können, können Sie sich leichter für andere öffnen. Sie strahlen Wärme, Kraft und Zuversicht aus und erleben, wie sich Ihr Einflussbereich wie von selbst erweitert. Andere Menschen fühlen sich von Ihrer selbstbewussten Stärke angezogen, die mit echter Aufmerksamkeit und Liebe für die Menschen um Sie herum verbunden ist. Sie haben Ihre Fähigkeit erkannt, andere geschickt zu organisieren und an den richtigen Platz zu stellen, sodass ein Netz aus Gemeinsamkeit, Kooperation und Unterstützung entsteht. In diesem Netz sind Sie der kraftvolle Motor.

Typ 2: Der Weg der Ethik: Zwischen Genuss und Idealismus

Du kannst dein Leben nicht verlängern, und du kannst es nicht verbreitern. Aber du kannst es vertiefen!

Gorch Fock

Für Menschen vom Typ 2 geht es um das richtige Maß aus ihrer Verwurzelung in der konkreten, materiellen Welt mit allem, was sie bietet, und einem bis zur Selbstaufopferung gehenden Idealismus. Sie wollen Ideen realisieren und suchen nach Leitlinien, nach denen sie die Dinge unterscheiden und bewerten können. Auf deren Basis entwickeln sie ihr persönliches Lebenskonzept und finden Aufgaben, die sie für wertvoll erachten. Ihnen stellen sich die Fragen: Nach welchen Werten will ich mein Leben ausrichten? Welche Prinzipien sollen für mich gelten? Auf welcher ethischen Basis will ich handeln? Liegen meine Werte mehr in der konkret-materiellen Welt oder in der der Ideen und Vorstellungen? Geht es mir mehr um den Körper, die Sinne und Besitz oder um Ethik und Prinzipien? Ist eines weniger wert als das andere? Sie müssen entscheiden, ob sie sich nach den Werten, die aus ihrer ureigensten Natur entspringen, richten wollen oder nach den Werten ihrer familiären, beruflichen, ethnischen oder geistigen Bezugsgruppe.

Menschen vom Typ 2 können ausgesprochen hartnäckig um Prinzipien kämpfen. Sie suchen nach absoluten Wahrheiten und perfekten Lösungen. Sie legen Wert darauf, sich eine feste, unumstößliche Meinung zu bilden, und fordern das auch von anderen. Weil sie treue Seelen sind, denen Langfristigkeit und Bindung wichtig ist, halten sie lange fest. Weil Bewertung für sie ein so essenzielles Thema ist, erwarten sie auch selbst, bewertet zu werden, was sie einerseits schmerzt, ihnen aber andererseits Halt und Orientierung gibt und sie zu Höchstleistungen anspornt. Anders als Typ 5, für den Eindeutigkeit und Langfristigkeit Herausforderungen sind, wollen sie sich zweifelsfrei und dauerhaft festlegen. Mit Kritik kommen sie nicht gut zurecht, weil sie ihre immer nagenden Schuldgefühle aktiviert und sie fürchten, eine ethisch falsche, aber trotzdem verbindliche Entscheidung getroffen zu haben. Hier ähneln sie Typ 5, der jedoch in erster Linie die Konsequenzen einer falschen Entscheidung fürchtet.

Ihr Leben dreht sich um den Ausgleich zwischen Lebensgenuss und Selbstüberwindung für ein Ideal, zwischen einer pragmatischen, genießenden Lebenseinstellung und der Treue zu einem Prinzip. Sie suchen ihre persönliche Antwort auf die Frage, in welchem Maß und an welchen Stellen sie sich in den Annehmlichkeiten des Lebens beschränken wollen und müssen, um ideellen Zielen und Wertvorstellungen zu genügen, und wo eine solche Selbstüberwindung lebensfeindlich ist und nicht an das Ziel ihrer Wünsche führt. Ihr Schwerpunkt liegt entweder auf der einen oder auf der anderen Seite, sie müssen deshalb, um in ihre Mitte zu kommen, den anderen Pol so integrieren, dass eine für sie sinnvolle Synthese entsteht.

Häufig werden sie mit einer Lebenssituation konfrontiert, in der ein gemeinsames materielles oder ideelles Gut zu verwalten und zu bewahren ist, das unbedingte Zusammengehörigkeit verlangt. Den Besitz oder den Status der Familie zu übernehmen stellt sie vor die Entscheidung, ob und inwieweit sie sich tradierten Besitztümern und Wertvorstellungen verpflichten wollen und was das für ihren Wunsch nach autonomer Selbstverwirklichung bedeutet. Das Gleiche gilt für die Treue zu ihrem Land, ihrer Firma, ihrer Partei usw.

Charakteristisch für Typ 2 ist die asiatische Gesellschaftsstruktur, in der viele Ehen noch heute nach Auswahlkriterien getroffen werden, bei denen es um die wechselseitige Vermehrung des Besitzes oder des Status bzw. der Ehre geht. Die Neigung zwischen beiden Menschen zählt hier nicht. Statt nach Gefühl wird nach Vorstellungen entschieden. Man geht davon aus, dass das nötige Maß an Zuneigung schon während der Ehe entstehen wird, wenn die familiären Rahmenbedingungen passen. Im Extremfall spielt die Zuneigungsfrage keinerlei Rolle. Romeo und Julia sind das klassische westliche Liebespaar, das wegen der Verfeindung der Familien nicht zusammenkommen konnte. In Indien wird diese Spannung durch das Kastenwesen repräsentiert. Auch wenn wir in unserem Kulturraum davon ausgehen, dass solche Maßstäbe nicht mehr für uns gelten, finden wir sie bei näherem Betrachten auf subtile Weise überall: Immer dann, wenn Menschen wegen ihrer Herkunft, ihrem Glaubenssystem oder ihrem materiellen oder gesellschaftlichen Status ausgegrenzt oder verfolgt werden. Menschen vom Typ 2 haben ihre eigenen Ausgrenzungserfahrungen und müssen sich auch damit auseinander setzen, wen oder was sie selbst ausgrenzen. Sie neigen zu einem »Scheuklappenblick«, der nach ihren Bewertungskriterien kompromisslos die Spreu vom Weizen trennt, weil »nicht sein kann, was nicht sein darf«. Weil es ihnen meist mehr um das Prinzip einer Sache geht als um die Sache selbst, können sie eine »Verfolgermentalität« entwickeln bis hin zur Dogmatik, mit der sie auf dem beharren, was sie für richtig erkannt zu haben meinen.

Typ 2 definiert sich über Leistung. Häufig ist das Gefühl seiner Existenzberechtigung an Leistung geknüpft. Schuldgefühle sind oft ein lebenslanger Begleiter. Sie streben Spitzenleistungen an und sind von einem starken Motor getrieben, der sie nicht ruhen lässt, bis sie diese erreicht haben. Ihr Leben dreht sich um die Frage: Wie muss ich sein, um zu genügen? Aber auch: Genügt der andere? Entwickelte Menschen vom

Typ 2 haben gelernt, ihre Vorstellungen als Leitlinien und nicht als absolut zu erfüllendes Soll zu nehmen.

Der Tod ist ihr vielleicht wichtigster Ratgeber. Durch ihn erkennen sie, dass nichts für immer besteht und nichts absolut gilt. Für Menschen vom Typ 2 kann das bedeuten, dass sie im Laufe ihres Lebens immer wieder einen inneren Tod erfahren – eine Art Kreuzigung und Wiederauferstehung, eine Neugeburt, durch sie mit veränderten Idealen und frischer Motivation ins Leben starten. Die Konfrontation mit der Endlichkeit ihrer Existenz fordert sie auch heraus, ihre Lebenszeit nicht zu verschwenden und sich Dingen zu widmen, die sie für wirklich wertvoll betrachten. Sie wünschen sich, etwas zu hinterlassen, das sie überdauern wird. Die ablaufende Sanduhr ihres Lebens treibt sie an – und die große Herausforderung besteht darin, dem Teufel weder – wie Peter Schlemihl – ihren Schatten für Besitz und Erfolg zu verkaufen noch – wie Faust – für Macht und Wissen. Fixierung bis hin zum Fanatismus ist ihr Risiko, die vollkommene Konzentration der Kräfte auf ein sinnvolles Ziel ihre Chance. Ihre Grundfrage lautet: Will ich perfekt sein oder nur perfekt ich selbst? Ihr eigenes Ringen um Werte kann sie anderen Menschen gegenüber intolerant machen. Sie erwarten viel von sich – und durchaus auch viel von anderen. Weil sie sich selbst an einem idealen Maßstab messen, sticht ihnen jede Unvollkommenheit in der Außenwelt sofort ins Auge. Sie sind die Kritiker, die sich selbst und alles andere nach ihrer idealen Vision formen möchten. Deshalb ist es eine besondere Herausforderung für sie, aus ehrlichem Herzen Toleranz zu üben und andere Menschen und die Welt auch ihren eigenen Weg gehen zu lassen.

Das Risiko von Menschen vom Typ 2 liegt in ihrem Perfektionsdrang und in ihrer Genusssucht. Ihre Gabe besteht darin, sich vollkommen auf ein Ziel konzentrieren zu können, bis es so vollkommen wie möglich realisiert wurde. Ihre Grundfragen sind: Woran kann ich mich binden? Wie kann ich Langfristigkeit herstellen? Typ 2b muss sich von geistigen Werten lösen und realistischer, pragmatischer und genussfreudiger werden, ohne seine idealistische Natur zu verleugnen, und Typ 2a muss lernen, sich selbst zu überwinden, um nicht nur von hohen Zielen zu träumen, sondern sie auch umzusetzen.

Subtyp 2a: Der Genießer: Von der Genussfreude zur Selbstüberwindung

Worum es Ihnen wirklich geht

Alle echte Begabung beginnt und wurzelt im Sinnlichen, in einer guten Mitgift an Körper und Sinnen.

Hermann Hesse

Mehr als die meisten anderen Menschen leben Sie durch Ihre sinnlichen Erfahrungen. Fühlen, tasten, schmecken, riechen, hören – die Welt ist voller Eindrücke, die Sie genussvoll in sich aufnehmen. Sie lieben das konkret Anfassbare und alles, was einen Sinnenreiz in Ihnen auslöst. Essen und Sex sind zwei wichtige Grundpfeiler Ihres Lebens, und falls es etwas geben sollte, das dem entgegensteht, fühlen Sie sich nicht besonders wohl in Ihrer Haut.

Sie lieben das Vertraute, Wohlbekannte und Berechenbare. Ihre tief verwurzelte Abneigung gegen Veränderungen lässt Sie lange bei einem Menschen oder an einem Ort verweilen. In diesem Sinne sind Sie sehr beständig, denn Vertrautheit ist für Sie eine wichtige Voraussetzung, um sich sicher und geborgen zu fühlen. Sicherheit – was sie bedeutet, wie Sie sie erreichen und wie viel Sie davon brauchen – ist ein zentrales Thema in Ihrem Leben. Deshalb fühlen Sie sich auch in einem Verbund von Menschen am wohlsten, die mit Ihnen zusammen ein Bollwerk gegen die Unbilden des Lebens errichten. Ihre Bedürfnisse diesbezüglich mögen für andere nicht offensichtlich sein, und möglicherweise sind sie Ihnen selbst nicht bewusst. Doch die Menschen und all die Dinge, in denen Sie Sicherheit finden oder zu finden glauben, sprechen Ihre tiefsten Motivationen an und erzeugen einen Sog, dem Sie sich kaum entziehen können. In Ihren Beziehungen bevorzugen Sie die verlässliche Wiederkehr bestimmter Erfahrungen und Rituale: Zeiten, in denen sich die Familie zusammenfindet, gemeinsam essen, feiern, nachts die vertraute körperliche Nähe Ihrer Partnerin oder Ihres Partners, der wohlbekannte Duft der Haut, das Atmen des anderen. Haben Sie sich an jemanden gewöhnt, werden Sie ihn nicht so einfach verlassen. Doch so sehr Sie das Vertraute lieben, körperliche Treue fällt Ihnen schwer. Sie leben eine Form von geistiger Treue oder auch Treue in der Beständigkeit, mit der Sie Ihre Beziehung aufrechterhalten. Weil Sie leicht auf Außenreize ansprechen, begegnen Ihnen ständig neue Menschen, die Sie faszinieren. Experimentierfreudig sind Sie, wenn es um neue sinnliche Erfahrungen geht, die Sie jedoch klar von Ihrem normalen Leben trennen. Auch wenn Sie es mit dem Spruch halten, »die Blumen im eigenen Garten duften nicht so stark, dafür halten sie länger«, fühlen Sie sich magisch angezogen von dem Duft auf der anderen Seite des Zauns. Mit der Ihnen eigenen Vorliebe für Dauerhaftes haben Sie deshalb möglicherweise stabile Zweit- und Drittverhältnisse etabliert.

Gleich, ob Sie vor allem materielle, seelische oder geistige Sicherheit suchen, das, was Ihr Verlangen stillt, löst eine starke Bindung in Ihnen aus und veranlasst Sie zu entscheidenden Handlungen und Kompromissen. Das kann zum Beispiel auch bedeuten, dass Sie sich intensiv mit politischen, philosophischen oder religiösen Fragen auseinander setzen auf der Suche nach einem Glaubenssystem, in dem Sie Halt finden. Sie suchen nach einer Ideologie, in der Sie sich geborgen fühlen und mit der Sie sich identifizieren können, und alle Menschen und Institutionen, die eine solche leitbildhaft vertreten, ziehen Sie magisch an. Das kann Ihr Guru, eine Partei, eine Firma, ein Verband oder eine Vereinigung sein, die unter einem besonderen Motto steht, und anderes mehr.

Wenn es um Geld und Besitz geht, mögen für Sie Goethes

Worte gelten: »Ich bin ein Mensch mit seinem Widerspruch.« Wohlstand gibt Ihnen das Gefühl existenzieller Sicherheit. Das kann dazu führen, dass Sie ein wenig wie Scrooge aus der Weihnachtsgeschichte von Charles Dickens werden: Sie halten fest an dem, was Ihnen gehört, und es fällt Ihnen schwer, etwas davon abzugeben, obwohl Sie gleichzeitig die Meinung vertreten mögen, dass Geld keine wirkliche Bedeutung für Sie hat. Weil Sie im Grunde Ihres Herzens genussfreudig sind, legen Sie eine sehr spezielle Mischung aus konsumorientiertem Verhalten und einem deutlichen Blick auf Ihren Sparstrumpf an den Tag. Zeiten, in denen Sie sehr ausgabefreudig sind, können mit solchen großer Sparsamkeit wechseln, und während Sie vielleicht an einer Spülmaschine sparen, geben Sie viel Geld für Ihren Wagen aus. Ein solides Sparguthaben ist Ihnen wichtig, aber in bestimmten Lebensphasen können Sie materiellen Dingen gegenüber geradezu gleichgültig sein. Vielleicht zählen Sie auch zu jenen, die Sparsamkeit mit Konsum verknüpfen auf der lebenslangen Jagd nach »Schnäppchen«.

Gern hätten Sie eine Bedienungsanleitung für das Leben. Weil Sicherheit eine so große Rolle in Ihrem Leben spielt, ist es Ihnen auch ein Herzensbedürfnis, sicher in all dem zu sein, was Sie tun oder lassen und wie Sie es tun. Ein Risiko einzugehen hat für Sie wenig Verlockendes – zumindest nicht, wenn es um die reale Umsetzung geht. In Ihrer Fantasie ist das Leben bunt und oft extrem. Sie selbst sitzen jedoch am liebsten in Ihrer warmen Stube und wissen, was Sie haben und was nicht. Das liegt nicht zuletzt daran, dass Sie nur schwer etwas loslassen, was Sie einmal in Besitz genommen haben. Der Besitz des Partners zum Beispiel bedeutet für Sie, dass Sie jederzeit auf ihn, seinen Körper, seine Gefühle und seinen Geist zugreifen können. So entschlossen und opferbereit Sie nach außen wirken mögen, in Ihrem Inneren sind Sie auf beständige Genussfreude und Sicherheit ausgelegt.

Sie verfolgen hohe Ziele, doch Ihr Ehrgeiz ist ebenso groß

wie Ihre Bequemlichkeit und Ihr Beharrungsvermögen, und so haben Sie immer wieder Schwierigkeiten damit, »in die Pötte zu kommen«, wie man im Rheinland sagt. Sie träumen von Spitzenleistungen, der Bestätigung Ihrer Person und Schaffenskraft und davon, ein eindeutiges, zweifelfreies und individuelles Lebenskonzept für sich zu entwerfen. Die Messlatte dafür setzen Sie extrem hoch an.

Weil Sie sich gern von Angenehmem ablenken lassen und die Höhe Ihrer Zielsetzungen Sie zwar im Geiste munter, in der Praxis aber schon vor dem Start müde macht, ist Ihre größte Herausforderung, nicht nur von dem zu träumen, was Sie erreichen wollen, sondern es auch mit Ausdauer und Konsequenz anzugehen. Dazu müssen Sie sich selbst überwinden und klare, eindeutige Prinzipien entwickeln.

Erinnerungen und Ängste

Es ist besser, unvollkommene Entscheidungen durchzuführen, als beständig nach vollkommenen zu suchen, die es nie geben wird. — *Charles de Gaulle*

Sie mögen sich als Individualisten empfinden, als einen Menschen, der konsequent seine eigenen Ziele verfolgt und dessen Lebensstil von anderen abweicht. Sie fühlen ganz deutlich Bedürfnisse, die denjenigen der Menschen, mit denen Sie verbunden sind, entgegenstehen. Dennoch tragen Sie auch die Botschaft in sich: »Nur gemeinsam sind wir stark! Gemeinsam können wir das erreichen, wozu ein Einzelner nicht in der Lage wäre!« Das erzeugt eine große Spannung in Ihnen, denn dieses ungeschriebene Gesetz regierte Ihre frühen Jahre. Vermutlich haben Sie schon früh erfahren, was es bedeutet, ausgeschlossen zu werden oder davon bedroht zu sein. Sie wussten: entweder gehöre ich dazu oder nicht, dazwischen gab es nichts. Nicht dazugehören bedeutete den Verlust von Sicherheit und Wärme. Dazugehören bedeutete, die Gewohnheiten, Werte und Gemeinsamkeiten der Familie zu übernehmen.

In Ihrer Familie gab es etwas, das alle Mitglieder stark miteinander verband – eine Tradition, vielleicht Besitz, ein Erbe, ein Familiengeheimnis, alltägliche Gewohnheiten oder eine bestimmte Einstellung gegenüber anderen Menschen und den Dingen überhaupt. Die einen waren eindeutig »gut« und die anderen fraglos »schlecht«. Vielleicht war es gut, zu essen, aber weniger gut, sexuelle Bedürfnisse zu haben, lobenswert, für Wohlstand zu sorgen, aber falsch, materiell zu denken. Vielleicht waren bestimmte Tabus ein Bindeglied, oder man demonstrierte Zusammengehörigkeit durch permanenten Kontakt oder gemeinsamen Besitz. Wer nicht den gleichen gesellschaftlichen Status, die gleiche Meinung oder die gleiche Herkunft hatte, wurde ausgegrenzt. Es ging um den richtigen »Stallgeruch«. Sie fühlten sich sicher, doch der Preis für diesen Schutz war die Aufgabe Ihrer persönlichen Neigungen und dessen, was Sie von anderen unterscheiden würde. Es war weniger wichtig, sich selbst zu verwirklichen, als zu der Stärke und den Zielen der Gemeinschaft beizutragen. So fürchten Sie beides gleichermaßen: ausgeschlossen und abgelehnt zu werden und nicht Ihren Sehnsüchten, Zielen und Bedürfnissen gefolgt zu sein.

Ihr elementares Verlangen danach, mit anderen in einer physisch greifbaren Weise verbunden zu sein, vielleicht in einer Gemeinschaft zu leben, sich emotional und körperlich angenommen zu fühlen, steht im Widerspruch zu wichtigen Botschaften, die Sie verinnerlicht haben: dass es wichtigeres gibt als Sie und Ihre Bedürfnisse, dass man nicht zu gierig sein darf, dass Sinnlichkeit schlecht ist, dass Sie sich mehr zusammenreißen sollten, dass Genügsamkeit eine Zier und Selbstüberwindung das Wichtigste im Leben ist. Bei der Vorstellung, sich abzugrenzen und allein auf den Weg zu machen, fühlen Sie sich wie ein Tier, das von der Herde ausgeschlossen wurde: Existenzielle Ängste durchfluten Sie. Ihre Beziehungen und Ihr individuelles Leben stehen deshalb immer wieder in einem Spannungsverhältnis, das Sie in bestimmten Lebensphasen zu zerreißen droht. Wenn Ihre Mittel versagen, Sie vielleicht krank und einsam sind, wer wird Ihnen helfen?

Loszulassen stürzt Sie in tiefe Ängste, die sich jedoch, wenn Sie das Tal durchschritten haben, in ein Gefühl großer Befreiung verwandeln können. Immer wieder erinnern Sie sich an vertraute Menschen und Situationen. In dieser Widerholung finden Sie Beruhigung. Sie halten Ihre Gefühle fest und schenken sie nur langsam, dann, wenn es sicher scheint, einem anderen Menschen – und lassen sie dann lange dort. Das Schiff Ihrer Gefühle dampft lange Zeit in eine Richtung, und nur mühselig kurbeln Sie das Steuer herum. Sie wissen, wie es ist, festzuhängen und den Absprung nicht zu finden. Aus diesem Grund bevorzugen Sie vielleicht kurzfristige Abenteuer und lockere Verhältnisse. Sie halten es mit Friedrich Nietzsche: »Willst du das Leben leicht haben, so bleibe immer bei der Herde.«

Lösungsversuche und Fallstricke

> *Im Hafen sind Schiffe am besten aufgehoben, aber dafür hat man sie nicht gebaut.* — *Unbekannt*

Trotz Ihrem Verlangen nach Beständigkeit wechseln Ihre Meinungen und Wertvorstellungen immer wieder. Sie wandeln sich, häuten sich, fallen und steigen wie der Phönix aus der Asche wieder empor, wenn Sie mit einer Beziehung oder einem Lebenskonzept Schiffbruch erlitten haben. Sie lieben und leben Extreme.

Schon immer fühlten Sie sich wie aufgespannt zwischen Ihren beiden Seiten. Schuldgefühle, dass Sie nicht richtig sind, so wie Sie sind, treiben Sie an. Trotz Ihrer körperbetonten Natur, die nach lustvollen Erfahrungen verlangt, haben Sie sich auch immer wieder den Gegenpol gesucht. In manchen Lebensphasen haben Sie deshalb ein geradezu mönchisches Leben geführt, reduzierten den Essensgenuss auf ein Minimum, unterdrückten Ihr sexuelles Verlangen oder suchten sich eine Beziehung, in der Sie es nicht leben konnten. In diesen Zeiten waren Sie vermutlich auch besonders sparsam und legten den Schwerpunkt auf alles, was Ihren Kopf beschäftigt hielt, nicht aber Ihre Instinkte befriedigte. Vielleicht haben Sie sich eine Ideologie, ein politisches System, eine Philosophie oder Glaubensvorstellungen gesucht, die Sie von Ihren Bedürfnissen ablenkten. Vielleicht haben Sie auch beschlossen zu hungern, weil Ihr Körper nicht einer bestimmten Idealvorstellung entsprach. Selbstverleugnung heißt das Prinzip, nach dem Sie dann leben. In diesen Phasen, in denen Sie so wenig liebevoll mit sich umgehen, neigen Sie dazu, anderen Ihre Meinung aufzuzwingen, als wollten Sie auf diese Weise eine Bestätigung für die Richtigkeit Ihres Tuns erhalten. In Ihrem Auftreten wirken Sie dann sehr bestimmt, auch wenn Sie sich Ihrer selbst in Wahrheit gar nicht so sicher sind. Sie dulden keine Ungenauigkeiten, sind unbeugsam. Sie beobachten, beurteilen, sind wütend über die Abweichungen vom idealen Maß, die ein anderer oder auch Sie selbst produziert. Zu anderen Zeiten leben Sie Genussfreude pur. Keine Party ohne Sie, keine Flasche Wein, die ungeöffnet bleibt, kein verlockendes Abenteuer, das Sie nicht zumindest in Versuchung führen würde. Sie sind dann wie der Mann, der einer aufreizenden Blondine im Aufzug begegnete und sich fragte: »Wer wird ihr wohl auf den Leim gehen?« – und der dann feststellte, dass er es selbst war …

Und noch eine dritte Form, ins Extrem zu gehen, kennen Sie: Leistung. Ob im Fitnessstudio, beim Sport, im Haushalt oder im Beruf, Sie verlangen sich das Äußerste ab, noch schneller, noch länger, noch härter. In gewisser Weise tut Ihnen das gut, diese Knute, mit der Sie sich vorantreiben. Doch Ihre sinnenfreudige Seite beginnt sich irgendwann dagegen aufzulehnen. Sie beginnen zu essen oder zu trinken, mehr als Sie wollten, sind unruhig. Etwas stimmt nicht, und Sie fragen sich, was es ist.

Alle drei Aktivitätsmuster stellen Extreme dar, die immer nur einen Teil von Ihnen erfüllen, und das gilt besonders für den, der Sie dazu bringt, sich selbst zu kasteien. Sie lieben das Exzessive und versuchen sich darin zu finden – doch wie beim Squash prallen Sie immer wieder ab und landen auf der anderen Seite. Verwirrt fragen Sie sich, wer Sie denn nun wirklich sind, und suchen nach einer Anleitung, einer Regel, die Ihnen zeigt, was richtig ist. Sie halten Ausschau nach einer Leitfigur, einem Lehrer, einer Autorität, vielleicht einer Partnerschaft mit einem Menschen, der über mehr Wissen und Erfahrung verfügt als Sie. Sie wollen Stärke, Perfektion, die Idealversion – auch vom anderen. Dann stellen Sie fest, dass, wenn Sie sich verlieben, es ein Mensch ist, der nicht so erwachsen, nicht so selbstständig, nicht so reif ist, wie Sie dachten, oder zumindest nicht auf die Art, wie Sie erwarteten. Sie kommen nicht darum herum, selbst Entscheidungskraft und Konsequenz in Bezug auf Ihre Ziele zu entwickeln.

Konstruktive Lösungsstrategien auf dem Weg zum Ziel

> *Er musste erst mit dem Kopf gegen die Bäume rennen, bis er merkte, dass er auf dem Holzwege war.* *Wilhelm Busch*

Springen Sie über Ihren Schatten. Überwinden Sie sich. Feiern Sie den größten Sieg, den es gibt: den Sieg über sich selbst. Überwinden Sie Ihre Bequemlichkeit, Ihre Trägheit, Ihr Sicherheitsstreben. Lassen Sie das Bekannte und Sichere los, wenn es darum geht, Ihre Ziele in die Tat umzusetzen. Wagen Sie neue Horizonte. Entwickeln Sie ein eigenes Lebenskonzept, das anders sein darf als das Ihrer Familie, Ihres Partners, Ihres Freundeskreises, Ihrer Nachbarn. Stehen Sie wie eine deutsche Eiche zu dem, was Sie für wahr erkannt haben, aber erwarten Sie keine Perfektion von sich. Schon Albert Einstein sagte: »Wer noch nie einen Fehler gemacht hat, hat sich noch nie an etwas Neuem versucht.« Entwickeln Sie Konzentration und kontrollieren Sie sanft aber entschlossen Ihre Ablenkbarkeit. Ideen zu realisieren bedeutet für Sie, sich für eine bestimmte Zeit mit völliger Ausschließlichkeit auf Ihr Ziel zu konzentrieren. »Konzentration ist wie ein Diamant, strahlende, gesammelte Energie, Intelligenz und Sensitivität« – gibt es eine schönere Beschreibung jener Kraft, die uns wie ein Laserstrahl gebündelt dorthin trägt, wo wir sein wollen, als das Zitat von Joel Levey?

Vergessen Sie jedoch nicht: Im Grunde Ihres Herzens sind Sie ein Praktiker. Sie sind fasziniert von Ideen und Idealen. Sie suchen das große Ziel. Studieren, konzipieren, denken beflügelt Sie. Gern möchten Sie sich durch Ihre Ideen und Ihr Wissen auszeichnen. Doch am liebsten haben Sie etwas Greifbares, Konkretes, etwas, das Sie mit Ihren Sinnen berühren und erfahren können. Sie wollen nicht Dinge auf dem Reißbrett entwerfen, wenn Sie nicht auch die Möglichkeit haben, zu sehen, wie sie sich realisieren. Letztlich interessiert Sie der praktische Nutzen einer Sache. »Wozu ist das gut?« ist die Frage, mit der Sie andere auf den Boden der Tatsachen zurückführen. Genau dieselbe Frage sollten Sie sich selbst stellen, wenn Ihr Perfektionsdrang Ihnen wieder einmal einen Strich durch die Rechnung macht und Sie mit Ihrer Arbeit oder Ihrem Projekt kein Ende finden. Lernen Sie zu unterscheiden: Zwischen der Welt der Ideen, in der Sie das Ideale entwerfen können, und der konkreten Welt, in der die Dinge immer etwas weniger ideal ausfallen als in der Vorstellung. Ihre Vorstellung von Perfektion und Ihre Sehnsucht nach Spitzenleistungen sind ein fantastischer Motor, wenn er richtig eingesetzt wird. Das bedeutet, dass Sie sich weder in überzogenen Ideal- und Traumvorstellungen verlieren, die sich jeder Umsetzung entziehen, noch dass Sie in ein Leistungsdenken verfallen, das Sie wie ein Schraubstock einzwängt und Ihnen alles abpresst, was Sie haben. Schaffen Sie eine Ordnung in sich, bei der beide Welten klar voneinander getrennt sind und dennoch beide zum Zuge kommen: Ihr Geist ist dazu da, um Ideen zu entwickeln, zu vervollkommnen und einen Bauplan für die Umsetzung zu entwerfen. Immer wenn Sie neue Ideen brauchen und eine Leitlinie für Ihr Tun, betreten Sie diesen geistigen Raum. Geht es an die Umsetzung, betreten Sie einen anderen Raum – einen, in dem es um ausgezeichnete Leistungen geht, um das Bestmögliche, um Einsatz, Selbstüberwindung und Konsequenz für das Ziel –, aber nicht darum, Ihr geistiges Ideal in all seinen Facetten Wirklichkeit werden zu lassen. Lassen Sie sich nicht von Idealvorstellungen blenden. Achten Sie darauf, sich nicht zu verrennen. Bleiben Sie auf dem Boden und lernen Sie, mit dem Widerspruch zu leben, dass wir das Vollkommene anstreben, ohne es erreichen zu müssen – und es auch nicht dauerhaft können. Genießen Sie Augenblicke der Vollkommenheit, losgelöste Momente des Glücks, in denen keine Frage offen, kein Mangel vorhanden, keine Sehnsucht ungestillt ist – und gehen Sie weiter. Verharren Sie nicht, lassen Sie los. Gewöhnen Sie sich an den wechselnden Rhythmus, in dem Ihr Leben zwischen dem Alltäglichen und den Gipfeln der Intensität pendelt. Lernen Sie die Kontraste zu lieben: die Stunden, in denen Sie sich genussvoll räkeln, genauso wie die, in denen Sie mit aller Kraft Ihres Seins einer Arbeit nachgehen.

Gehen Sie immer wieder zu Ihren physischen Wurzeln zurück, die Ihnen zeigen, was für Sie wirklich wertvoll ist. Würdigen Sie die Qualitäten des Sinnlichen, des Sexuellen, des

Materiellen und leben Sie diese Erfahrungen. Und finden Sie heraus, welche Erfahrungen Ihnen mehr bieten als kurzfristigen Lustgewinn. Werden Sie wesentlich. Der kluge englische Premierminister Winston Churchill formulierte: »Man soll dem Leib etwas Gutes bieten, damit die Seele Lust hat, darin zu wohnen.« Dies könnte auch Ihr Grundsatz sein, aber finden Sie heraus, was in Ihrem Leben wirklich zählt. Vielleicht entdecken Sie, dass Sie Lust an Menschen und Dingen finden, die Sie bisher abgelehnt oder als banal verworfen haben. Umgekehrt kann ein bisher heiß begehrtes Objekt an Attraktivität verlieren. Suchen Sie in Ihren Beziehungen nicht vor allem den Genuss der Vielfalt, sondern arbeiten Sie daran, Ihre Fähigkeit zu Treue und Verbindlichkeit zu vertiefen. Wählen Sie jedoch die Menschen dafür mit Bedacht. Letztlich zählt Fühlen für Sie mehr als Denken und Bewerten. Sie sind nicht wirklich intellektuell, obwohl Sie sich gern mit diesem Nimbus umgeben. Ihr Denken ist im besten Sinne emotional. In Ihren Beziehungen suchen Sie Gefühlserfahrungen. Sie denken nicht nüchtern, sachlich und logisch, obwohl Sie sich dazu zwingen können, sondern farbig und stimmungsvoll, einfühlsam und offen. Wenn Sie etwas beschreiben, ist Ihr bildhaft-emotionales Denken, das auch eine gewisse Selbstironie enthalten kann, eine Ihrer besonderen Stärken.

Grenzen Sie sich in materiellen Fragen ab. Lassen Sie sich nicht aus finanziellen Gründen unter Druck setzen. Von der Sängerin Billie Holiday stammt jener denkwürdige Song »Papa may have, mama may have, God bless the child, that got his own«. Materielle Unabhängigkeit kann für Sie das Symbol Ihrer inneren Unabhängigkeit sein. Bauen Sie ein Haus in geschützter Lage und überlegen Sie sich gut, wen oder was Sie hereinlassen. Das ist in erster Linie symbolisch gemeint. Der Philosoph Rodney Collins formulierte es folgendermaßen: »Jesus hat gesagt, du sollst alle Menschen lieben, er hat aber nicht gesagt, dass du alle in dein Haus einladen sollst.«

Ihr Lebensziel

Wer hohe Türme bauen will, muss lange beim Fundament verweilen. — *Arthur Schopenhauer*

Dieses Leben ist Ihre Chance, sich selbst zu überwinden und für die Ziele und Ideale einzustehen, die zutiefst Ihre eigenen sind. Wenn Sie dazu auf der körperlichen oder materiellen Ebene auf etwas verzichten müssen, werden Sie dies gern tun, solange in Ihrer Seele das Feuer der Begeisterung und Überzeugung brennt. Sie haben sich von Gruppendruck und hemmenden Verpflichtungen gelöst und sind eine Verpflichtung sich selbst gegenüber eingegangen. Dazu gehört, dass Sie auf Ihr Wohlbefinden achten; Ihre Vorstellungen darüber können sich jedoch stark von dem unterscheiden, was Ihre Herkunftsfamilie oder die Menschen in Ihrer aktuellen Umgebung dazu meinen. Sicherheit hat einen neuen Stellenwert für Sie: Noch immer ist Ihnen bewusst, dass Menschen starke gemeinsame Kräfte mobilisieren können, wenn sie zusammenhalten. Doch Sie haben nun jene innere Sicherheit gefunden, die Martin Luther mit den Worten ausdrückte: »Hier stehe ich, ich kann nicht anders, Gott helfe mir.« Dieser Satz kann auch in weniger dramatischen Situationen als der seinen hilfreich für Sie sein. Nicht immer droht etwas, das sich für Sie anfühlt wie der Scheiterhaufen für ihn, aber vielleicht haben Sie einen Vortrag mit brisantem Inhalt zu halten oder eine ungeliebte Maßnahme zu ergreifen.

Durch den Weg der Praxis sind Sie zu einer Form von Ausdauer, Konsequenz und zu einem Idealismus gelangt, die aus Ihrer tiefsten Seele kommen. Sie sind bereit, sich langfristig zu engagieren, und bringen eine Treue und Hingabe auf, die anders ist als der Zwang, den Sie sich früher auferlegten. Gelegentlich müssen Sie dazu Ihre lustbetonte Seite disziplinieren, doch die Disziplin, die Sie sich auferlegen, kommt nicht von außen, sondern entspringt Ihrem freien Willen. Sie ist eine Form von Yoga – die freiwillige »Anschirrung« für ein Ziel. Der rechte Ausgleich ist hier gefragt. Seien Sie achtsam mit Ihrem Körper und Ihrem Geist. »Nichts im Übermaß!« steht über dem Tempel von Delphi, aber auch »Erkenne dich selbst«.

Auf wunderbare Weise hat sich in Ihrem Leben Eindeutigkeit entwickelt. Aus der Vielzahl widersprüchlicher Antriebe, dem Hin und Her und Auf und Ab, ist ein Lebensgrundgefühl der Verwurzelung geworden. Sie haben sich mit aller Kraft des Herzens entschieden – für eine Beziehung, ein Projekt, eine Vision. Ihnen ist bewusst, dass Liebe auch eine Entscheidung ist, nicht nur ein fasziniertes Hinsinken, und das Gleiche gilt für die Liebe zu Ihren Absichten. Nicht dass Sie Ihre Absichten nicht irgendwann wieder ändern dürften – doch Sie haben es sich reiflich überlegt. Dann aber werden Sie das neue Ziel mit der gleichen Intensität verfolgen wie bisher das alte. Immer sind Sie mit voller Konzentration und Hingabe dabei. Zum Ausgleich gönnen Sie sich die Muße und Genuss, was nicht gleichbedeutend ist mit exzessivem Konsum, von Alkohol zum Beispiel, um Ihre wahren Bedürfnisse zuzuschütten. Sie haben gelernt, mit den Widersprüchen des Lebens zu leben und gleichzeitig an Ihrer Form der Eindeutigkeit, Klarheit und Entschlossenheit festzuhalten. Sie suchen nicht weiter nach der alles bestätigenden, erlösenden Objektivität, denn Sie wissen, dass das Leben eine subjektive Entscheidung ist und dass jeder Mensch für die seine einstehen muss. Was Sie tun, tun Sie ohne Schuldgefühle, aber mit der Bereitschaft, die Konsequenzen zu übernehmen. Sie wissen nun mit jeder Faser Ihres Seins, dass Bewertungen von Menschen erdacht sind und welche Folgen ein Absolutheitsanspruch in dieser Hinsicht hat. Sie haben für sich das Paradox gelöst, andere und ihre Meinungen anzunehmen und doch Ihre eigenen als feste Basis zu betrachten. Sie hüten sich vor fanatischer Begeisterung und wissen, dass kluge Opposition zu erstaunlichen Ergebnissen führen kann. Sie beugen sich keinen Zwängen, weder geistiger noch materieller Art, sondern finden für sich eine intelligente dritte Lösung.

Indem Sie Ihren Lebensweg unbeirrt gehen und dabei auch zu Opfern bereit sind, werden Sie zu einem Vorbild für andere, die weniger Entschlossenheit oder auch Härte gegen sich aufbringen. Ihre komplexe Mischung aus Sinnlichkeit und Bereitschaft zum Verzicht, Sehnsucht nach Gemeinschaft und Abgrenzungsbedürfnis verleiht Ihnen Charisma und stellt Sie vor die Aufgabe, die damit verbundene Macht sorgfältig zu nutzen. Ihr Weg führt über eine sinnvolle Form der Selbstbezwingung. Dadurch schärfen Sie Ihr Bewusstsein und lassen Ihre innere Stärke sichtbar werden. Dies zeigt sich auch in der Bereitschaft, sich, wenn nötig, von materiellen und zwischenmenschlichen Sicherheiten zu lösen, um Ihre eigene Form von Sicherheit und Ihre wahre innere und äußere Heimat zu finden. Machen Sie die Worte Napoleons I. zu Ihrem Leitmotiv: »Reichtum besteht nicht im Besitz von Schätzen, sondern in der Anwendung, die man von ihnen zu machen versteht.«

Subtyp 2b: Der Idealist: Von der Selbstüberwindung zur Genussfreude

Worum es Ihnen wirklich geht

> *Versuche nicht ein erfolgreicher Mensch zu sein, sondern ein wertvoller.* *Albert Einstein*

Im Grunde Ihres Herzens sind Sie ein Perfektionist. Sie sind davon überzeugt, dass es notwendig ist, immer und überall das Beste zu geben, und dass das Beste gerade gut genug ist. Erst wenn das, was Sie tun, seine vollkommene Form erreicht hat, werden Sie aufatmen können. Vor Ihrem inneren Auge können Sie sehen, wie es sein sollte, eine Beziehung, Ihre Arbeit, Ihre Wohnung, ein anderer Mensch, die Welt. Um noch genauer zu wissen, was richtig und gut ist, gehen Sie den Dingen unerbittlich auf den Grund, und wenn Sie gefunden haben, was Sie suchen, beginnen Sie, sich selbst und die Welt um Sie herum nach diesem Bild zu formen.

Auch an Ihre Hobbys haben Sie einen hohen Anspruch. Was immer Sie tun, Sie möchten gut und noch besser sein. Der Wunsch, Ihr Leben zu einem vollkommenen Kunstwerk zu formen, treibt Sie an. Sie wollen keine Zeit verschwenden, denn Zeit ist für Sie unendlich kostbar. Ob Sie sich dessen bewusst sind oder nicht, das Wissen um die Endlichkeit des Lebens ist Ihr ständiger Begleiter. Der Gedanke, zu gehen, ohne Spuren zu hinterlassen, schmerzt Sie zutiefst. Sie möchten, dass etwas bleibt, das Bestand hat, wenn Ihre physische Existenz erlischt. Nicht irgendetwas, das Ihnen banal erscheint, soll es sein, sondern ein Werk, eine Tat, etwas, das die Erinnerung an Sie wach hält und Ihnen die Würdigung der Nachwelt einbringt. Auch in Ihren Kindern leben Sie weiter, und so fühlen Sie einen starken Antrieb, sich fortzupflanzen.

Sie sehnen sich nach einem objektiven Maßstab, an dem Sie messen können, was richtig und was falsch ist. Eine innere Instanz zwingt Sie, die Dinge genau zu sortieren. Sie haben eine Abneigung gegen Zwischentöne und bevorzugen ein klares »Entweder – Oder«. Deshalb sind Sie vermutlich auch ausgesprochen ordentlich. Sie möchten, dass überall gut aufgeräumt ist, in Ihrer Seele und auf Ihrem Schreibtisch. Alles, was Ihrem Empfinden nach nicht genau stimmt, macht Sie nervös und lässt den oft geradezu unwiderstehlichen Drang aufkommen, es zu korrigieren. Eine Welt nach Ihren Vorstellungen zu schaffen gibt Ihnen Halt und innere Ruhe.

Sie sind ein geistiger Mensch. So sehr Sie sich nach dem Körperlichen sehnen, Ihre Innenwelt wird stärker durch Bilder und Vorstellungen inspiriert als durch reines Fühlen. Bilder erzeugen Gefühle in Ihnen, starke, intensive, leidenschaftliche, in der Liebe und im Hass. Dennoch sollen persönliche Wünsche und Leidenschaften, die Ihrem Ziel oder Ihrer Idealvorstellung zuwider laufen, keinen Einfluss auf Ihre Entscheidungen haben. Sie möchten sich nicht in subjektiven Stimmungen verlieren. Das Gute, das Richtige, das Wahre soll die Grundlage Ihres Handelns sein. Nur so sind Sie sicher, dass niemand Sie verurteilen kann und Sie frei von Schuld sind. Gleichzeitig steht es für Sie außer Frage, dass Sie Recht haben, und das ist Ihnen ausgesprochen wichtig. Sie lieben die Theorie, das Konzept, die perfekte Vorstellung. Für nichts können Sie sich mehr erwärmen als für etwas, das diese Idealvorstellungen zu erfüllen scheint. Nach außen mögen Sie genussfreudig und pragmatisch erscheinen, doch in Ihrem Inneren sind Sie ein Idealist.

Doch es gibt noch eine andere Seite in Ihnen, die sich nach Entspannung und Genuss sehnt. Dieser Teil Ihrer Persönlichkeit wünscht sich, so viel zu essen, wie Sie mögen, auch wenn das bedeutet, dass Sie Ihr Idealgewicht überschreiten, so viel Sex zu haben, wie Ihnen gerade zumute ist, auch wenn Ihre Moralvorstellungen damit kollidieren, »den lieben Gott einmal einen guten Mann sein zu lassen«, auch wenn das heißt, dass anstehende Aufgaben vertagt oder unvollkommen beendet werden. Aus diesem Widerspruch entsteht eine beständige Spannung zwischen Ihren idealen Zielvorstellungen als Grundlage Ihres Wertesystems und Ihren persönlichen Impulsen, die oft in eine ganz andere Richtung gehen.

In Ihren Beziehungen geht es Ihnen um Langfristigkeit. Sie sind eine treue Seele. Wenn Sie einmal »ja« gesagt haben, werden Sie sich nicht so schnell wieder anders entscheiden. Das verbürgt allein Ihr tiefes Bedürfnis nach Eindeutigkeit. Den Zweifel sperren Sie am liebsten aus. Mehr als kurzlebige Vergnügungen zählen für Sie die Verpflichtung auf gemeinsame Ziele, das Teilen gemeinsamer Wertvorstellungen und die Sicherheit, die Sie aus einer solchen Gemeinschaft ziehen. In bestimmten Phasen Ihres Lebens waren – oder sind – Sie sogar bereit, dafür einen wesentlichen Teil Ihrer persönlichen Selbstverwirklichung zu opfern. Beziehungs- und Familienrituale sind Ihnen in diesem Zusammenhang wichtig, ebenso wie alle rituellen Gewohnheiten des Alltages, Ihre persönlichen und gemeinsame.

Immer wieder fühlen Sie jedoch auch den Drang, sich von Ihrer Familie abzuheben und Ihren ganz eigenen Weg zu gehen, einen Weg, der Ihren ureigensten Vorstellungen entspricht. So werden Sie auch immer wieder damit konfrontiert, sich entweder für Ihre Beziehung beziehungsweise Ihre Familie zu entscheiden oder für sich selbst. Der innere Kampf darum, wem Sie treu sind, sich selbst oder den Menschen, mit denen Sie ein ideelles Band verbindet, begleitet Sie. Einem Familienclan anzugehören hat eine besondere Bedeutung, die Sie ebenso beglückend wie anstrengend, beengend oder sogar bedrohlich erleben. Das Opfer, das Sie für die Zusammengehörigkeit bringen, gibt Ihnen das Gefühl von Stärke. Es befriedigt Ihr Bedürfnis danach, nicht so zu sein wie so viele andere, die ihre Ideale für Befriedigungen ohne ethischen Wert verraten. Ebenso zieht es Sie aber auch dorthin, wo genau solche Attraktionen warten. Gern wären Sie auch unter Menschen, die Sie annehmen, wie Sie sind, ohne dass Sie bestimmte Vorstellungen und Erwartungen zu erfüllen haben. Sie sehnen sich danach, einfach einmal »Mensch« zu sein. Hier eine Entscheidung zu treffen fällt Ihnen ausgesprochen schwer, denn Ihr Leben baut auf Unterscheidung auf. Gerade die Menschen, Lebenssituationen und beruflichen Tätigkeiten, die Ihnen echtes Angenommensein, Wohlgefühl, Entspannung und Wärme vermitteln, können diejenigen sein, die dem kritischen Zensor in Ihnen nicht standhalten.

Erinnerungen und Ängste

> *Wenn Menschen Liebe gepredigt wird, lernen sie predigen, nicht lieben.* — *Alice Miller*

Die Atmosphäre Ihrer Kindheit war wenig entspannt. Solange Sie zurückdenken können, kennen Sie dieses Gefühl: Nur wenn Sie perfekt sind und Spitzenleistungen vollbringen, sind Sie o.k. Immer gab es eine Messlatte, an der Ihre Eltern sich selbst und Sie maßen. Diese Messlatte war jedoch immer ein Stück weit außerhalb Ihrer Reichweite, ein hohes Ziel in der Ferne, nach dem Sie sich mit aller Kraft und Verzweiflung streckten. Tief in Ihrem Inneren sind Sie deshalb davon überzeugt, dass Sie nur akzeptiert werden, wenn Sie etwas leisten und die an Sie gestellten Erwartungen genau erfüllen – und dass Ihre Leistung letztlich nie groß genug sein wird. Vor Ihrem geistigen Auge sehen Sie diese prüfenden Augen, die Sie ablehnen, Sie als ungenügend abstempeln, wenn Sie nicht funktionieren. Sie wollen gut sein, damit Sie nicht bestraft werden. Es ist, als hätte man Ihnen eingetrichtert: »Vergiss nie, dass ich dich unter Schmerzen geboren habe.« Sie fürchten Liebesentzug, Ablehnung und Ausgrenzung, und vielleicht kennen Sie von früher den Spruch »Gottes Mühlen mahlen langsam aber trefflich fein«. Deshalb brauchen Sie das Gefühl, ein reines Gewissen zu haben, denn nun ist es nicht mehr Ihre Mutter, die bewertet und entscheidet, wie etwas zu sein hat, sondern Sie selbst. Ihr eigenes Gewissen stellt nun die Ansprüche und droht mit Strafe bei Versagen. Schuld zu sein ist deshalb eine Horrorvision für Sie, Vertrauen ein Wort, das Sehnsucht und Misstrauen zugleich bei Ihnen auslöst. Wenn es um Ihre Gefühle geht, gleichen Sie einer Festung. Durch Schießscharten lugen Sie heraus und sehnen sich danach, Ihre Burg einmal zu verlassen. Wer wird sie erstürmen und Sie befreien? Die Angst, diesem Menschen dann wieder ohnmächtig ausgeliefert zu sein, hält Sie im Griff. Doch wie schön wäre es, sich auch einmal nur hinzugeben, ganz loszulassen, tief auszuatmen.

Liebe ist für Sie mit Leistung verbunden, und nicht selten bestand diese Leistung darin, Ihr persönliches Ich und seine Wünsche zur Seite zu stellen. Noch heute kennen Sie das. Sie fürchten, dass man Sie nicht lieben wird, wenn Sie einfach nur Sie selbst sind. Ein Teil von Ihnen glaubt sogar, dass die Menschen sich abwenden würden, wenn sie wüssten, wie Sie wirklich sind. Daher rührt auch Ihr Drang, alles perfekt zu machen. Doch wann ist es genug? Welche äußere Instanz erteilt Ihnen die Absolution, sodass Sie unumstößlich wissen, dass Sie richtig liegen? Der Zweifel plagt Sie, und so machen Sie sich viele Gedanken über die Folgen Ihres Handelns, haben eine Tendenz zu grübeln und sind sehr um Gerechtigkeit bemüht. Weil Sie aber dazu neigen, wenig liebevoll mit sich umzugehen, ist dieses Bemühen mehr aus dem Verstand als aus dem Gefühl heraus geboren. Entspannt und herzlich mit Menschen umzugehen fällt Ihnen nicht leicht, zumal Ihnen vieles schnell banal und damit wertlos erscheint. Was immer Sie tun, soll einen Zweck erfüllen. Und so machen Sie aus dem Versuch, anderen gegenüber offen und auch korrekt zu sein, einen Maßstab, an dem Sie sich selbst messen. Ihr Sinn für Humor ist nicht besonders ausgeprägt, denn Sie haben gelernt, dass das Leben eine ernste Sache ist, in dem es um mehr als um Genuss und Lebensfreude geht. Manchmal gelingt es Ihnen dennoch ziemlich gut, humorvoll zu sein, doch das Lachen vergeht Ihnen schnell, zum Beispiel dann, wenn Ihnen Ihre eigene Unvollkommenheit oder die der Welt auf die Nerven geht.

Ist etwas erreicht, zögern Sie lange, bis Sie es wieder verändern. Sie suchen das Berechenbare – Umstände, in denen Sie sich so weit eingerichtet haben, dass Sie die Bedingungen kennen und kontrollieren können. Sie möchten den Status quo aufrechterhalten. Veränderungen sind Ihnen suspekt. Weil jeder Erfolg so hart erkämpft scheint, können Sie sich nur schwer vorstellen, dass Veränderung auch Verbesserung bedeutet. Ebenso zögern Sie lange, bis Sie sich für etwas entscheiden. Das hat damit zu tun, dass Sie wissen, dass es für Sie nicht so einfach einen Weg zurück gibt. Ein Entschluss ist für Sie bindend, ihn ohne ausgesprochen triftige Gründe rückgängig zu machen würde Schuldgefühle auslösen. Darum folgen Sie dem Leitsatz: »Drum prüfe, wer sich (ewig) bindet.« Sie halten lange an dem Bild fest, das Sie sich von sich selbst und anderen Menschen gemacht haben, und das Gleiche gilt für Ihre Pläne. Es ist Ihnen wichtig, die Dinge in der Hand zu behalten. »Vertrauen ist gut, Kontrolle ist besser« ist Ihre Devise. Sie möchten gern jemanden umsorgen oder sich voll und ganz für eine bestimmte Aufgabe einsetzen, doch es kommt immer wieder vor, dass Ihre idealistische und engagierte Seite ausgenutzt wird. Ein tief verwurzeltes Misstrauen begleitet Sie deshalb, das Sie auch freundlichen Gesten gegenüber empfinden, denn Sie fragen sich, was man eigentlich wirklich von Ihnen will und welchen Preis Sie später dafür zu zahlen haben.

Lösungsversuche und Fallstricke

Ideale sind ein Leuchtturm, kein Hafen, sind Richtungen, nicht Ziele. *Axel von Ambesser*

Ihr Verlangen nach Genauigkeit, Perfektion und das Festhalten am Bestehenden können ebenso konstruktive Eigenschaften wie Fallen und Ausweichmanöver sein, je nachdem, wie Sie sie einsetzen. Der Stolz, mit dem Sie die Sonderrolle erfüllt, die Sie vielleicht auch heute noch in Ihrer Familie einnehmen, ist jedoch mit großer Wahrscheinlichkeit eine Falle. Schon als Kind mögen Sie die kleine Prinzessin, der kleine Prinz gewesen sein. Viel Aufmerksamkeit wurde Ihnen zuteil, und eventuell auch materielle Zuwendungen. Vielleicht wurden Sie mit einer wichtigen Aufgabe betraut, eine, die selbstverständlich nur Sie lösen können, für die Sie aber ein Opfer bringen mussten. Sie nahmen und nehmen eine wichtige Rolle im Familiengeschehen ein, und angesichts der Vorteile hinterfragen Sie Ihre Stellung nicht. Ganz automatisch wissen Sie, dass so viel Anerkennung einer Gegenleistung bedarf. Sie halten sich an die Regeln und scheren nicht aus.

Ihre Autonomie steht jedoch auf wackligen Beinen. Was wird aus Ihnen, wenn diejenigen, die Sie gekrönt haben, Ihnen den Beifall entziehen? Sie nehmen Ihre Rolle von der Gnade anderer ein. Ist es das, was Sie wollen? Ist diese Art von Zuwendung und Wertschätzung die, durch die Sie von dem Gefühl frei werden, eine Daseinsberechtigung zu brauchen? Davon, dass es nicht genügt, geboren worden zu sein, um respektiert und geliebt zu werden, sondern dass man sich das Leben erst verdienen muss?

Der innere Motor, Ihre Existenzberechtigung durch Leistung unter Beweis zu stellen, treibt Sie zu Aktionismus und Perfektion. So bleibt Ihnen keine Zeit zum Nachdenken und vor allem nicht zum Fühlen. Das macht Sie effektiv. Es ist Ihnen ausgesprochen wichtig, tüchtig zu sein und Recht zu behalten. Sie mögen sich auch dazu berufen fühlen, alles zu verbessern und wie ein Schiedsrichter darüber zu wachen, was richtig ist. Eine Seite in Ihnen ist davon überzeugt, dass die Welt besser beraten wäre, wenn sie auf Sie hören würde. Je stärker Ihr eigener innere Zensor wirkt, desto mehr werden Sie die Vergehen anderer ahnden wollen und desto schwerer fällt es Ihnen, Toleranz zu zeigen, während Sie selbst doch gleichzeitig oft das Gegenteil von dem tun, was Sie predigen. Die andere Seite in Ihnen, jene, die die kompromisslose gern gegen eine mildere, freudigere austauschen würde, veranlasst Sie dazu, in Ihrem Verhalten gelegentlich doch von Ihren Vorstellungen abzuweichen.

Im Grunde Ihres Herzens sind Sie zornig. Sie fühlen sich missbraucht oder zumindest in Ihrem Wert als Mensch missachtet. Es ist, als hätte man Ihnen Ihr Leben gestohlen. Doch Sie verleugnen Ihren Zorn, weil er zu den so genannten negativen Eigenschaften gehört und nicht zuletzt auch wegen der Konsequenzen. Sie kontrollieren nicht nur das Außen, sondern haben auch ein festes Auge auf alle möglichen Schwachstellen, die sich bei Ihnen selbst zeigen könnten.

Besitz und die Zugehörigkeit zu einer Gruppe von Menschen, die sich durch etwas auszeichnet – das kann zum Beispiel Ihre Familie, eine Firma, eine Partei sein –, stellen Lösungswege dar, mit denen Sie Ihr Selbstwertgefühl stärken. Kommt diese Wahl aus dem Gefühl, dass Sie etwas Zusätzliches benötigen, um wertvoll zu sein, könnte sich beides als Bumerang erweisen, denn alles, was Sie besitzen, tendiert dazu, umgekehrt auch Sie zu besitzen, sodass Ihre Freiheitsräume enger statt größer werden. Auch zu jemandem oder etwas zu gehören kann Ihren individuellen Spielraum vielleicht in einem Maße, in dem es echter Selbstverleugnung bedarf, beschneiden.

Konstruktive Lösungsstrategien auf dem Weg zum Ziel

Fange jetzt zu leben an und zähle jeden Tag als ein Leben für sich. — *Seneca*

Überprüfen Sie Ihre Werte. Wo ziehen Sie Ihre Trennlinien zwischen gut und böse, richtig und falsch, genug und nicht genug? Welche Folgen hat diese Form der Differenzierung? Gibt es andere Möglichkeiten, Grenzen zu ziehen? Würde sich durch eine andere Form der Unterscheidung und Bewertung etwas verändern? Und wenn ja, in welcher Richtung? Ginge es Ihnen besser damit? Seien Sie tolerant gegenüber Menschen, die andere Anschauungen als Sie vertreten. Überprüfen Sie, ob Sie, wie Hans Kruppa formuliert, dem Motto folgen: »Passende Welt für Weltanschauung gesucht«. Lockern Sie die Kontrolle und lassen Sie andere Menschen ihren Weg gehen. Das gilt auch für Ihre Gefühlsbeziehungen. Vertrauen Sie darauf, dass Sie nicht verlieren können, was zu Ihnen gehört. Atmen Sie aus und lassen Sie los.

Bleiben Sie realistisch. Erkennen und akzeptieren Sie, dass die Wirklichkeit immer weniger ideal ist als Ihre Vorstellung. Im Geiste sind Sie frei. Hier können Sie sich alles in einer idealen Form vorstellen, es erträumen in seiner denkbar schönsten Vision, der es an nichts mangelt. Die Grenze liegt ausschließlich in Ihrer Vorstellungskraft. Sobald Sie etwas realisieren – auf die Erde bringen –, wird es diese Perfektion nicht erreichen. Die Welt der Materie ist ein Ort der Möglichkeiten, aber auch ein Ort der Beschränkung. 100 Prozent entsprechen einer idealen Ziellinie, die, wenn überhaupt, nur vorübergehend erreicht werden kann, da sich alle Bedingungen des Lebens ständig ändern. Darüber hinaus liegt Vollkommenheit im Auge des Betrachters. Das, was Ihnen vollkommen erscheint, muss einem anderen nicht gefallen. Sie selbst haben vermutlich schon festgestellt, dass sich Ihre Bewertung von schön und hässlich veränderte, wenn Sie Ihren Blickwinkel veränderten. Meditieren Sie über die Worte von Samuel Coleridge: »Nur die Weisen sind im Besitz von Ideen. Die meisten Menschen sind von Ideen besessen.«

Sie verfügen über eine starke Vorstellungskraft, die ausgesprochen schöpferisch ist. Im Guten wie im Schlechten erzeugen Sie – vielleicht stärker als jeder andere – die Wirklichkeit, in der Sie leben. Prüfen Sie deshalb Ihre Gedanken und Ihre inneren Bilder, sie werden mit hoher Wahrscheinlichkeit Gestalt annehmen. Das gilt vor allem, wenn negative, oft verborgene Glaubenssätze über Sie selbst dem, was Sie bewusst anstreben, entgegenstehen. Sie müssen gefunden und gewandelt werden, bevor Ihnen das Geschenk Ihrer konstruktiven Schöpferkraft zur Verfügung steht.

Lösen Sie sich von den Werturteilen Ihrer Familie. Befreien Sie sich von alten Vorurteilen und Meinungen, die Ihr Verhalten kontrollieren und Sie einschränken. Erlauben Sie sich, mit Menschen zusammen zu sein, die Sie lieben und wertschätzen, ohne Ihnen besondere Opfer und Leistungen abzuverlangen. Sie können sich nur dann zu dem lebensfrohen und genussfähigen Menschen entwickeln, der Sie gern sein möchten, wenn Sie Ihre inneren Antreiber aus Leistungsdenken und Schuldgefühlen zur Ruhe gebracht haben. Überdenken Sie Ihre Wertvorstellungen, Ihren Drang nach Perfektion, Ihren Zwang, sich für die Ziele einer Gruppe opfern zu wollen. Was tut Ihnen wirklich gut? Wer oder was hat Ihnen bisher gut getan? Und wer nicht? Wonach verlangen Sie aus tiefstem Herzen? Zögern Sie nicht, die Ihnen eigene Konsequenz auch für das Erreichen Ihrer persönlichen Ziele einzusetzen. Sie müssen nicht funktionieren. Verinnerlichen Sie diese Botschaft. Sie haben zwar das tiefe Bedürfnis, mit Menschen verbunden zu sein, die Ihre Wertvorstellungen und Ihr Leben teilen. Doch diese Gemeinschaft muss nicht die sein, in der Sie aufgewachsen sind, oder eine, die Ihnen die gleichen Verhaltensmuster abverlangt. Glauben Sie daran, dass Sie um Ihrer selbst willen geliebt werden können. Entwickeln Sie Vertrauen. Betrachten Sie die Vergangenheit als das Kielwasser des Bootes: Es treibt es nicht an, sondern bleibt hinter dem Boot zurück. Sie können nun beginnen, sich selbst zu lieben – so bedingungslos, wie Sie von anderen geliebt werden möchten. Gehen Sie mit gutem Beispiel voran. Damit ist etwas anderes gemeint als Selbstliebe aus Eitelkeit, zum Beispiel weil Ihnen vermittelt wurde, wie attraktiv, intelligent oder tüchtig Sie sind. Diese Art von Selbstliebe fußt auf der Information »Ich liebe dich, weil …«, was im Kern aussagt: »Wenn du nicht attraktiv, intelligent, tüchtig bist, liebe ich dich nicht.« So hängen Sie in Ihrer Selbstakzeptanz von äußeren Bedingungen ab.

Gönnen Sie sich die Erfahrung, dass Sie nicht vollkommen sein müssen, um liebenswert zu sein oder um überhaupt existieren zu dürfen. Zu Ihrem Reifeprozess gehört, dass Sie sich erlauben, Ihren eigenen Weg zu gehen, Ihre eigenen, unabhängigen Erfahrungen zu machen und den Ort und die Menschen zu finden, wo Sie sich wirklich angekommen und angenommen fühlen. Im selben Maße wächst Ihre Liebesfähigkeit und Akzeptanz anderen gegenüber. Sie werden duldsamer gegenüber Schwächen, nachsichtiger gegenüber Mängeln und akzeptieren die Dinge häufiger wie sie sind. Alle Erfahrungen, die Sie machen, fordern Sie auf, innere Zwänge loszulassen, Stück für Stück, und nicht mehr nur das perfekte Endprodukt vor Augen zu haben, an dem Sie alles messen. Beginnen Sie, sich liebevoll um Ihren Körper und seine Bedürfnisse zu kümmern, anstatt ihn als Mittel zum Zweck zu betrachten, das gewartet werden muss wie Ihr Auto. Lernen Sie, ein Körper zu *sein*, statt einen Körper zu *haben*. Ihr Körper verfügt über eine eigene Form der Intelligenz, die Ihnen wichtige Hinweise darauf gibt, ob Sie das für Sie Richtige tun. Er verbindet Sie mit der Gegenwart und holt Sie von Ihren geistigen Ausflügen ins Hier und Jetzt. Erinnern Sie sich immer wieder an den Satz von Winston Churchill: »Man soll dem Leib etwas Gutes bieten, damit die Seele Lust hat, darin zu wohnen.«

Achten Sie die Geschenke der materiellen Welt und freuen Sie sich an dem, was Sie täglich zu bieten hat. Sinnliche Erfahrungen sind nicht zwingend weniger wert als geistige Höhenflüge. Finden Sie die für Sie richtige Form von Besitz und materiellem Wohlstand. Geld kann Ihnen helfen, Ihre Ziele zu verfolgen und auch etwas für andere zu tun, ein Haus kann die Burg sein, die Sie brauchen, um sich in eine schöne, angenehme Atmosphäre nach Ihren Wünschen zurückziehen und regenerieren zu können. Doch achten Sie darauf, nicht *haben* mit *sein* zu verwechseln. Kehren Sie immer wieder zu Ihren geistigen Wurzeln zurück, die Ihnen zeigen, was für Sie wirklich wertvoll ist.

Ihre tiefste Motivation ist, eindeutige Wertmaßstäbe, Unterscheidungskriterien und Prinzipien zu entwickeln, die für Sie selbst und andere Leitbildcharakter haben. Um diesen Wunsch zu erfüllen, müssen Sie die absoluten Forderungen Ihrer Vorstellungen weicher, menschlicher und realistischer gestalten, sodass auch dem Wohlbefinden und der Lebensfreude Rechnung getragen wird. Treten Sie heraus aus dem Korridor Ihrer Wahrnehmungen. Blicken Sie rechts und links und meditieren Sie über die Worte von Paul Valéry: »Sobald sich Gefühle in festen Begriffen ausdrücken lassen, hat ihre Stunde geschlagen.«

Ihr Lebensziel

Die Tür zum Glück, zum Heil, zur Rettung geht nach außen auf. — *Soeren Kierkegaard*

Dieses Leben ist Ihre Chance, Liebe zu sich selbst und zum Leben zu entwickeln. Sie bringen Ihre Idealvision von den Dingen in die Welt ein und tragen gleichzeitig der Realität des Möglichen und Machbaren Rechnung. Sie stehen ebenso für das Konzipieren eines perfekten Ziels wie für das Machbare. Sie haben gelernt, Ihren Idealismus und Perfektionismus so weit zu korrigieren, dass Sie weder andere noch sich selbst verdammen, wenn Sie hinter Ihren Maßstäben zurückbleiben. Beides ist zu einem inneren Motor geworden, der Sie in Schwung hält und Sie vorwärts schreiten lässt, ohne das früher daran geknüpfte Leiden, das Sie fühlten, weil sich Ihr Bemühen um die erlösende und dauerhafte Perfektion immer wieder als fruchtlos erwies. Nun trennen Sie Idealbild und die Welt des Möglichen und sind damit einverstanden, jedes an seinem Platz zu lassen. Sie haben erkannt, dass jeder Idealzustand auch eine Form von Tod ist, denn an dieser Stelle geht es nicht weiter. Selbst wenn Sie den Gipfel der Möglichkeiten erreicht haben sollten, gibt es nur noch eine Art weiter zu gehen: Sie müssen auf der anderen Seite absteigen und einen neuen Gipfel erklimmen. Auf der Stelle zu verharren würde bedeuten, sich in dem Kampf um die Erhaltung des perfekten Zustandes zu verzehren, denn das Leben ist in ständiger Bewegung, und Veränderung und wird nicht Ihretwegen Halt machen. Letztlich geht es für Sie darum, Ihr Bestes zu geben und auch andere anzuleiten, dies zu tun, und gleichzeitig um ein Einverstandensein mit den Bedingungen und Grenzen der physischen Existenz und ihrer Endlichkeit sowie mit jener anderen Seite, die nach Entspannung, Lebensfreude und Genuss verlangt. Sie haben erkannt, dass das Leben voller Paradoxien ist, und können nun mit Widersprüchen leben, ohne sie gewaltsam gerade biegen zu müssen. Ihre persönliche Paradoxie liegt in dem Widerspruch, gleichzeitig das Perfekte anzuvisieren, ohne es erreichen zu müssen.

Sie definieren sich vermutlich nach wie vor über die Leistung, die Sie erbringen. Der Unterschied liegt in dem *wie*. Ihre Form der Leistung trägt nun menschlichere Züge, die es Ihnen erlauben, liebevoll mit sich und anderen umzugehen und die Unvollkommenheit der Welt mit heiterer Gelassenheit zu betrachten. Sie haben sich mit der Relativität des Weltlichen und dem Tod auseinander gesetzt und halten dennoch an dem Bemühen fest, eine bessere Welt zu schaffen, für die Sie selbst durch Ihre Einstellung und Ihr Verhalten eine Leitfigur sein möchten. In dieser Welt fühlen sich die Menschen einer ethischen Grundhaltung verpflichtet, die sich nach menschenfreundlichen Kriterien richtet, statt nach den Interessen bestimmter Gruppen. Deutlich sehen Sie vor Augen, zu wie viel Leid die Verabsolutierung subjektiver Werte geführt hat: Kreuzritter erschlugen »Heiden«, Farbige wurden diskriminiert, Selbstmordattentäter ermorden Menschen, die lediglich durch ihre nationale Zugehörigkeit zu ihren Feinden gehören. Und Sie sehen diese kleinen und doch so entscheidenden Ausprägungen einer vergleichbaren Einstellung im Alltag.

Sie haben die Chance, einen Lebensstil zu entwickeln, der Ihnen gemäß ist und der Sie von altem Ballast, von Erwartungshaltungen und Fremdbestimmung befreit. Sie lernen, eine entspannte Haltung einzunehmen und Genuss nicht als Lebensprinzip aufzufassen, dem man nachzukommen hat, sondern als etwas, das aus der Tiefe Ihrer Seele kommt und das mit Treue zu sich selbst zu tun hat. »Wer sich selbst treu sein will, kann nicht immer anderen treu sein« ist ein Motto von Benjamin Disraeli, das sicher nicht schlecht über Ihr Bett passen würde. Vielleicht hat dieser Prozess dazu geführt, dass Sie sich eine neue Heimat gesucht haben – unter anderen

Menschen, vielleicht an einem anderen Ort, in einer neuen Firma, in einer neuen Partnerschaft. Wo Sie sich nun aufhalten, kommt man Ihnen mit echter Wertschätzung entgegen, würdigt Ihre Leistung und nimmt Sie als den Menschen mit seinen individuellen Eigenarten an, der Sie sind.

Typ 3: Der Weg der Kommunikation: Zwischen Logik und Glaube

Wir erleben mehr, als wir begreifen. *Hans-Peter Dürr*

Für Menschen vom Typ 3 geht es um die verschiedenen Ebenen der Kommunikation. Ihr Leben dreht sich um die Möglichkeiten körperlichen, geistigen und seelischen Selbstausdrucks und darum, wie andere dies tun. Sie suchen ihre Form des Umgehens damit, wie sich ihnen die Welt präsentiert und wie sie sich selbst der Welt mitteilen und zeigen wollen. Entscheidend für den Verlauf ihres Lebens ist, auf welche Weise sie Informationen aufnehmen, zuordnen und verarbeiten, welche Bedeutung sie ihnen geben und in welcher Form sie sie wieder nach außen bringen.

Leben ist Kommunikation. Wir stehen in einem ständigen Austausch. Die Art und Weise, wie wir diesen Austausch gestalten – wie wir in Kontakt treten –, ist ein essenzieller Faktor unserer Beziehung zur Welt. Jeder Mensch gestaltet diesen Kontakt auf seine charakteristische Weise. Für Typ 3 ist dieses komplexe Thema eine lebenslange Herausforderung. Um mit dem Bild eines Puzzles zu sprechen, ist die entscheidende Frage, ob der Mensch vom Typ 3 seine Aufmerksamkeit den einzelnen Puzzlesteinen widmet oder ob er sein Augenmerk auf das gesamte Bild legt. Im ersten Fall sind alle Details gut erkennbar, nicht aber das Bild als Ganzes. Im zweiten Fall ist das gesamte Bild erkennbar, die Details aber nicht. Im ersten Fall geht es um die Bausteine, im zweiten darum, was man aus ihnen erbauen kann und welcher Sinnzusammenhang sich daraus ergibt. Menschen vom Typ 3 haben entweder einen Blick fürs Detail, den man auch analytisch oder wissenschaftlich nennen kann, oder einen Blick für das Ganze, d. h., dass sie in allem die Synthese suchen. »Solve e coagula«, »löse und füge wieder zusammen« ist ein alchemistischer Grundsatz. Wir brauchen beide Herangehensweisen, um eine umfassende Beziehung zur Welt aufzubauen. Für Typ 3 liegt die Kunst darin, zu wissen, wann beide Formen anzuwenden sind oder wann es nötig ist, die eine oder die andere vorzuziehen.

Je nach ihrer Ausgangsposition legen Menschen vom Typ 3 ihren Schwerpunkt auf die »solve« – oder auf die »coagula«-Seite. Typ 3a ist vielseitig interessiert und bevorzugt es, sich durch die Welt der Informationen treiben zu lassen, ohne ihnen eine besondere Bedeutung beizumessen. Seine Aufmerksamkeit ist breitflächig angelegt. An einem Uhrwerk faszinieren ihn die einzelnen Schrauben und Räder und weniger, wie sie alle ineinander greifen. Zeitungen und Magazine erfüllen sein Bedürfnis nach vielfältiger Information, ohne sie im Einzelnen zu vertiefen. Diese Menschen sind offen für Neues, reihen Eindrücke und Gedanken aneinander und betrachten sie locker und distanziert ohne starke emotionale Beteiligung. Durch das Leben zu gehen ist wie ein Spaziergang durch eine Landschaft voller Formen, Farben, Gestalten und Eindrücke, die sich als Phänomene zeigen, die aber nicht gedeutet werden. Sich mit der Umwelt auseinander zu setzen bedeutet für sie, die Dinge beschreiben, benennen und erklären zu können. Logik, Sachlichkeit und Neutralität haben hier ihren Platz. Die Dinge lassen sich »begreifen« – wir können sie berühren oder durch unseren Verstand begreifbar machen.

Typ 3b dagegen lebt in einer Welt, in der alles von tiefer Bedeutung ist. Er ist von der Suche nach dem Sinn motiviert. Die Bedeutung, die er in den Dingen sieht, löst intensive Emotionen in ihm aus, führt zu großer Begeisterung oder starker Ablehnung. Anders als ihr Gegentyp sind Menschen vom Typ 3b assoziativ, stellen Querverbindungen her und suchen den

Gesamtzusammenhang. Sie streben die höhere Warte an, von der aus ein Überblick möglich ist, und wollen Einsichten in das Muster der Dinge. Ihre intensive Gefühlsbeteiligung macht aus allem, was sie glauben, starke Überzeugungen, für die sie keinen Erklärungsbedarf sehen. An einem Uhrwerk fasziniert sie, wie die Räder und Schrauben ineinander greifen und welches Bild sich daraus ergibt. Für sie ist alles eine Gesamtkomposition. Das Gefühl von Sinnhaftigkeit ist ihr Lebenselixier.

Während Typ 3a in erster Linie daran gelegen ist, Informationen zu bekommen und sie weiterzugeben, ohne sie zu bewerten, liegt seinem Gegentyp daran, geistige Inhalte, Meinungen und Überzeugungen mitzuteilen. Für beide ist der Körper ein wichtiges Kommunikationsmittel: Durch die Art ihres Auftretens vermitteln sie, worum es ihnen geht. Die Frage, wie man Kontakt aufnimmt, sich mitteilt, sich darstellt und wie andere das tun, nimmt einen großen Raum in ihrem Leben ein. Oft wirken sie ganz anders, als sie sich fühlen: Sie mögen nach außen einen lebhaften, begeisterungsfähigen und optimistischen Eindruck machen, bewahren aber innerlich eine möglichst neutrale und objektive Haltung und suchen für alles eine rational nachvollziehbare Erklärung. Oder sie wirken sachlich, neutral und wenig emotional und sind in Wahrheit gefühlsintensiv und voller stark gefühlter Überzeugungen. Während es für Typ 3a darum geht, nicht nur empathisch zu wirken, sondern es auch zu sein, braucht Typ 3b mehr Detailgenauigkeit und Faktenwissen, um seine oft glühenden Überzeugungen zu untermauern. Für beide geht es darum, die richtige Mischung aus Analyse und Synthese zu finden: Nicht nur zerlegen, sondern auch wieder zusammensetzen oder umgekehrt auch zerlegen, um zu sehen, wie sich etwas zusammensetzt. Weil sie es lieben, informiert zu sein und andere zu informieren, stellen sie gern Verbindungen her und sorgen dafür, dass Informationen von A nach B gelangen. Menschen vom Typ 3 können ebenso gute Lehrer, Publizisten und überzeugende Philosophen sein, die Wissen auf vielfältige Weise vermitteln, wie erfolgreiche Schauspieler, die in Rollen schlüpfen, oder Verkäufer, die Interesse an einem Produkt wecken können.

Für beide Subtypen ist die Frage nach dem Sinn elementar, entweder als Herausforderung, die darin liegt, einen solchen zu entwickeln, oder in der Aufgabe, Sinnzuordnungen zu relativieren. Der Spannungsbogen von Zweifel und Glaube, Skepsis und Vertrauen zieht sich durch ihr Leben. Menschen vom Typ 3 wollen Gewinner sein und kommen nur schlecht mit Einschränkungen und Misserfolgen zurecht. Sie sehnen sich nach Fülle und sind auf Flexibilität und Expansion ausgerichtet. Was immer sie tun, soll groß und bedeutend sein. Viele verspüren eine Art missionarischen Drang, für den sie einen Kanal finden müssen. Eine tägliche Routine und Regeln konsequent einzuhalten fällt ihnen meist schwer, obwohl sie andererseits genau darin eine gewisse Beruhigung finden. Weil sie stark nach außen orientiert sind, kennen sie ihr Innenleben nicht besonders gut und müssen sich erst auf die Suche nach ihren Gefühlen machen. Hier ähneln sie Typ 6, der, was seine Gefühle angeht, entweder im Nebel steht oder sie durch ständige Analyse zergliedert. Auch ihr Verhalten wird stärker von außen bestimmt als bei den anderen Typen. Sie stellen gern dar, was den meisten Erfolg verspricht, und identifizieren sich mit ihrer Rolle, manchmal bis an den Punkt, dass sie Rolle und Sein nicht mehr unterscheiden können. Nach außen vermitteln sie den Eindruck, sie würden alles, was sie anstreben, mit Leichtigkeit bekommen, tatsächlich aber arbeiten sie hart. Ihre Neigung, alles im positiven Licht zu sehen oder es zumindest so darzustellen, unterstützt sie dabei. Viele unter ihnen haben eine soziale Ader. Sie unterstützen Hilfsorganisationen und machen sich Gedanken um die Verbesserung der Welt. Ihr politisches oder soziales Engagement zielt darauf ab, mehr Fairness und bessere Bedingungen zu schaffen. Sie haben eine Vision, die sie formulieren und unter die Leute bringen möchten, oder sehnen sich danach, eine Vision und eine Lebensphilosophie zu entwickeln.

Das Risiko von Menschen vom Typ 3 liegt in Oberflächlichkeit oder Überschwang, ihre Gabe darin, sachlich und zugleich empathisch sein zu können. Ihre Grundfragen sind: Wie gehe ich mit Eindrücken um? Wie kann ich mich ausdrücken? Typ 3a muss sich seines mangelnden Vertrauens bewusst werden, das ihn veranlasst, Gefühle zu rationalisieren. Typ 3b muss dagegen lernen, nicht nur zu glauben, sondern auch zu wissen.

Subtyp 3a: Der Rationale: Von der Logik zum Glauben

Worum es Ihnen wirklich geht

> *Was will ich? fragt der Verstand. Worauf kommt es an? fragt die Urteilskraft. Was kommt heraus? fragt die Vernunft.*
> *Immanuel Kant*

Es liegt Ihnen viel daran, die Welt mit dem Verstand zu begreifen. Ihr Bedürfnis nach Wissen, vor allem nach Fakten, ist groß. Sie leben nach der Devise »Wissen ist Macht«. Ihr Intellekt ist rege und braucht immer Nahrung. Sie sind vielseitig, haben breit gestreute Interessen und lieben es, informiert zu sein. Es geht Ihnen weniger darum, die Dinge bis in die Tiefe auszuloten. Am liebsten setzen Sie sich mit Themen auseinander, über die man sich austauschen oder diskutieren kann. Sie können lebendig und unterhaltsam erzählen und sind deshalb ein beliebter Gesprächspartner. Gefühle fassen Sie gern in Worte. Sie bewundern Menschen, die ihre Empfindungen und Gedanken in gefühlvolle, bildhafte Worte von großer Intensität kleiden können, und Sie lieben dramatische, glanzvolle und strahlende Persönlichkeiten, die einen Kontrast zu Ihrer eher neutralen Gefühlswelt bilden. Sie selbst bleiben lieber unparteiisch und legen sich nicht fest.

Sie sind neugierig und offen und knüpfen lockere Kontakte, die Ihren Drang nach »input« befriedigen. So bleibt Ihr Bewegungsspielraum erhalten, und Sie müssen keine bindenden Verpflichtungen eingehen. Sie bevorzugen sachbezogene, rational nachvollziehbare Themen und logische Erklärungen. Darin liegt Ihr Gefühl von Freiheit: Es macht Sie froh, wenn Sie etwas benennen, erklären und mitteilen können. Was sich nicht erklären lässt, fasziniert Sie, erzeugt aber auch Skepsis. Wie von selbst legen Sie einen wissenschaftlichen Blick an den Tag, der zergliedert, was er sieht. Die Welt ist für Sie ein großer Baukasten voller Puzzleteile, die Sie vor die Herausforderung stellen, ein Bild zusammenzufügen, das Sinn ergibt. Genau das ist auch Ihre Sehnsucht: Sie sehnen sich nach etwas, das Sie verstehen lässt, wie alles zusammenhängt, etwas das Ihr Leben sinnvoll macht. Gibt es eine Bestimmung? Gibt es Gott? Wie kann man die Welt erklären? Sie wünschen sich, die gleiche Erfahrung zu machen, die der Physiker Werner Heisenberg mit den Worten beschrieb: »Der erste Trunk aus dem Becher der Naturwissenschaften macht atheistisch, aber auf dem Grund des Bechers wartet Gott.«

Am wohlsten fühlen Sie sich in einer leichten, lockeren Atmosphäre, die die Möglichkeit zu emotionaler Distanz sicherstellt. Obwohl Sie sich nach Intensität und Gefühlsreichtum sehnen, lassen Sie sich nicht gern von Ihren Gefühlen überwältigen. Alles, was Ihr Herz in Wallung versetzt, beunruhigt Sie auch. Sie streben eine unabhängige, flexible Haltung an, die es Ihnen ermöglicht, mit den unterschiedlichsten Dingen zurechtzukommen, ohne zu leiden. Es liegt Ihnen mehr, die Dinge sachlich zu analysieren und aufzulisten, was dafür und was dagegen spricht, als begeistert Stellung zu beziehen. Es ist Ihnen wichtig, auf allen Ebenen Ihren Bewegungsspielraum zu behalten, emotional, wenn es um Zuneigung und Nähe geht, räumlich, denn Sie halten es zu Hause nicht lange aus, und geistig, denn Sie wollen in Ihren Ansichten, Bewertungen und Entscheidungen flexibel bleiben. Bei Konflikten können Sie ein guter Vermittler sein. Sie schaffen einen Ausgleich zwischen unterschiedlichen Positionen, indem Sie dafür sorgen, dass die Beteiligten alles wissen, was wichtig ist, um sich zu einigen. Sie selbst legen sich dabei nicht fest und vermeiden es, in den Konflikt hineingezogen zu werden.

Sie verstehen sich selbst am besten, wenn Sie mit anderen über sich reden können, denn Worte sind für Sie der Weg, um sich mit Ihren Gefühlen auseinander zu setzen. Indem Sie Ihre Gefühle benennen, können Sie sich ihnen nähern. Weil sie erst den Filter Ihrer Gedanken und Formulierungen passieren müssen, sind Sie ihnen nicht direkt ausgeliefert. Auch in Ihren Gesten, in Ihrer Stimme, Ihrem Blick zeigen Sie, was Sie empfinden. Ihr Körper ist für Sie ein ausdrucksstarkes Medium, dessen Sie sich gern bedienen. Körpersprache ist Ihre Art, Mitteilungen über sich zu machen. So können Sie Ihre Gefühle ausagieren. Sie lieben es, von anderen gesehen zu werden und sich in ihren Augen zu spiegeln. Es liegt Ihnen wenig daran, Eigenschaften, die nicht gut ankommen, beizubehalten. Ihr Repertoire an Ausrucksmöglichkeiten ist ziemlich groß.

Gern schlüpfen Sie in eine Rolle und tun dies oft von Ihnen selbst unbemerkt. Dann sind Sie der heitere Stimmungsmacher, der ein Liedchen pfeift, der gute Geist, der für Zuversicht sorgt, der Weise, der philosophiert und der andere an seinen Einsichten teilhaben lässt. Sie wünschen sich, die Welt ein wenig besser zu machen, indem Sie mehr Glück und Leichtigkeit hineintragen. In Ihrer Fähigkeit, eine positive Stimmung zu schaffen und anderen wieder den Blick für die Zukunft und ihre Möglichkeiten zu öffnen, liegt eine große Kraft.

Die andere Seite in Ihnen sehnt sich danach, das Leben intensiv zu erfahren und die Kontrolle des Denkens aufzugeben. Sie spüren, dass da noch mehr ist, als Sie mit dem Verstand begreifen können. Sie haben eine große Sehnsucht nach Glück. Glücklich fühlen Sie sich in der Natur, wenn Sie sich bewegen können, zum Beispiel beim Laufen oder Fahrradfahren, und wenn Sie neue Informationen aufnehmen: beim Lesen, Fernsehen oder im Gespräch. Sie wünschen sich, von einem handlungsstarken, gefühlsintensiven Menschen aus Ihrer Neutralität herausgeholt zu werden und durch ihn intensive

Gefühle zu erleben. Noch lieber wäre Ihnen vielleicht, seine Gefühle mitzuerleben und sich an seinem Glück zu freuen, während Sie selbst Ihre Leichtigkeit bewahren. Etwas in Ihnen möchte sich nahe ans Feuer wagen und seine Wärme spüren, doch da ist auch diese Angst, sich zu verbrennen. Die Vorstellung, neue Horizonte zu entdecken, zieht Sie magisch an. Die Brust weit machen, tief einatmen, die Welt umfassen… in Ihren Gedanken tun Sie das oft. Innerlich sind Sie immer unterwegs, und wer Sie festhalten möchte, muss sehr beweglich sein.

Erinnerungen und Ängste

> *Gewinnen ist eine Gewohnheit. Fürs Verlieren gilt leider das Gleiche.* *Vince Lombardi*

Sie haben früh gelernt, mit vielen Eindrücken, unterschiedlichen Menschen und einem wechselnden Umfeld zurechtzukommen: Ihre Bezugspersonen wechselten häufig, es gab immer wieder andere Kindermädchen, oder Tanten oder Freunde kümmerten sich um Sie. Vielleicht gingen im Haus Ihrer Eltern Besucher ein und aus, oder Ihre Familie zog häufig um, sodass Sie keine dauerhaften Freundschaften aufbauen konnten. Sie mussten sich schnell auf eine neue Umgebung, neue Klassenkameraden und Nachbarn einstellen. Vielleicht wechselten auch die Freundinnen Ihres Vaters, oder Ihre Eltern waren sehr beschäftigt. Ihre prägendste Gefühlserfahrung war, dass jede Beziehung, auf die Sie sich einließen, ein schnelles Ende hatte, oder Sie gar nicht lange genug Zeit hatten, um emotionale Nähe aufzubauen. Statt Vertrautheit gab es flüchtige Begegnungen. Sie waren auf sich gestellt. Sie lernten, sich freundlich und angenehm zu präsentieren und nicht anzuecken. Ihre erste Rolle war geschaffen. Wie gut Sie sie ausfüllten, entschied über Erfolg oder Misserfolg, über Anerkennung oder Ablehnung. Weil Ihnen Anerkennung so wichtig war, unterdrückten Sie ihre Bedürfnisse und entsprachen dem erwarteten Bild. Anerkennung war der nächstbeste Ersatz für Ihren Wunsch, sich geliebt und gewürdigt zu fühlen. Ihre eigentlichen Gefühle – die Angst vor Trennung und Verlust, der brennende und unerfüllte Wunsch nach echtem Austausch, das Verlangen, jemanden zu finden, der Ihnen helfen würde, zu verstehen, was vorging, wurden zu etwas Störendem, das dem erfolgreichen Ausfüllen Ihrer Rolle entgegenstand. Sie begannen sich vor Misserfolg zu fürchten. Erfolg wurde zu dem alles bestimmenden Faktor. Eine tiefe emotionale Bindung aufzubauen fällt Ihnen deshalb nicht leicht, und vielleicht reinszenieren Sie immer wieder den möglichen Verlust, die zu erwartende Veränderung, die sich so tief in Ihnen eingeprägt hat.

Warum ist Mutter weggegangen? Warum ziehen wir um? Warum ist Onkel Peter krank? Warum sterben wir? So viele Fragen lagen Ihnen auf der Zunge, doch niemand wollte sie beantworten, und wenn es doch jemand tat, dann half Ihnen die Erklärung nicht, den Sinn zu verstehen. Wenn Sie traurig waren, wenn Sie Schmerzen hatten, wenn Sie wütend waren, gab es eine Erklärung, die Sie beruhigen sollte. Sie lernten, nicht zu fühlen, wie Sie fühlten. Wenn du verstehst, warum ich arbeiten gehen muss, dann tut es dir nicht mehr weh, war die Botschaft. Du bist hingefallen? Wir kleben ein Pflaster darauf. Sie aber waren klein und wünschten sich, in den Arm genommen zu werden, gestreichelt, gehalten, gewiegt und gewärmt. Sie lauschten der Stimme von Bibi Blocksberg, wie sie – Hex! Hex! – die Dinge veränderte. Was kann ich tun, damit du mich liebst? Wie muss ich mich verhalten, damit du mich schätzt? Noch heute fragen Sie sich das. Sie fürchten zu sterben, ohne den Sinn des Leben gefunden zu haben. Aus Angst vor Stillstand und vor einer versäumten Chance jagen Ihnen Alter und Gebrechlichkeit einen tiefen Schrecken ein.

Die Endlichkeit des Seins zwingt Sie, sich mit tieferen Fragen nach dem »Warum« auseinander zu setzen. Wie kann es sein, dass Ihr Bedürfnis nach weiter, größer und mehr eines Tages ein Ende finden wird? Wie kann man das verstehen? Wer setzt diese Grenze? Wozu ist sie gut? Haben Sie die Möglichkeiten Ihres Lebens ausgelotet? Es drängt Sie, noch mehr zu wissen, zu forschen, zu sezieren, als ob Sie unter dem Mikroskop den großen Zusammenhang entdecken könnten.

Lösungsversuche und Fallstricke

> *Der Mensch ist nicht nach dem zu beurteilen, was er weiß, sondern nach dem, was er liebt.* *Aurelius Augustin*

Schon früh haben Sie etwas entdeckt, das gut für Sie funktioniert: Wenn Sie etwas nicht verstehen, Sie schmerzt oder beunruhigt, denken Sie nach und suchen eine Erklärung. Wenn möglich, teilen Sie auch anderen die Begründungen, die Sie gefunden haben, mit. Denken, Erklärungen, Reden und Gefühle wurden eins, und noch heute können Sie sie oft nur schwer unterscheiden. In bewegenden Augenblicken kann es geschehen, dass Sie vor Aufregung und Angst permanent reden und gestikulieren. Das ist Ihr Weg, um Gefühle einerseits auszudrücken, sie aber andererseits nicht an sich heranzulassen. Sie bleiben an der Oberfläche des Empfindens, sodass Sie jederzeit ein- und aussteigen können. Das bedeutet nicht, dass Sie tatsächlich oberflächlich sind. Sie schaffen lediglich eine beruhigende Distanz zwischen sich und Ihrer Gefühlswelt, die zu Ihrer zweiten Natur geworden ist. Vor allem Wut lassen Sie nur in Verbindung mit einer Erklärung des Grundes, der Sie dazu berechtigt, zu. Auch später fällt es Ihnen deshalb schwer, sich zu erkennen, wenn Sie sich auf die Suche nach Ihren tieferen Motiven machen. Sie fühlen eine Fremdheit sich selbst gegenüber, als ob Sie von Ihren Wurzeln abgeschnitten wären. Wer bin ich? Was will ich? Was Sie anderen über Ihre Ansichten, Einsichten und Ziele erzählen, bleibt oft weitgehend eine Kopfgeburt: Sie können nicht fühlen, was Sie sagen. Selbst glücklichen Erfahrungen begegnen Sie oft innerlich distanziert, obwohl Sie nach außen begeistert wirken mögen. Und immer wieder geschieht es, dass Sie die Dinge zerreden: Ein zauberhafter Augenblick, der Hingabe und Schweigen erfordert, verliert so seine Magie. Über das, was Sie am tiefsten motiviert, sprechen Sie ohnehin nicht – meist, weil Sie es nicht kennen, und auch, weil Sie nicht darauf vertrauen, dass der andere Mensch Sie akzeptieren wird. Außerdem fürchten Sie, er werde Sie dann kontrollieren. Schon als Kind haben Sie verstanden, wie die Prinzessin Macht über das Rumpelstilzchen gewinnen konnte, als sie seinen Namen herausfand. Die Seite in Ihnen, die nach Sicherheit strebt, will sich über Ihren wahren Namen ausschweigen – niemand soll wissen, wer Sie wirklich sind. Dieser Wunsch ist so mächtig, dass er auch für Sie selbst gilt, denn auch Sie wissen nicht, wer Sie sind. Sie selbst aber wollen den Dingen einen Namen geben, das macht sie greifbarer für Sie. Wie ein »Sesam öffne dich« kommen Ihnen Benennungen, Beschreibungen, Erklärungen und logische Schlussfolgerungen vor. Weil Sie glauben, dass Wissen und Verstehen eins sind, versuchen Sie, möglichst viel zu wissen, denn dann wird es irgendwann »klick« machen, und Sie haben des Pudels Kern gefunden. Trotz Ihres Verlangens nach Verstehen neigen Sie dazu, sich in Details zu verlieren. Erst im Laufe Ihres Lebens lernen Sie, die Vernetzung der Dinge und damit deren eigentlichen Wert zu erkennen. Und vielleicht teilen Sie Walter Lippmanns Gedanken: »So manches Mal habe ich mir gewünscht, mit dem Reden aufzuhören und herauszufinden, was ich wirklich glaubte.«

Ebenso wie Typ 5 haben Sie massive Entscheidungsschwierigkeiten. Wenn es um Weichenstellungen geht, suchen Sie eine logische, nach allen Seiten hieb- und stichfeste Lösung. Sie wägen ab und machen im Geist oder auf Papier lange Listen, auf denen sich das Für und Wider gegenübersteht. So glauben Sie, eine realistische, zweifelsfreie Entscheidung fällen zu können. Mit Erstaunen stellen Sie fest, dass Sie sich auch dann nicht entscheiden können, wenn Ihre Liste eine eindeutige Antwort gibt. Sie fühlen sich mit dem, wofür am meisten spricht, einfach nicht wohl. Etwas in Ihnen sträubt sich nach wie vor, weil sich tiefere Motive melden, die Sie nicht berücksichtigt hatten. Wider alle Logik kann es sein, dass Ihr Herz auf der anderen Seite steht. Sie bleiben in den Startlöchern und kommen nicht voran. Sie machen Entscheidungen, die mehr mit dem Gefühl als mit dem Verstand zu tun haben, von rationalen Gründen abhängig. Die Seite in Ihnen, die Gefühlen misstraut, bevorzugt Lebensumstände, die es nicht zu erfordern scheinen, sich wirklich zu öffnen. Ihre rationale Seite kann Sie dazu veranlassen, in Umständen zu bleiben, in denen Ihre Sehnsucht nach Intensität, Freiheit und Fülle nicht ausreichend gestillt wird. Weil Sie Konflikte und die Folgen Ihres Handelns fürchten, unternehmen Sie nicht die notwendigen Schritte zur Veränderung. Stattdessen bewundern Sie Menschen, die genau das tun: Ihrer Sehnsucht nach neuen Erfahrungen und einem reichen Leben Ausdruck verleihen. Andererseits können Sie sich nicht mit den gegebenen Lebensumständen abfinden. Sie hoffen, ein anderer möge das Problem für Sie lösen oder Ihnen den ultimativen Tipp dazu geben. Auf diese Weise drehen Sie sich lange Zeit im Kreis und wechseln zwischen Phasen, in denen Sie hinsichtlich Ihrer Zukunft optimistisch sind, und solchen, wo Sie auf Grundeis gehen. Ihre Unverbindlichkeit ist auch eine Form der Kontrolle, die Sie anderen gegenüber ausüben, die sich von Ihnen hinhalten lassen.

Um Ihrem Leben Intensität zu verleihen, greifen Sie vielleicht zu dramatischen Selbstinszenierungen, denken über

Großes und Bedeutsames nach, ohne es zu tun, neigen zu Übertreibungen aller Art oder nehmen eine philosophischweise Haltung ein, die Ihnen das Gefühl gibt, über den Dingen zu stehen. Auch neigen Sie dazu, sich die Dinge schön zu reden und wesentliche Bedürfnisse zu anästhesieren: Es gibt keine Probleme, sondern nur Lösungen. Dass die von Ihnen gewählte Lösung Sie vielleicht sehr unglücklich macht, zählt dabei nicht.

Konstruktive Lösungsstrategien auf dem Weg zum Ziel

Ich glaube, für alle Menschen in der Welt ist das Wichtigste im Leben, den Mut zu großen Träumen aufzubringen.
Golda Meir

Verschwenden Sie sich an ein Ziel. Suchen Sie sich einen Leitstern. Die Welt ist nicht größer als das Fenster, das Sie ihr öffnen. Thomas Woodrow Wilson sagte: »Wer keine Vision hat, vermag weder große Hoffnungen noch große Vorhaben zu erfüllen.« Sorgen Sie sich nicht im Voraus um jeden einzelnen Schritt. Verschaffen Sie sich einen Überblick über das, was Sie wissen. Sie können niemals alle Details berücksichtigen, die Konsequenzen Ihrer Handlungen wirklich voraussehen oder gar kontrollieren. Üben Sie sich in Vertrauen. Folgen Sie den Worten Goethes: »Habe deine Zwecke im Ganzen vor Augen und lasse dich im Einzelnen durch die Umstände bestimmen.« Die Umstände werden Sie führen, Schritt für Schritt, wenn Ihr Ziel klar und Ihre Motive wahrhaftig sind. Lassen Sie die Überzeugung in sich wachsen, dass für alle genug da ist und dass alle Dinge ihren Sinn haben. Das gilt auch für Sie. Aus diesem Wissen heraus entsteht der Mut zu großen, bewegenden Erfahrungen, aus denen wir Lebensinhalt und Sinn schöpfen können. Am Ende unseres Lebens mögen Sie dann die gleichen Worte sprechen wie Edith Piaf, die nach einem Leben voll Liebe, voll Dramen und Verlust sagte: »Ich habe gelebt.«

Hegen Sie Ihre Vision vom Glück. Wagen Sie es, »groß« zu denken. Hier geht es nicht um Übertreibungen und mangelnden Realitätssinn, sondern um den festen Willen, die Wunder des Lebens zu erfahren. Nehmen Sie teil an dem großen Spiel, das Leben heißt: lachen, weinen, gewinnen, verlieren, Liebe und Freude, Trennung und Tod. Sie brauchen die Erfahrung, dass Sie sich leidenschaftlich verlieben, sich mit ganzem Herzen für etwas begeistern und engagieren können. Verlassen Sie für eine Weile das Terrain Ihrer sicheren, distanzierten, intellektuellen Haltung und wagen Sie, das Abenteuer des Lebens ohne Umwege über Erklärungen und analytisches Sezieren zu erleben. »Wer scharf denkt, wird Pessimist. Wer tief denkt, wird Optimist« ist ein Zitat des Philosophen Henri Bergson. Üben Sie sich darin, tief zu denken und sich berühren zu lassen. Alle Dinge, denen Sie sich aus ganzem Herzen widmen, zeigen sich Ihnen in einem neuen Licht. Denken Sie an die Computerformel »what you see is what you get«. Auch für Sie gilt: Wenn Sie mit Optimismus in die Welt blicken und das halbvolle statt das halbleere Glas sehen, ist die Chance, dass Sie ein ziemlich volles Glas bekommen, außerordentlich hoch. Was hier gemeint ist, ist mehr als das so genannte positive Denken: Es ist ein Vertrauen in die schöpferischen, wohlmeinenden Grundkräfte des Lebens, mit denen Sie sich verbinden können. Verbinden Sie Vertrauen mit Sachkenntnis und nutzen Sie die Ihnen eigene Geschicklichkeit: Planen Sie gut, machen Sie aus jeder Situation das Bestmögliche und überlassen Sie das Geplante dann seinem eigenen Gang.

Bringen Sie Farbe in Ihr Auftreten. Wagen Sie es, dramatisch zu sein – nicht als Selbstinszenierung, sondern als Ausdruck dessen, wer Sie sind. Erinnern Sie sich an die Momente, in denen es Ihnen wie von selbst gelang: Sie äußerten Ihre

Empfindungen voll Intensität, mit ausdrucksstarken Worten und Gesten. Betrachten Sie das Rollenspiel als eine erste Annäherung an das, worum es geht. Lassen Sie Ihr Inneres von dieser Rolle bewegen. Wenn Sie sich öffnen, wird Ihr äußeres Verhalten Ihre Seele anregen. Seien Sie dabei absolut ehrlich mit sich. Hüten Sie sich davor, eine unbekümmerte, positive Fassade aufzubauen. Nehmen Sie Ihre Angst, das wahre Leben könnte ungelebt an Ihnen vorbeifließen, als Ansporn, um über sich selbst hinauszuwachsen.

Schon immer suchten Sie einen Sinn – eine Form von Wissen, die Ihnen die Sicherheit gab, dass die Dinge nicht einfach zufällig und deshalb unvorhersehbar, sondern nach einem geordneten Muster geschehen. Wie Goethes Faust möchten Sie wissen, was »die Welt im Innersten zusammenhält«. Warum lebe ich? Warum sind die Dinge, wie sie sind? Gibt es Alternativen? Befassen Sie sich mit den Glaubensvorstellungen anderer Menschen und Kulturen. Erweitern Sie Ihren Horizont durch religiöses oder weltanschauliches Wissen. Prüfen Sie, welche Gefühle der Umgang damit in Ihnen auslöst. Finden Sie den gemeinsamen Nenner in den verschiedenen Ausdrucksformen des Glaubens. Suchen Sie ihn auch in Ihren Beziehungen, in Ihrer Arbeit. Entdecken Sie das, was Menschen verbindet, statt sich auf das zu konzentrieren, was sie trennt. Entwickeln Sie Ihre eigene Lebensphilosophie, Ethik und Ihre eigene Form von Religiosität. Vielleicht entdecken Sie einen sozialen Antrieb in sich, ein Bedürfnis, für verbesserte Lebensbedingungen anderer Menschen zu sorgen, für eine Optimierung in einem Betrieb oder für die Verbreitung von Informationen, die Menschen aufklären und ihren Horizont erweitern, und das auf Ihre ganz eigene Art. Befassen Sie sich mit dem, was wir »Zufall« nennen, und entdecken Sie die geheimen Muster, die sich durch ihn offenbaren.

Bleiben Sie beweglich. Das gilt ebenso für Ihren Geist, Ihre Seele und Ihren Körper. Lassen Sie sich nicht von Ihrem Sicherheitsbedürfnis zu Festlegungen bewegen, die nicht aus Ihrem Herzen kommen. Verändern Sie sich, entdecken Sie neue Interessensgebiete, Aktivitäten und Möglichkeiten, mit Ihrem Körper umzugehen.

Ihr Lebensziel

Ziele nach dem Mond. Selbst wenn du ihn verpasst, wirst du zwischen den Sternen landen. *Les Brown*

Dieses Leben ist Ihre Chance, über Ihre Grenzen hinauszuwachsen und die Fülle, Intensität und Sinnhaftigkeit zu erleben, nach der Sie sich so sehr sehnen: Sie haben Ihre Vision vom Glück nicht nur geträumt, sondern sind ihr gefolgt. Sie können nun daran glauben, dass Sie mit der richtigen Einstellung gewinnen können und dass das Leben es gut mit Ihnen meint. Sie haben verstanden, dass alles seine Zeit braucht, um wahr zu werden, und dass hinfallen in Ordnung ist, liegen bleiben aber nicht. Ebenso wie bei Typ 6 geht es für Sie um das Vertrauen in die Richtigkeit der Dinge, auch wenn Sie ihren Sinn noch nicht erkennen können. Vor allem aber geht es darum, Vertrauen in Ihre Fähigkeiten zu entwickeln. »Es wird gelingen« sind Ihre Zauberworte. Und: »Wir erleben mehr, als wir begreifen« ist zu einem Schlüsselsatz für Sie geworden. Sie wissen: Oft haben Bauchentscheidungen Sie weiter gebracht, als die Überlegungen Ihres Verstandes. Sie achten auf Ihre innere Stimme und auf die Mitteilungen Ihres Körpers. Ihr Körper lügt nicht, Sie können ihm vertrauen. Seine Signale sagen mehr als Worte. Ihnen ist dennoch bewusst, dass die andere Seite, die rationale, nicht weniger wertvoll ist. Zusammen sind Kopf und Bauch das Ganze. Sie sind in der Lage, alles einzuschließen, nichts bewertend auszugrenzen und dennoch die für Sie richtigen Grenzen zu ziehen. Ihre Einstellung ist ein »sowohl … als auch …« – Sie üben echte Toleranz statt der scheinbaren, mit aggressivem Unterton, die Sie von früher an sich kennen.

Die große Kraft, die in der Begeisterung liegt, ist Ihnen zutiefst bewusst geworden. Sie wissen: Sie trägt weit, oft weiter als Planung und Wissen. Sie wollen jedoch nie einseitig werden, auch wenn die Begeisterung für einen Menschen oder eine Sache Sie für eine Weile davonträgt, sondern wollen noch vieles sehen und erleben. Sie haben begonnen, das Leben mit den neugierigen Augen eines Kindes zu betrachten, erleben es als eine Quelle von Freude und Reichtum. Sie haben gelernt, über die Wunder dieser Welt zu staunen. Neugierig sind Sie auch auf sich selbst, denn Sie haben Ihren inneren Reichtum erkannt. Es gelingt Ihnen, Ruhe zu finden und den Blick nach innen zu wenden. Seit Sie sich selbst näher gekommen sind, haben sich auch Ihre Beziehungen verändert. Sie sprechen nun aus Ihrem Herzen heraus, und Ihre positiven Worte entsprechen dem, wovon Sie wirklich überzeugt sind. Sie sind ehrlich mit sich und anderen und verstecken sich nicht. Ihre Gabe, sich durch den Körper auszudrücken, ist zu einem Mittel echten Selbstausdrucks geworden. Durch Ihre Gesten, Ihre Stimme, Ihre Haltung, Ihren Blick können Sie Menschen mitreißen und überzeugen. Auch haben Sie Ihre Fähigkeit entdeckt, die richtigen Argumente zu finden. Andere hören Ihnen gern zu und nehmen Ihre Worte ernst. Sie schätzen Ihre Neutralität bei der Beurteilung einer Situation, die nicht nur sachlich ist, sondern auch Toleranz im Umgang mit unterschiedlichen Standpunkten einschließt und auf das bestmögliche, positive Ergebnis gerichtet ist. Eine besondere Fähigkeit, über die Sie nun verfügen, ist, den inneren Zusammenhang von Umständen, Dingen und Ereignissen, die auf den ersten Blick unzusammenhängend erschienen, zu erkennen. Sie haben die Gabe, die Puzzlesteine sinnvoll zusammenzufügen.

Statt Wissen um des Wissens willen anzuhäufen, verbinden Sie Wissen mit Gefühl, denn Sie haben verstanden, dass

Wissen ohne innere Anteilnahme dürr und leblos ist. Nach wie vor sind Ihnen Fakten wichtig, aber was sie lebendig und menschlich werden lässt, ist, wie Sie sie erleben und welches Bild Sie daraus zusammensetzen. Sie zielen nach dem Mond, in dem Vertrauen, dass Sie zumindest zwischen den Sternen landen werden.

Subtyp 3b: Der Gläubige: Vom Glauben zur Logik

Worum es Ihnen wirklich geht

> *Der Zufall ist immer kraftvoll. Lass deinen Haken ausgeworfen; im Teich werden dort Fische sein, wo du sie am wenigsten erwartest.* *Ovid*

Sie glauben an das Leben und sind davon überzeugt, dass man bekommt, was man erwartet. Weil Sie nur das Beste für sich erwarten, bekommen Sie es auch. Ihr Motto ist: »Sieh auf das halbvolle und nicht auf das halbleere Glas.« So oft hat sich gezeigt, dass etwas Trauriges, das Sie erlebt haben, die Grundlage für eine bessere, glücklichere Entwicklung war. Es gibt immer Hoffnung. Sie sind sicher, dass die Dinge nach einem sinnvollen, geordneten Muster geschehen.

Sehnsucht, Liebe, Hoffnung, Verlangen sind für Sie das wahre Leben. Sie fühlen intensiv und suchen nach Erfahrungen, die Ihr Herz höher schlagen lassen. Wenn Sie von etwas begeistert sind, wird es nur wenige Menschen geben, die ihre Meinung mit ebensolcher mitreißenden Intensität und Überzeugungskraft vermitteln können. Was immer Sie fasziniert und worin Sie Ihr Glück zu finden glauben, setzt Energien in Ihnen frei, die auch die größten Hindernisse überwinden können. Dreht es sich andererseits um etwas, worauf Sie keine Lust haben, können Sie erstaunlich desinteressiert, energielos und bequem sein. Die Neigung zum Bequemen ist ohnehin eine Ihre Grundeigenschaften, denn Sie lehnen sich auch gern großzügig zurück und lassen die anderen machen.

Alle Dinge haben eine tiefe Bedeutung für Sie. Was Sie erkannt haben, wird zu einer Vision, die Sie unter die Leute bringen wollen. Sie sehnen sich danach, sich anderen Menschen mitzuteilen. Sie spüren ein Feuer in sich, den Wunsch, in der Welt die Fackel der Begeisterung, der Einsicht und Erkenntnis und des Glücks anzuzünden. Sie können sich kaum vorstellen, dass andere Ihren Eifer nicht teilen, sondern den Dingen neutraler gegenüberstehen. Wie kann das sein? Sie fühlen, dass auch in dieser neutraleren Sichtweise eine große Kraft liegt, und gern würden Sie diese entwickeln. Auch stellen Sie immer wieder fest, dass andere ihre Meinungen mit fundierten Fakten untermauern; sie wissen erstaunlich viele Details und haben zu allem und jedem etwas zu sagen. Fasziniert lauschen Sie ihrem leichten Redefluss und beobachten ihre lockere, ansprechende Art des Auftretens. Eine Seite in Ihnen fühlt ein großes Verlangen danach, ebenso sein zu können. Wie Faust spricht sie: »Zwar weiß ich viel, doch möcht' ich alles wissen …«, doch die andere Seite kann es ausgesprochen mühsam finden, so viele Einzelheiten aufzunehmen ohne sich sofort nach ihrer Bedeutung zu fragen. Sie fühlen, dass Wissen allein Ihnen nicht genügt. »Warum? Woher? Wohin? Wozu?« sind Ihre Grundfragen, und alles, was darauf keine Antwort gibt, erscheint Ihnen letztlich oberflächlich. Das ist es nicht, worum es Ihnen geht. »Derjenige, der ein Warum zum Leben hat, kann fast jedes Wie ertragen« – es ist, als habe Friedrich Nietzsche Ihnen aus dem Herzen gesprochen. Es ist der Sinn, der die Welt besser, verständlicher, schöner, liebenswerter und oft auch erträglicher macht. Sie sind auf Ihre Weise gläubig. Eine Religion, eine Philosophie oder Weltanschauung ist, worauf Sie Ihre Sicherheit gründen.

Sie sehnen sich nach dem Wunderbaren. Die Welt ist für Sie ein Ort der tausend Abenteuer, an dem es immer Neues, Spannendes zu entdecken gibt. Wie das Mosaik eines Kaleidoskops setzt sie sich immer wieder in neuen, bunten Bildern zusammen, man muss sie nur ein wenig schütteln … Und wie Oscar Wilde sind Sie sicher: »Reisen veredelt den Geist und räumt mit unseren Vorurteilen auf.« Sie sind an allem interessiert, das großartig, faszinierend und zukunftsträchtig wirkt. Ihr starker Wunsch nach Abwechslung und Ihr Freiheitsdrang stimulieren Ihr Bedürfnis nach vielen, intensiven Eindrücken. Nur keine Routine bitte! Sie möchten am liebsten alles einmal gesehen und erlebt haben. Lieber nehmen Sie seelische Schmerzen und den Wechsel zwischen Phasen intensiven Glücks und der Traurigkeit in Kauf, als nichts Besonderes zu empfinden. Ihr Gefühl will »sowohl dies als auch jenes«, statt »entweder dies oder das«. Mit Erstaunen betrachten Sie Menschen, die sich mit Ausschließlichkeit fixieren. Fast erscheint Ihnen das wie ein Sakrileg. Die Vorstellung, schon in der Jugend Ihren Lebens- und Berufsweg bis ins Alter hinein zu planen, erscheint Ihnen nicht nur fremd, sondern sogar absurd. Sie wollen das Leben in seiner ganzen Fülle erfahren und nicht nur als eine Abfolge von Ereignissen. Vielleicht mehr als alles andere soll Ihr Leben Bedeutung haben. Ihre Sehnsucht nach einer besseren, schöneren Welt weckt das Verlangen, über sich selbst hinauszuwachsen und auch anderen zu helfen, dies zu tun. In Ihren Visionen sehen Sie eine Welt, in der für alle optimale Bedingungen herrschen. Sie glauben an das Glück, an die große Liebe und die allumfassende Lösung, die alles regeln kann und wird. Sie glauben daran, dass, wie Jean Jaurès sagt, »die größten Menschen jene sind, die anderen Hoffnung geben können«. Ihr Bedürfnis nach optimalen Lösungen zeigt sich in Ihrem Interesse an sozialen Fragen und Ihrem Sinn für eine Gerechtigkeit, die nicht einfach nach den Buchstaben des Gesetzes vorgeht, sondern jedem Menschen in seinem Sosein gerecht wird. Mit starren, festgefügten Regeln kommen Sie ohnehin nicht gut zurecht. Sie erscheinen Ihnen lebensfeindlich, und Sie sehen keinen Sinn darin, alle Dinge über einen Kamm zu scheren. Dissonanzen, Streit und Konflikte lehnen Sie ab, denn Sie sehnen sich nach einer vollkommenen Harmonie, in der sich alle Gegensätze vereinen. In dem, was Sie tun, streben Sie nicht den Sieg an, sondern den Gewinn, am liebsten für alle.

Erinnerungen und Ängste

Es ist besser, ein Licht zu entzünden, als über die Dunkelheit zu jammern. *Buddha*

Wenn es etwas gibt, wovor Sie sich fürchten, dann ist es das Gefühl von Sinnlosigkeit. Sie kennen diese Phasen von Depression und Leere, in denen die Welt, die vorher noch bunt und bedeutungsvoll war, schal und grau wird. Sie fühlen sich müde und fragen sich, wozu das alles gut sein soll. Kann es sein, dass das Universum mechanisch wie ein Uhrwerk funktioniert, ganz ohne Sinn und Ziel? Dass wir verloren und verlassen sind, weil kein Schöpfergott unsere Schritte lenkt und schützt? Sie wollen an etwas glauben. Sie brauchen es, an die Bedeutsamkeit Ihres Lebens glauben zu können und daran, dass Sie eine Aufgabe haben, eine Mission, zu der Sie und niemand anderes berufen sind. Aber immer wieder gibt es Momente und Zeiten, in denen Ihnen Ihr Glaube abhanden kommt. Sie kennen tiefe Löcher, in die Sie fallen, aus denen es dann wieder aufwärts und hoch hinauf geht. Ihre Stimmungen wechseln nach einem Rhythmus, der sich Ihnen entzieht: Von himmelhoch jauchzend bis zu Tode betrübt, vom völligen Pessimismus zum nicht mehr begründbaren Optimismus erleben Sie alle Zustände. Mit Ihren Hochs und Tiefs ändert sich auch Ihre Weltsicht. Immer sind Sie auf der Suche nach innerer Stabilität.

Ihre Stimmungslage ist ein Spiegel Ihrer Mutter, die zumindest während der Schwangerschaft großen Schwankungen ausgesetzt war. Neben familiären Gründen können Umweltbedingungen Auslöser dafür gewesen sein: Vielleicht musste Ihre Familie aus politischen oder religiösen Gründen ihre

Heimat verlassen oder gehörte einer Minderheit an; vielleicht sind Sie aber auch häufig umgezogen. Sie erlebten die Unsicherheitsgefühle Ihrer Mutter, ihr Schwanken zwischen Glücksgefühlen und Ängstlichkeit. Ihre Mutter fand Halt im Glauben. Sie wuchsen auf in einer Welt, in der Religiosität eine wichtige Rolle spielte, eventuell auch als Mittel zur sozialen Integration. Sie konnten nicht verstehen, weshalb ein gütiger Gott so viele Missstände auf der Welt geschehen ließ, und suchten nach Erklärungen. Sie wollten verstehen. Es musste einen Sinn für all das geben. Mit Ihrem feinen Sensorium nahmen Sie die Stimmungsveränderungen Ihrer Mutter wahr und fühlten, dass der Glaube sie nicht immer trug. Wenn dieses Glücksgefühl der Einheit und Geborgenheit in Ihnen wie ein Spiegel zerbrach, der zu Boden fällt, erlosch für eine Weile das Licht. Ihre reiche Fantasie malte sich auch die Dunkelheit bunt aus. Was immer Sie erleben, ist groß, überlebensgroß manchmal.

Auch wenn Ihre Mutter eine betonte Bescheidenheit an den Tag legte, fühlten Sie, dass ihr Anerkennung und Bewunderung ausgesprochen wichtig waren. Vielleicht war sie im Freundes- und Bekanntenkreis beliebt und angesehen. Sie verstanden sehr früh, wie wichtig soziales Ansehen war und dass es darum ging, eine Rolle einzunehmen, die Bedeutung und Gewicht verlieh. Das Bedürfnis, gewürdigt und anerkannt zu werden, spornt Sie zu immer neuen Höhen an. Sie engagieren sich. Gutes soll durch Sie noch besser werden, und dafür erwarten Sie den Beifall der Umwelt. Sich mit Ihren Überzeugungen und Erkenntnissen mitzuteilen und das Feedback der Umgebung zu bekommen ist für Sie elementar. Wenn andere Ihre seelische Dynamik nicht begreifen und Ihre Bemühungen nicht entsprechend honorieren, fühlen Sie sich schnell abgewiesen und ungeliebt. Abgelehnt oder übersehen zu werden kann Sie in große Selbstzweifel stürzen, obwohl Ihre tiefste und stärkste Stimme sich Ihres Wertes sicher ist.

Sie fürchten sich vor Langeweile und Routine, was für Sie so ziemlich das Gleiche ist. Ihr Bedürfnis nach ständigen intensiven Gefühlen, durch die Sie die vorgeburtliche Situation, die Ihre Form von seelischem Zuhause ist, wiederholen, drängt Sie, dem Alltag etwas Besonderes abzugewinnen. Sie fühlen genau, wann Ihr Leben lebenswert ist und wann nicht. Es gibt etwas Ruheloses in Ihnen, das immer auf der Suche nach optimalen Lösungen und dem Ei des Kolumbus ist. Im emotionalen Auf und Ab Ihres Lebens suchen Sie das, was alles verbindet, was alle Fragen beantwortet und alle Probleme löst.

Lösungsversuche und Fallstricke

Jeder Mensch hat die Chance, mindestens einen Teil der Welt zu verbessern, nämlich sich selbst.

Paul Anton de Lagarde

Ihr starker Glaube hat auch eine Kehrseite: Sie können so sehr davon überzeugt sein, den Stein der Weisen gefunden zu haben, dass Sie versäumen, das, was Sie fasziniert, kritisch zu hinterfragen. Ihre intensive Überzeugung kann Ihnen das Gefühl verleihen, auserwählt zu sein, eine Mission zu haben, mit der Sie die Menschen beglücken wollen. Ihre Berufung rechtfertigt jeden Einsatz. So manches Mal sind Sie nicht zimperlich in der Wahl Ihrer Mittel. Sie sind davon überzeugt, dass andere nicht so genau wissen, was wahr und richtig und was gut für sie ist, wie Sie. Uneinsichtigkeit ist die Kehrseite Ihrer eigentlich toleranten Natur. Sie haben Mühe damit, zu begreifen, dass andere nicht hören und verstehen müssen, was Sie sagen, und dass sie schon gar nicht Ihre Meinung teilen müssen. Sie glauben, dass Ihre Worte so überzeugend und klar sind, dass sie Berge versetzen. Für Menschen, die das nicht verstehen, bringen Sie keine Geduld auf. Umgekehrt lassen

Sie sich durch sachliche Argumente nicht von Ihrer Meinung abbringen, denn Sie fühlen ja, wie richtig Sie liegen. So manches Mal blicken Sie herab auf kleinbürgerliche Intoleranz, Unwissenheit und Negativismus. Sie streben das Große an, in dem das große Glück verborgen liegt.

Wenn Sie etwas begeistert, sich eine Perspektive eröffnet, Sie ein neues Produkt oder eine neue Weltanschauung gefunden haben, kann es sein, dass Sie den Wald vor lauter Bäumen nicht mehr sehen. Sie übersehen Details und mögliche Konsequenzen oder haben einfach keine Lust, sich genauer zu informieren. Statt die Fakten zu sehen und Tipps, Ideen und Informationen zu nutzen, leben Sie ganz aus Ihren Überzeugungen und interessieren sich nur dafür, ob sich etwas intensiv und mitreißend anfühlt. Sie reden aus Ihrer Begeisterung heraus, ohne begründen zu können, warum Sie so überzeugt sind. Das kann bei anderen Zweifel erzeugen, und Ihre Überzeugungskraft verliert an Wirkung. Sie machen Fehler, weil Sie wichtige Einzelheiten übersehen.

Ihre oft überlebensgroßen Gefühle verlangen nach Platz: Sie nehmen sich große Freiräume, was nicht bedeutet, dass Sie sie auch anderen gewähren. Sie können erstaunlich geschickt darin sein, sich das größte Stück vom Kuchen abzuschneiden. Weil Sie alles, wovon Sie überzeugt sind, mit großer Energie aufladen, tun Sie dies auch mit Ihren – verborgenen – problematischen Glaubensätzen, die Ihren bewussten Zielsetzungen entgegenstehen. Mehr als viele andere funktionieren Sie nach dem Prinzip, das Henry Ford mit den folgenden Worten ausdrückte: »Ob Sie glauben, dass Sie es können, oder ob Sie glauben, dass Sie es nicht können, Sie haben Recht.« Manchmal hören Sie das Gras wachsen. Weil Sie in allem Sinn und Bedeutung suchen, schießen Sie über das Ziel hinaus. Alles, was Sie erleben, ist bedeutungsschwanger. Das Alltägliche lehnen Sie deshalb ab, den alles muss groß, wunderbar und immer frisch und neu sein.

Vielseitig wie Sie sind, stehen Ihnen aber noch andere Strategien zur Verfügung: Ganz im Gegensatz zu Ihrer emotionalen Natur geben Sie sich sachlich, nüchtern, rational. So emotional Sie innerlich sind, so neutral wirken Sie nach außen. Sie können unglaublich vernünftig sein. Wenn Sie sich der Umsetzung Ihrer Träume nicht gewachsen fühlen, gibt es kaum jemanden, der so eloquent Gründe dafür finden kann, weshalb sie nicht zu verwirklichen sind. Ebenso viele Worte können Sie gebrauchen, um andere zu überzeugen – doch Ihre Worte sind Hülsen, die keine echten Inhalte transportieren. Sie informieren nicht, Sie reden. Aus Ihnen spricht die tiefe Sehnsucht nach sozialer Anerkennung und Beliebtheit, die Sie auch dazu verführen kann, die Rolle zu spielen, von der Sie sich den meisten Beifall erhoffen. Sie haben eine Gabe zu taktieren. Wenn andere Ihre Überzeugungen nicht teilen, hilft Ihnen Ihre Beobachtungsgabe, um herauszufinden, wie Sie Ihr trojanisches Pferd schließlich doch noch platzieren können.

Sie können sich sehr stark engagieren. Wenn jedoch Ihre Mühen vergeblich zu sein scheinen, Ihr Einsatz missachtet, Ihr Wunsch, für eine bessere Welt zu sorgen, nicht angemessen honoriert wird, kann Ihnen alles unendlich sinnlos erscheinen. Sie entwickeln dann eine neue Weltanschauung, in der der Sinn keinen Platz mehr hat. Kennen Sie die Geschichte von dem Mann, der sich dazu berufen fühlte, die Menschen davon zu überzeugen, dass es keine Mission im Leben gibt? Wie erleichternd es ist, nicht mehr nach dem Sinn des Ganzen suchen zu müssen, da es ja keinen gibt!

Konstruktive Lösungsstrategien auf dem Weg zum Ziel

Sage nicht immer, was du weißt, aber wisse immer, was du sagst. *Matthias Claudius*

Zeigen Sie Ihre Überzeugungen ohne missionarischen Eifer. Machen Sie interessante Angebote, aber führen Sie keinen Kreuzzug. Nutzen Sie den Elan, den Ihnen Ihre Begeisterungsfähigkeit verleiht, und achten Sie darauf, andere nicht mit Ihren Erkenntnissen zu überrollen. Entwickeln Sie die Fähigkeit, Informationen und Wissen aufzunehmen und weiterzugeben, ohne sich im Überschwang zu verlieren. Knüpfen Sie ein Netz. Stellen Sie Verbindungen her. Lassen Sie sich von der Vielfalt, die das Leben bietet, anregen, und filtern Sie mit ruhiger Distanz das heraus, was sich zu einem sinnvollen Bild zusammenfügt. Spielen Sie mit anderen Möglichkeiten. Überprüfen Sie spontane Einsichten auf Ihre Haltbarkeit und Praxisnähe. Seien Sie gut informiert und in der Lage, das, worum es Ihnen geht, detailliert zu erklären. Eignen Sie sich Wissen an, das Ihren Glauben untermauert. In China sagt man, Wissen sei ein Schatz, der seinen Besitzer überallhin begleitet. Präsentieren Sie Fakten, suchen Sie die richtigen Argumente, und übersehen Sie nichts. Hüten Sie sich davor, etwas nur mit glühender Überzeugung an den Mann oder die Frau bringen zu wollen. Lassen Sie anderen Ihre Freiräume, ebenso wie Sie den Ihren beanspruchen. Entwickeln Sie eine sachliche, neutrale Haltung und einen Blick fürs Detail. Bringen Sie beides zusammen: die Fähigkeit, auf Distanz zu gehen, und die Gabe, mit jeder Faser Ihres Seins überzeugt und beteiligt zu sein. Entwickeln Sie einen wissenschaftlichen Blick, durch den Sie nicht nur das Ganze, sondern auch die Teile sehen.

Interessieren Sie sich auch für das, was Ihr Herz nicht höher schlagen lässt. Gehen Sie neue Wege. Verbreitern Sie das Spektrum Ihrer Interessen. Sie werden Aspekte entdecken, die Ihnen spannende neue Einblicke in das Leben vermitteln, und auch Ihr Interessensgebiet wird Ihnen durch neue Verknüpfungen in einem anderen Licht erscheinen. Sorgen Sie dafür, dass Informationen, die Ihnen wichtig sind, verbreitet werden, aber verkaufen Sie sie nicht als allein selig machende Wahrheit. Machen Sie interessante Angebote und zeigen Sie, dass Sie persönlich begeistert sind. Lernen Sie, mit der Zu- und Abnahme Ihres Freudebarometers zurechtzukommen. Ihr Bedürfnis nach Intensität kann Sie dazu treiben, Dramen heraufzubeschwören.

Nicht alles muss eine ungeheuere Bedeutung haben, und Sie müssen nicht allem auf den Grund gehen. Nicht immer zählt als Erstes der Sinn. Oft genügt es, wenn Sie offen sind und eine konstruktive Neugier kultivieren. Wer Perlen sucht, muss viele Austern öffnen. Ein wenig Gleichmut wird Ihnen helfen, Ideen und Perspektiven zu entwickeln, die Sie bisher noch nicht in Betracht gezogen haben. Statt mit Siebenmeilenstiefeln, beflügelt von Leidenschaft und Fantasie, durch die Landschaft des Lebens zu stürmen, geht es für Sie darum, beschwingt und wirklich aufmerksam durch diese Landschaft zu wandern und sie in ihren Details und Schattierungen wahrzunehmen. Seien Sie beweglich. Werden Sie zu einem Menschen, der unterwegs ist, innerlich und äußerlich, immer bereit, zu neuen Horizonten aufzubrechen. Sie wollen große Dinge bewegen, denn Sie tragen große Visionen in sich – doch manchmal kommt man auch mit leiseren Mitteln zu großer Wirkung, wie Heinz Rühmann sagte.

Akzeptieren Sie den Alltag und auch das, was Ihnen banal erscheint. Kultivieren Sie die Ansicht von George Bernard Shaw: »Das Leben, ob glücklich oder unglücklich, ob erfolgreich oder erfolglos, ist außerordentlich interessant.« Erkennen Sie die Relativität der Bewertungen, nach denen wir das eine vom anderen unterscheiden. Alles ist interessant, nicht alles lässt unser Herz höher schlagen. Sie sehnen sich nach Überblick, nach einer weiträumigen Perspektive, nach den großen Dingen. Doch nur wenn Sie von vielem gehört und vieles schon gesehen und erlebt haben, können Sie die Gesamtschau entwickeln, nach der Sie verlangen. Sie möchten das, was Sie begeistert und überzeugt, anderen mitteilen, doch das können Sie nur tun, wenn Sie in der Lage sind, Ihnen auch zu vermitteln, was Sie denn so fasziniert und auf welchen Wegen Sie zu diesem Ergebnis gekommen sind. Lassen Sie den Sinn einer Sache aus den Erfahrungen entstehen, die Sie damit machen, anstatt einen Sinn, den Sie schon zu kennen glauben, überall finden zu wollen.

Lernen Sie, Ihre Gefühle in Worte zu fassen oder finden Sie andere Wege, sie auszudrücken: in Ihrer Gestik und Mimik, Ihrer Stimmlage, im Tanz oder Schauspiel. Achten Sie auf Ihren Körperausdruck und den anderer Menschen und experimentieren Sie damit. Erforschen Sie die Wirkungen Ihres Auftretens. Betrachten Sie das Leben als eine Bühne, auf der wir uns inszenieren. Sie selbst führen Regie. Werden Sie sich Ihrer Gabe zu schönen, beeindruckenden Worten und zu überzeugenden Gesten bewusst.

Ihr Lebensziel

Habe deine Zwecke im Ganzen vor Augen und lasse dich im Einzelnen durch die Umstände bestimmen.

Johann Wolfgang von Goethe

Dieses Leben ist Ihre Chance, voll Freude, Spannung und mit ganzer Aufmerksamkeit an seiner Vielfalt teilzunehmen. Sie haben ein breit gefächertes Interesse entwickelt, das sich auf mehr als die Themen richtet, die Sie faszinieren. Ihre Offenheit für neue Impulse lässt Sie immer wieder Beachtenswertes entdecken, und Ihre Bereitschaft, vieles auszuprobieren, und zwar auch dann, wenn sich nicht sofort ein Aha-Erlebnis einstellt, führt dazu, dass Sie sich nicht nur begeistern, sondern auch hinterfragen. Weil Sie auch sachlich und kritisch sein können, wird aus Ihrer Sehnsucht nach dem Wunderbaren, Beeindruckenden und Bedeutungsvollen mehr als Schwärmerei: Sie sind realitätsbezogen, wenn es um die Umsetzung Ihrer Visionen geht und finden adäquate Wege, um Ihre Ziele zu verwirklichen. Sie können Ihre Ansichten mit Argumenten und Fakten untermauern und haben dennoch nicht den Zugang zu jenen Bereichen verloren, in denen unser rationales Wissen und unsere Sprache versagen.

Auch haben Sie eine stabile Ausdauer entwickelt, die nicht nur davon abhängt, wie groß das Feuer ist, das gerade in Ihnen brennt. Sie haben verstanden, dass nicht nur Träume und Ziele wichtig sind, sondern auch eine praxisbezogene Vorgehensweise und das Talent, an die Informationen zu kommen, die nötig sind, um diese Ziele zu verwirklichen. Ihre grundlegende Bereitschaft zur Toleranz zeigt sich auch darin, dass Sie über Ihre subjektive Weltsicht hinausgehen können. Sie sehen die Welt als ein riesiges Puzzle, dessen Teile auf unterschiedliche Weise zusammengesetzt werden können, sodass sich auch unterschiedliche Bedeutungen ergeben. Die Vielfalt an Bildern, die so entstehen, gibt Ihnen das Gefühl von Reichtum, Harmonie und Schönheit, nach dem Sie sich sehnen. Ihre Welt wird vollkommen, wenn Sie Neues integrieren und mit dem, was Sie bereits kennen, zusammenfügen. Sie sind offen für die Antworten, die die Religion, die Philosophie oder die moderne Physik liefert, und für Menschen, die Ihnen ihre Lebenseinsichten erklären. Sie haben jedoch Ihre ganz eigene Lebensphilosophie und Ihre ganz eigene Form von Gläubigkeit. Sie vertrauen darauf, dass das Leben Sie zu den Menschen, an die Orte und zu den Informationen bringen wird, die Sie gerade benötigen. Sie glauben an die Weisheit des Lebens, die sich auch dort ausdrückt, wo Wünsche nicht erfüllt werden: »Nicht zu bekommen, was man wollte, ist manchmal ein großes Glück«, sagte schon Buddha. Vor allem aber vertrauen Sie der Stimme in Ihrem Bauch, Ihrer Intuition, die durch Ihre Bereitschaft, sich nicht nur von Euphorie davontragen zu lassen, an Treffsicherheit gewonnen hat.

Sie haben zu einer echten Toleranz gegenüber anderen Meinungen, Glaubensrichtungen, Lebensstilen und Charaktereigenschaften gefunden, die mehr ist als nur ein joviales Akzeptieren aus Bequemlichkeit. Die Einsicht, dass jeder Mensch mit seinen Sehnsüchten, Hoffnungen und Ängsten zu respektieren ist, lässt Sie immer mehr zu einem wohlwollenden Menschen werden, der verstanden hat, dass freundliches Entgegenkommen und Verständnis auch einschließt, freundlich Grenzen setzen zu können.

Es macht Sie froh, das zu verkünden, was Sie für richtig erkannt haben. Sie glauben fest daran, dass jeder Mensch eine Aufgabe hat und dass jede Existenz ihre Berechtigung hat. Ihr Wunsch, zu einer menschenwürdigeren Welt beizutragen, drückt sich in Ihren Tätigkeiten aus. Sie engagieren sich in sozialen oder weltanschaulichen Fragen: Wie können wir dem einzelnen Menschen besser gerecht werden? Wie können wir die Lebenssituationen Benachteiligter verbessern? Wie können wir der sinnlosen Verschwendung unserer Ressourcen entgegen wirken? Sie wollen ein bedeutungsvolles Leben führen, für das Sie geachtet werden. Sie leben nach dem Motto von Margaret Sarah Fuller: »Wer Wissen hat, lasse andere ihr Licht daran entzünden.«

Typ 4: Der Weg der Kreativität: Zwischen Kreativität und Struktur

Wir leben in der Zeit; folglich müssen wir auch mit ihr und für sie leben und leben lernen.
Johann Gottfried von Herder

Das Leben der Menschen vom Typ 4 kreist darum, ihr richtiges Maß zwischen Ordnung, Disziplin, Ausdauer und einem Leben gemäß ihren Stimmungen und Gefühlen zu finden. Immer wieder gilt es zu entscheiden, ob sie das spielerisch-kreative Kind oder der verantwortungsbewusste Erwachsene sein wollen und wie sie beides zusammenbringen. Durch die Wechselwirkung aus beidem entsteht der schöpferische Mensch, der seinen Träumen, Ideen und Bildern konkreten Ausdruck verleiht. Indem er seine schöpferische Seite in eine Form bringt, kann er sie nutzbar machen. Wie eine Quelle sich ihr Flussbett gräbt und darin ihre Richtung findet, so muss auch er eine konkrete Ausdrucksform finden, damit seine Quelle nicht versickert. Und wie die Form des Flussbettes aus dem Zusammenspiel mit den Gegebenheiten wie Bodenbeschaffenheit, Wind und Wetter entsteht, so entsteht auch die kreative Ausdrucksform des Menschen durch seine Art, auf die Bedingungen der Umwelt zu reagieren und sie gestaltend zu nutzen.

Menschen vom Typ 4 neigen entweder stark dazu, sich mit ihren wechselnden Stimmungen zu identifizieren, oder legen sich eine so große Disziplin auf, dass ihre Kreativität darunter leidet. Ihr Leben ist eine sensible Gratwanderung auf dem Bergkamm zwischen spielerischer Selbstvergessenheit und verantwortungsbewusstem Handeln. Je mehr es ihnen gelingt, ihre persönliche, subjektive Welt mit ihren eigenen Abläufen, Rhythmen und Gesetzen mit der außersubjektiven Welt gesellschaftlicher Regeln, Normen und Bedingungen in Einklang zu bringen, desto mehr wachsen sie in ihrer Persönlichkeit. Weil sie einen intensiven Zugang zum Zeitgeist und seinen Gesetzen haben, stehen sie vor der Frage, was das für ihre Privatsphäre bedeutet. Intimsphäre und Leben in der Öffentlichkeit können stark auseinander klaffen oder sich harmonisch verbinden.

Oft sind sie auf vielen Gebieten ausgesprochen kreativ und haben eine besondere Begabung im zwischenmenschlichen Bereich. Ähnlich wie bei Typ 1 haben Menschen eine besondere Bedeutung. Sie sind Beziehungsmenschen, denen es darum geht, wann und in welcher Form sie ihren Wünschen und Sehnsüchten nachgehen können und wann Selbstbeschränkung richtig und notwendig ist. Durch ihre Ausrichtung auf andere empfinden sie deren Stimmungen, Bedürfnisse und Gefühle meist mühelos, ebenso wie die Atmosphäre von Orten. Viele unter ihnen können sich gut darauf einstellen und die Gegebenheiten für sich nutzen. Sie sind in der Lage, sich sympathisch zu präsentieren, und sind charmant und beliebt. Einige fühlen zwar, was Menschen empfinden, kommen jedoch mit ihren Denkmustern und Vorstellungen in Konflikt und weigern sich, sich darauf einzustellen. Lieber nehmen sie Nachteile in Kauf. Menschen vom Typ 4 können sich sehr stark verhärten, wodurch sie den lebendigen Fluss ihrer seelischen Energie blockieren. Indem sie eine gewisse Strenge gerade auch mit sich selbst an den Tag legen, sind sie jedoch in der Lage, viel zu leisten. Ihr Leben bewegt sich auf dem Spannungsbogen zwischen freiem Fühlen und disziplinierter Struktur.

Entscheidend ist, ob sie sich dort, wo sie sind, zu Hause fühlen. Die Menschen, mit denen sie ein Gefühl von Heimat verbinden, spielen eine außerordentlich große Rolle in ihrem Leben. Obwohl sie nach außen ganz anders wirken mögen, öffnen sie sich nur langsam. Vertrautheit hat einen hohen Stellenwert. Das Gleiche gilt für den Ort, an dem sie leben. Vertraute Abläufe und Lebensumstände tun ihnen gut und geben ihnen die Kraft, nach außen zu gehen und ihre Fähigkeiten einzusetzen. Menschen vom Typ 4 haben hohe Ziele, ob sie es zugeben oder nicht. Sie möchten etwas tun, das über ihre persönliche Welt hinausgeht. Die Gesellschaft durch ihren Beitrag mitzugestalten ist, was sie anstreben. Sie wollen etwas in Gang setzen, Dinge bewegen, etwas auf die Beine stellen. Dabei geht es den meisten weniger darum, sich persönlich zu profilieren wie bei Typ 5. Sie wünschen sich, dass ihr Leben durch einen wesentlichen Beitrag, den sie leisten, Sinn und Bedeutung erhält. Dafür sind sie bereit, Selbstdisziplin aufzubringen.

Obwohl sie Gefühlsmenschen sind, sucht etwas in ihnen nach Selbstbeschränkung, danach, mit wenig auszukommen, viel zu leisten und ihre Zähigkeit und Ausdauer im Umgang mit den Dingen unter Beweis zu stellen. Sie haben ein starkes Bedürfnis danach, Richtlinien zu setzen und sie auch für sich selbst zu finden. Menschen vom Typ 4 wollen richtungsweisend für andere sein. Mit Widerspruch kommen sie deshalb nicht gut zurecht, wenn sie glauben, etwas für richtig erkannt zu haben.

Immer wieder stehen sie vor der Frage, wer die Spielregeln ihres Lebens bestimmt. Häufig sind sie in einer Umgebung aufgewachsen, in der sie sich fremdbestimmt und in Konventionen eingespannt fühlten. Weil sie früh mit dem, was »man« zu tun und zu lassen hat, in Berührung kamen, haben sie einen intuitiven Zugang zu Gesetzmäßigkeiten und Regeln, die zu beachten sind. Sie finden Sicherheit in diesen Regulativen und empfinden gleichzeitig einen Konflikt, weil sie sich in ihrer Freiheit beschnitten fühlen. Menschen vom Typ 4 sehnen sich nach Freiheit, sind aber keine Revolutionäre. Sie erkennen den Wert geordneter Strukturen und wollen Bewährtes bewahren. Viele lieben Traditionen und Bräuche und hängen im Guten wie im Schlechten an Erinnerungen.

Die Zeit spielt eine zentrale Rolle in ihrem Leben. Mehr als die anderen Typen empfinden sie den Fluss der Zeit und die Starrheit und Enge, die von Uhren ausgeht. Sie sind sich bewusst, dass erst eine geregelte Zeiteinteilung es möglich macht, Aufgaben zu erledigen, sich mit anderen zu koordinieren und einen gemeinsamen Konsens zu finden. Gleichzeitig fühlen sie, dass Zeit etwas ausgesprochen Relatives und Persönliches sein kann. Ihr hoher Leistungsehrgeiz führt dazu, dass sie ausgesprochen geizig mit ihrer Zeit umgehen können, aber die Sehnsucht nach freier Zeiteinteilung und ihrem eigenen Rhythmus verlässt sie nie.

Das Risiko von Menschen vom Typ 4 liegt in Launenhaftigkeit oder Verhärtung, ihre Gabe darin, eine Form zu finden, die sich mit dem Fließen der Zeit lebendig wandelt. Ihre Grundfragen sind: In welche Form will ich meine schöpferischen Impulse gießen? Wie kann ich meiner schöpferischen Kraft Ausdruck verleihen? Um dies zu können, muss Typ 4a sich seiner Stimmungsabhängigkeit bewusst werden und Formen finden, wie er sie für sich nutzbar machen kann. Typ 4b muss sich dagegen die innere Erlaubnis geben, Stimmungen und Eingebungen zu folgen, anstatt zu funktionieren wie eine Stechuhr.

Subtyp 4a: Der Kreative: Vom schöpferischen Fluss zu Form und Struktur

Worum es Ihnen wirklich geht

Die eigentliche Weisheit steigt nicht mit dem Springbrunnen des Intellekts hervor, sie ruht im Grundwasser der Seele.
Carl Zuckmayer

Sie zählen zu den Menschen, denen die Kreativität in die Wiege gelegt wurde, und wie alle, die schöpferisch sind, haben Sie einen ursprünglichen und direkten Bezug zu Ihren Gefühlen. Auch wenn Sie nach außen diszipliniert und konsequent wirken, sind Sie in Ihrem Herzen ein Stimmungsmensch, dem seine Gefühle wichtiger sind als alles andere. Wie die Wellen des Meeres verändern sich die Farben und Formen und das Licht Ihrer inneren Landschaft. Sie lieben es, Ihren inneren Bildern nachzuspüren, und möchten im Einklang mit ihnen leben. Sie nehmen regen Anteil an Ihrer Umwelt und sind offen für alle Eindrücke, saugen sie auf wie ein Schwamm, um sich von ihnen bewegen und inspirieren zu lassen. Menschen, Ereignisse und Dinge, die Sie stimulieren, lösen eine starke Bindung in Ihnen aus. Alles geht Ihnen unter die Haut und regt Ihre Fantasie an. Sie können viele Dinge weiterträumen, mit denen Sie in Kontakt gekommen sind. Sie lassen sich leicht beeindrucken, weil Sie ein großes Verlangen nach Eindrücken verspüren. Besonders empfinden Sie, was andere fühlen und welche Atmosphäre im Raum herrscht. Sie erleben die Welt weniger aus einer logisch-rationalen Sicht als unter dem Aspekt, welche Gefühle sie in Ihnen auslöst und wozu sie Sie motiviert. Im Grunde Ihres Herzens sind Sie ein verinnerlichter Mensch, der viel Zeit für sich braucht, um Eindrücke zu verarbeiten, den inneren Aufruhr, den sie oft auslösen, zu beruhigen und sich über seine Gefühle Klarheit zu verschaffen. Und Sie brauchen Zeit, um zu ordnen, was Sie fühlen, und um Ihre Antwort reifen zu lassen, deshalb reagieren Sie selten spontan. Sie sehnen sich danach, Richtlinien für Ihr Leben zu finden. Verantwortung übernehmen zu müssen kann Sie sehr belasten, obwohl Sie fühlen, dass genau darin ein wichtiger Schritt für Sie liegen könnte.

Am wohlsten fühlen Sie sich im Kreis der Menschen, die Ihnen nahe stehen. Überall dort, wo Sie eine Atmosphäre vorfinden, in der Sie sich geborgen und angenommen fühlen, geht es Ihnen gut. Ein starkes, emotionales Band verbindet Sie mit den Menschen, Tieren, Pflanzen, Orten und Dingen, zu denen Sie einmal eine Beziehung aufgebaut haben. Sie können ausgesprochen sentimental sein. Familiäre Bindungen haben einen hohen Stellenwert. In ihnen sehen Sie Ihre Zukunft. Was Sie in Ihrer Ursprungsfamilie erlebt haben, macht einen wesentlichen Teil Ihres Selbstverständnisses aus. Wenn Sie keine eigene Familie gründen wollen, hegen Sie den Gedanken der Geistesfamilie, die durch »Wahlverwandtschaften«, wie Goethe es nennt, zustande kommt. Sie leben intensiv in Ihren Erinnerungen und hängen an allem, womit Erinnerungen verknüpft sind. Wie der Autor des umfangreichen Romanwerks »Auf der Suche nach der verlorenen Zeit«, Marcel Proust, können Sie dem Duft des Kuchens nachhängen, den Ihre Mutter gebacken hat. Sie sind wie jene indischen Träger, die sich auf einer Himalayaexpedition, für die sie von einem Biologen angeheuert worden waren, nicht zur Eile antreiben ließen: Bei einer Rast blieben sie sitzen. Als er sie drängte weiterzugehen, antworteten sie nach längerem Schweigen: »Wir können nicht weitergehen. Wir müssen warten, bis unsere Seelen nachgekommen sind.«

Auf dem Grund Ihres Seins wollen Sie nach Ihrer eigenen inneren Uhr leben, in der fünf Minuten unterschiedlich lang sein können. Da das bedeuten kann, dass Sie Mühe haben, morgens aufzustehen und pünktlich am Arbeitsplatz zu sein, haben Sie sich eine Beschränkung auferlegt: Sie akzeptieren die Regeln der mechanischen Zeit, in der Uhren darüber bestimmen, wann was zu tun ist. Sobald es möglich ist, kehren Sie jedoch zu Ihrem eigenen Rhythmus zurück, zu Ihrem eigenen, wunderbaren Fluss der Zeit, in dem Sie kindlich-spontane Freude und Glück empfinden und aus dem Sie sich nähren, um mit kreativen Ideen erneut in die Welt zu gehen.

Sie tragen den starken Wunsch in sich, etwas aus sich zu machen. Wie in einer Schwangerschaft soll etwas in Ihnen reifen, das Sie schließlich gebären, um es dann in die Gesellschaft einzubringen, wo es verbindlich werden und Maßstäbe setzen soll. Auch für Ihr eigenes Leben suchen Sie nach geeigneten Regeln, um Ordnung zu schaffen und die Dinge möglichst effektiv zu gestalten. Obwohl sich Ihre Ansichten und Wünsche oft mit Ihrer wechselnden Gemütsverfassung ändern, verlangt etwas sehr Starkes in Ihnen nach Stabilität, Ausdauer, Ordnung, ja nach Gleichförmigkeit, die Ihnen eine besondere Form der Beruhigung vermittelt. Deshalb ist das, was Sie letztlich erreichen wollen, auch weniger starken Veränderungen unterworfen als Ihre Tagesverfassungen. In Ihren großen Zielsetzungen können Sie ausgesprochen konsequent sein.

Sie wünschen sich, aus Ihrem Herzen heraus zu leben. Die Welt um Sie herum soll durch Ihre Fürsorglichkeit und Kreativität bereichert werden. Es liegt Ihnen daran, Regeln und Richtlinien aufzustellen, die für andere richtungsweisend sind und die dennoch ihr Gefühl ansprechen. Sie wollen etwas schaffen, wodurch andere emotional berührt und inspiriert werden, etwas, das sie als sinnvoll empfinden und dem sie sich gern anschließen. Sie können anderen zeigen, was nötig ist, um Ideen und Wünsche wahr werden zu lassen. Gern möchten Sie etwas hegen und sehen, wie es wächst: Menschen,

Tiere, Ihren Garten, ein Projekt. In der Tiefe Ihres Herzens wollen Sie gebraucht werden und Wärme und Fürsorge spenden. Deshalb kann es in Ihrem Leben nicht um harte Verkaufsstrategien gehen, obwohl Sie in ihnen den Erfolg suchen mögen. Sie haben eine Gefühlsbotschaft, die andere Menschen veranlassen kann, ebenfalls zu ihren Gefühlen zu stehen und zu ihrer eigenen Kreativität zu finden. Wenn es Ihnen außerdem gelingt, Toleranz und Einsicht walten zu lassen, können Sie ein großer Lehrer sein. Die Worte Goethes beschreiben die Wahrheit Ihrer Seele: »Und wenn ihr's nicht erfühlt, ihr werdet's nie erjagen.«

Erinnerungen und Ängste

> *Wer nicht hart genug ist, dem Leben seine Bedingungen aufzuprägen, der muss die Bedingungen hinnehmen, die es ihm bietet.* *George Elliot*

Sie waren ein fantasievolles Kind. Schon immer bewegte Sie alles, was geschah. Was Sie sahen und erlebten, löste starke Gefühlsbewegungen und Fantasien in Ihnen aus. Oft sponnen Sie den Faden weiter und malten sich die Dinge in bunten Farben aus – düster und beängstigend oder hell und freundlich, wie sie Ihnen erschienen. Sie fürchteten sich davor, allein zu sein, denn Ihr Zimmer war voller Geister. In den Schatten und Ecken, unter dem Tisch – überall konnten sich Elfen oder böse Gnome versteckt haben. Sie suchten Schutz und Geborgenheit, den Schoß Ihrer Mutter, ihre Wärme und Nähe. Ihr Verlangen danach war riesengroß und ist es noch heute. Vielleicht haben Sie beides bekommen, bis etwas geschah, das alles veränderte, und Ihre vertrauensvolle Offenheit in das Gefühl umschlug, zurückgewiesen zu werden. Sie fühlten sich aus dem Nest geworfen, ein kühlerer Wind begann zu wehen. Vielleicht haben Sie von dieser Wärme auch nur geträumt, ohne sie – nach Ihrem Empfinden zumindest – wirklich zu erhalten. Sie waren klein und konnten die Motive Ihrer Mutter nicht verstehen. Die Welt um Sie herum schien mehr Standfestigkeit und Härte zu verlangen, als Sie besaßen. Nach welchen Spielregeln wurde hier gespielt? Konnte man sie lernen? Warum war es so wichtig, was man zu tun oder zu lassen hatte? Dass es wichtiger war, die Regeln einzuhalten, als zu sein, wie es einem gerade ums Herz war, irritierte Sie sehr. Mühsam haben Sie gelernt, sich nach Uhren zu richten, und haben den Ehrgeiz entwickelt, pflichtbewusst und korrekt zu sein. Noch heute fühlen Sie dieses Korsett. Auf paradoxe Weise schmerzt es und gibt zugleich Halt.

So groß und unstillbar waren Ihre Bedürfnisse danach, umsorgt zu werden, dass Ihre Mutter, selbst wenn sie alles tat, um die beste aller Mütter zu sein, sie nicht stillen konnte. Sie sehnten sich zurück nach der Geborgenheit des Mutterleibes, in dem es keine trennenden Unterscheidungen gab, nach der vollständigen Identifikation, nach dem Schwingen im Gleichklang. Etwas in Ihnen möchte sich noch heute ganz klein machen und in diesen nährenden Schutzraum kriechen. Sie spürten alles sofort, was die Einheit in Frage stellte. Noch heute haben Sie ein besonderes Sensorium, das bei kleinen Unstimmigkeiten sofort anschlägt. Jede Dissonanz ließ Ihr Meer der Gefühle zu einer Brandung anschwellen. Sie suchten Halt, um sich zu stabilisieren. Die Erfahrung, aus dem Paradies der Geborgenheit vertrieben zu sein, sitzt tief. Früh begannen Sie, sich zu schützen. Sie fingen an, anderen und ihren Gefühlen zu misstrauen. Meinen sie es ehrlich? Werden sie sich plötzlich verändern? Oft fühlen Sie sich wie eine Schnecke ohne Haus, und das macht Sie im Umgang mit Menschen äußerst vorsichtig. Was wollen sie wirklich? Werde ich mich gegen Angriffe wehren können? Sie ziehen sich in sich zurück und bilden eine harte Schale.

Nicht nur eine mögliche Zurückweisung oder eine Veränderung im Wärmepegel mag Sie frustriert haben. Sie haben auch verstanden, welche Macht ein Mensch über Sie gewinnt, dem Sie sich geöffnet haben und an den Sie die Erfüllung Ihrer Sehnsüchte knüpfen. Freude und Leid hängen von ihm ab, denn je länger Sie mit ihm zu tun haben, desto stärker identifizieren Sie sich mit ihm. Vertraute Atmosphäre, gewohnte Eindrücke, gemeinsam verbrachte Zeit, die harte Schale ablegen, zum Kind werden… welche Erleichterung! Und welche Angst bei dem Gedanken des Verlustes. Alles, was einmal emotionale Bedeutung gewonnen hat, ist unersetzlich für Sie.

Lösungsversuche und Fallstricke

Liebst du das Leben? Dann verschwende keine Zeit, denn daraus ist das Leben gemacht. *Benjamin Franklin*

Meistens haben Sie sich gut im Griff. Sie verstecken Ihre Gefühle hinter einer disziplinierten Haltung. Eine Fassade aus Umgangsformen und distanziertem Verhalten ist Ihr Schutzwall. Sie kontrollieren sich. Das strengt Sie an, und so sind Sie nicht wirklich ein Gesellschaftstyp. Gern ziehen Sie sich zurück, um so sein zu können, wie es Ihnen gerade zu Mute ist. Gelingt Ihnen das nicht rechtzeitig, flüchten Sie immer mehr ins Formale, wodurch eine Distanz festgelegt und sichergestellt wird. Auch können Sie ausgesprochen schroff und wütend werden, denn Angriff ist, wie doch jeder weiß, die beste Verteidigung. Ihr Ventil, auf das Sie instinktiv zurückgreifen, ist plötzliche Ungeduld. Dann setzen Sie ohne Rücksichtnahme Ihre Interessen durch.

Sie setzen sich ehrgeizige Ziele. Etwas in Ihnen will anerkannt sein – nicht nur im privaten Umkreis, sondern von der Gesellschaft. Sie wollen sich beweisen, dass Sie in den Augen anderer etwas gelten. So kann es sein, dass Sie beruflichen und materiellen Erfolg mit Liebe verwechseln. Weil beides Ihren Hunger nicht wirklich stillen kann, wollen Sie mehr.

Sie kennen noch weitere Wege, um andere nicht an sich heranzulassen. Ihr weiches, verletzliches Inneres verstecken Sie hinter einer Wand, die sie abschmettert. Nicht nur Konventionen helfen Ihnen dabei, sondern auch die Betonung von Logik, Ratio und Sachlichkeit. Sie können sich ausgesprochen ausdauernd dagegen wehren, auf einer Gefühlsebene zu kommunizieren. Schon früh haben Sie gelernt, dass diese Strategie funktioniert: Sie sind der Igel, der sich zusammenrollt, die Schildkröte, von der man nur Kopf und Panzer sieht. Lange hat es gedauert, bis Sie bemerkten, dass diese Mauer nach beiden Seiten funktioniert: Niemand kann zu Ihnen hinein, aber Sie können auch nicht hinaus.

Weil Ihre emotionalen Bedürfnisse durch dieses Verhalten nicht ab-, sondern eher zunehmen, wächst Ihre seelische Abhängigkeit von dem oder den Menschen, die Sie an sich herangelassen haben. Auf der Suche nach Zuwendung und Geborgenheit sind Sie wie Linus von den Peanuts, der ohne seine Schmusedecke nicht leben kann. Sie gehen hinaus, um Ihre Arbeit zu tun, aber sobald Sie können, verschanzen Sie sich wieder in Ihrem Heim, in dem alles so ist, wie Sie es wünschen. Dort gelten nur Ihre eigenen Gesetze.

Beruhigung finden Sie in geregelten Tagesabläufen. Sie kommen mit Änderungen nur schwer zurecht. Ihr Terminplan ist Ihr Lebensgerüst. Sie leben nach der Uhr. Nichts, sagt das Kind in Ihnen, kann geschehen, solange Sie bestimmte Tätigkeiten immer zur gleichen Zeit am gleichen Ort ausführen. Das gilt auch für Ihre Beziehungen: Sie wollen Abmachungen, die mehr oder weniger deutlich ausgesprochen werden, die aber für beide Seiten klar sind. Wie die Mönche, die sich durch den strikten Tagesablauf im Kloster frei und unbelastet fühlen, so leben Sie Ihr klösterlich-geordnetes Leben außerhalb des Konvents. Wer näher mit Ihnen zu tun hat, lernt Ihre andere Seite kennen: So logisch-rational und strukturiert Sie nach außen wirken mögen, so emotional gesteuert sind Sie im Inneren. Sie können launisch, kindisch, melancholisch, gereizt und schnell gekränkt sein. Wenige Menschen können es im Schmollen mit Ihnen aufnehmen. Das tun Sie nicht nur, weil Sie nun mal so sind, sondern auch, weil Sie die Wirkung auf andere kennen: Wenn es schon keine andere Möglichkeit zu geben scheint, um an das zu kommen, was Sie haben wollen, ein wenig Gefühlsmanipulation, das haben Sie erfahren, wirkt Wunder.

Ihre Stimmungsabhängigkeit macht nicht nur anderen, sondern auch Ihnen selbst zu schaffen. Es fällt Ihnen schwer, Ihre Empfindsamkeit und Ihr emotionales Auf und Ab als seelischen Reichtum aufzufassen. Mit mehr oder weniger Erfolg zwingen Sie sich dazu, konsequent bei einer Sache zu bleiben. Wenn Sie mit Ihrer Disziplinierung bei Ihren Zielen erfolgreich sind, funktionieren Sie nach dem Prinzip: mehr vom selben. Mehr Disziplin, mehr Ordnung, mehr Regelung. Noch weniger Ungewohntes, Neues. Sind Sie es nicht, finden Sie, kreativ wie Sie sind, eine andere Lösung: Sie propagieren das freie, ungebundene Leben, das nur dem eigenen Rhythmus folgt. Sie haben keinen Ehrgeiz, erklären Sie. Oder: Es ist nicht der Mühe wert. Obwohl Sie ständig mit Ideen befasst sind, sich dieses und jenes aneignen und immer wieder Möglichkeiten suchen, um Ihren Fähigkeiten und Kenntnisse Relevanz zu geben, setzen Sie sie nicht in konkreten Aufgaben um. Sie spielen in Ihrem persönlichen Sandkasten, bauen aber keine Burg.

Lösungsstrategien auf dem Weg zum Ziel

Ich habe einfach die Energie genommen, die man zum Schmollen braucht, und ein paar Bluesstücke geschrieben.
Duke Ellington

Seien Sie bereit, sich Ihren Zielen langsam und geduldig zu nähern. Sie kennen das: Sie sind voller Elan und Ideen, bereit, in den Tag durchzustarten. Doch wenn es zur Tat geht, ist es, als würden Sie von einer unbekannten Kraft gebremst. Voll Frustration haben Sie alles vor Augen, was zum Erreichen Ihres Zieles notwendig wäre, doch überall tun sich Hürden auf. R. L. Wing, die Autorin des »Arbeitsbuches zum I Ging«, beschreibt diese Situation mit dem Bild »Dichte Wolken, kein Regen – eine ausgesprochen unbefriedigende Situation«. Nur kleine Dinge können erreicht werden. Geduld und Ausdauer sind nötig, ein beharrliches Festhalten an Ihren Zielen, Fingerspitzengefühl im Umgang mit der Sache und mit sich selbst. Halten Sie sich an die Regeln, die von außen gesetzt sind oder die Sie sich selbst gesetzt haben. Lernen Sie, mit Frustrationen umzugehen. Geben Sie nicht auf. In umsichtigem Verhalten und in Regelmäßigkeit liegt Ihre Stärke. Impulsivität, Zorn, unüberlegtes Reagieren und ungestümes Vorwärtsdrängen wirken sich zu Ihrem Nachteil aus. Machen Sie sich die Worte Dag Hammarskjölds zu eigen: »Miss nie die Höhe eines Berges, bevor du den Gipfel erreicht hast. Dann erst wirst du sehen, wie klein er war.« Ihr Leben gleicht dem langsamen, beharrlichen Aufstieg auf einen Berg. Was Sie erreichen können, hat ein stabiles Fundament. Es führt zu tragfähigen Lösungen. Mit dem, was Sie tun, können Sie prägend und richtungsweisend sein. Dazu gehört ein gründlicher Selbstformungs- und Reifeprozess. Seien Sie nicht einfach ehrgeizig, sondern haben Sie im Auge, was auch anderen nützt. Lassen Sie die Dinge reifen.

Zeigen Sie Realitätssinn. Betrachten Sie Ihr Leben nicht nur aus Ihrer subjektiven Perspektive, sondern auch aus einer übergeordneten, bei der es mehr um die Sache als um Sie selbst geht. Nähern Sie sich einer objektiven Betrachtungsweise immer wieder so weit an, wie es Ihnen nur irgendwie möglich ist. Üben Sie, aus sich herauszutreten. Wenn Sie auf Ihr Leben zurückblicken, werden Sie feststellen, dass Sie Ihre Sicht der Dinge immer wieder dem angleichen mussten, was von Ihnen erwartet oder verlangt wurde, und nicht zuletzt auch den Tatsachen, die sich ganz anders darstellen konnten als das, was Sie innerlich erlebten. Ihre Gefühle, Träume, Deutungen, Ihre subjektive Welt, in der Sie sich zu Hause fühlen, musste mit objektiven Bedingungen und Fakten in Übereinstimmung gebracht werden. Bewahren Sie Ihre eigene Welt, die die Wurzel Ihres Lebens ist, und wachsen Sie gleichzeitig hinaus in die Welt, in der es nicht nur um den Einzelnen, sondern um gesellschaftliche und politische Vorgänge, um Staaten, Völker und übergeordnete Zusammenhänge geht. Investieren Sie dort seelische Energie. Lassen Sie Ihr Herz sprechen, um menschenwürdige, faire Ideen, Gesetze, Regeln und Produkte zu entwickeln. Entdecken Sie das, was Menschen verbindet, suchen Sie das Gemeinsame und Allgemeingültige, die Wurzel der Bedürfnisse und Sehnsüchte, das, was gemeinsam trägt und möglichst vielen nützt. Bedenken Sie in Ihren persönlichen Beziehungen die Worte von Elbert G. Hubbard: »Jemand, der sich ständig in seinen Gefühlen verletzt fühlt, ist ein so angenehmer Gefährte wie ein Kieselstein in einem Schuh.«

Akzeptieren Sie Grenzen. Romain Rolland sagte: »Glück heißt, seine Grenzen zu kennen und sie zu lieben.« Erkennen Sie den Wert von Beschränkung, der nicht zuletzt in der Konzentration der Kräfte liegt. Gießen Sie Ihren seelischen Reichtum in eine Form. Lassen Sie sich nicht von Befindlichkeiten ablenken. Zügeln Sie Ihre Stimmungen, die Ihnen ständig etwas anderes attraktiv erscheinen lassen. Konzentrieren Sie sich auf ein Ziel. Entwickeln Sie Verantwortungsgefühl, Güte und Einsicht in die Bedürfnisse anderer. Das wird Ihnen helfen, Ihre eigenen Launen sanft zu beherrschen. Stecken Sie weder sich selbst noch andere in ein Korsett. Handeln Sie nicht vorschnell. Bringen Sie Herz und Strenge zu einer liebevollen Ordnung zusammen. Durch Ihre Bereitschaft, sich sinnvollen Regeln unterzuordnen, wodurch es Ihnen gelingt, Ihre Fähigkeiten effektiv zu nutzen, entwickeln Sie Richtlinienkompetenz für andere Menschen. Das ist es, was Sie anstreben. Stehen Sie dazu.

Vergessen Sie niemals Ihr inneres Kind, die Quelle Ihrer Lebendigkeit und Kreativität. Dort liegt Ihre schöpferische Seite, Ihre Lebensfreude, Ihre Spontaneität. Sie wollen sich und andere nähren – aus der Perspektive Ihres inneren Kindes können Sie das mühelos und auf wunderbare Weise tun. Es wird Ihnen sagen, wo Sie gewesen sind und was Ihnen nicht gefallen hat. Nutzen Sie dazu Ihre Gabe der Erinnerung. Wagen Sie, hinunterzusteigen zu den Fundamenten Ihres Lebens, dorthin wo alles begann. Entdecken Sie, wie Ihr Identitätsgefühl zustande gekommen ist, und schaffen Sie eventuell ein neues, das auf anderen Sichtweisen und Spielregeln basiert. In den »Palästen der Erinnerung« liegt eine große, wunderbare, lebensgestaltende Kraft und das Wissen darüber, was Sie wirklich motiviert. Wie Alice Walker werden Sie dann eines Tages sagen: »Auf der Suche nach dem Garten meiner Mutter fand ich meinen eigenen.«

Ihr Lebensziel

Wir müssen das Leben lieben, schon der Arbeit wegen, die man darin entfalten kann. *Auguste Rodin*

Dieses Leben ist Ihre Chance, Ihrer schöpferischen Natur konkreten Ausdruck zu verleihen. Wie eine Quelle sich in ihr Flussbett ergießt, das sie sich beharrlich gräbt, so bringen Sie Ihr reiches Inneres in Form. Sie haben eine Aufgabe gefunden, die Sie erfüllt. Für diese Aufgabe nehmen Sie Beschränkungen in Kauf, kennen aber sehr genau den Unterschied zwischen sinnvoller und überzogener Beschränkung, die Sie als Halt nun nicht mehr brauchen. Sie bemühen sich gern und heißen Grenzen und Hindernisse als natürliche Begleiter des Lebens willkommen. Sie haben eigene Lebensspielregeln gefunden, die Ihre Gefühle stärker berücksichtigen als die großen »mans«, denen Sie sich zuvor verpflichtet fühlten. Das Zusammenspiel von Veränderung und Halt gebenden Strukturen ist Ihnen deutlich bewusst, und Sie können beide Elemente für sich nutzen. Obwohl Sie auf Kontinuität ausgerichtet sind, sind Sie flexibel und passen sich an den Fluss der Zeit an. Sie vertrauen Ihrer Intuition und haben ein Gespür dafür, was ansteht. Sie wissen, wann etwas zu ändern ist, und gehen Neuerungen nicht aus dem Weg. Neuen Entwicklungen sehen Sie mit Ruhe entgegen. Es ist Ihnen klar, dass manchmal etwas anders werden muss, wenn es besser werden soll. Ihre warmherzige Gelassenheit bringt Ihnen die Zuneigung der Menschen ein. Sie fühlen sich bei Ihnen geborgen und genährt.

Sie bringen genügend Ausdauer auf, um Dinge nicht nur anzufangen, sondern sie auch zu Ende zu führen. Sie sind bereit, Hindernisse zu überwinden und sich nicht von ihnen beirren zu lassen. Sie geben niemals auf. Bestenfalls ziehen Sie sich kraft besserer Einsicht zurück. Sie können warten. Bei allem lassen Sie sich von Ihrem Wunsch motivieren, etwas zu tun, das über Ihre Privatsphäre hinausgeht. Alles, was Sie tun, erhält durch Ihren beständigen Einsatz, der von Liebe zum Ziel genährt wird, ein solides Fundament. Sie tun, was Sie tun, weil Sie es wollen, und nicht, weil »man« es tut. Auch in Ihren zwischenmenschlichen Beziehungen sind Sie mutig geworden. Sie konfrontieren die Angst vor Verlust, wenn Sie etwas tun, das dem Menschen, an dem Sie hängen, missfällt. Weder manipulieren Sie, noch lassen Sie sich manipulieren. Ihr offenes Bekenntnis zur Wahrheit wird von allen, die es ehrlich mit Ihnen meinen, geschätzt, sei es bequem oder unbequem.

Sie haben ein gutes Zeitgefühl, Realitätssinn und Sachkompetenz erworben und sind bereit, Verantwortung zu übernehmen. Sie sind offen für andere Menschen und Eindrücke und lernen gern. Ihre Erkenntnisse und Einsichten vermitteln Sie strukturiert und klar, aber mit Toleranz und Respekt für den anderen. Weil Sie selbst keine Regeln und Zwänge aufgezwungen bekommen wollen, tun Sie das auch nicht mit anderen. Sie können sich auf gute Weise abgrenzen und respektieren auch die Grenzen anderer. Demonstrationen von Härte, Überlegenheit und Stärke brauchen Sie nicht.

Besondere Freude macht Ihnen alles, wobei Sie Strukturen entwickeln, Richtlinien setzen und gesellschaftliche Fragen bearbeiten können. Sie setzen Ihre besondere Begabung, »Gebrauchsanleitungen« herstellen zu können, konstruktiv ein. Warten ist für Sie kein lästiges Übel mehr, sondern ein lebendiger, aktiver Vorgang, in dem Sie mit der Zeit gehen. Sie haben verstanden, dass ein starres Tagesgerüst Sie vielleicht beruhigt, aber nicht glücklich macht, und haben Ihre persönliche Mischung aus Regelmäßigkeit und ihrer Unterbrechung gefunden. Das Wesen der Zeit ist Ihnen zutiefst vertraut. Sie können zwischen beiden Formen, in denen der Mensch sie erlebt, nach Gutdünken wechseln: der mechanischen Zeit, in der Uhren darüber bestimmen, was wann geschieht, und der lebendigen Zeit, die das ist, worin der Mensch in seinem Herzen lebt.

Ihr gutes Gedächtnis setzen Sie nicht nur ein, um Wissen anzuhäufen oder sentimental in Erinnerungen zu schwelgen. Sie haben sich mit der Natur der Erinnerung auseinander gesetzt und wissen, wie aus ihr Identität entsteht. An sich selbst konnten Sie beobachten, wie an Eckpunkten Ihr »Stein der Erinnerung« ins Wasser fiel und in selbstähnlichen Ringen ähnliche Erfahrungen erschuf: Fraktale des Lebens. Sie haben Ihren eigenen, schöpferischen Anteil daran erkannt und üben sich darin, den Stein aufs Neue, anders zu werfen, so, dass die größte Wahrscheinlichkeit für das besteht, was Sie erreichen wollen. Ein kreatives, produktives, ideenreiches Leben steht für Sie an. Letztlich sind Sie jedoch nicht der Mensch, der vor allem nach außen geht. Sie sind in der Verinnerlichung zu Hause und darin, etwas aus dem zu machen, was Zeitgeist, Gesellschaft und persönliche Erfahrungen in Ihrer Seele anregen und bewegen.

Subtyp 4b: Der Strukturierte: Von der Struktur zum schöpferischen Fluss

Worum es Ihnen wirklich geht

Der Preis der Größe heißt Verantwortung.
Winston Churchill

Sie haben sie im Blut: Ihre Selbstdisziplin, Zähigkeit und Ausdauer sind beeindruckend. Ganz selbstverständlich sind Sie bereit, für Ihre Ziele zurückzustecken. Sie halten es mit dem chinesischen Sprichwort: »Wer kein Ungemach ertragen kann, ist nicht zu großen Dingen berufen.« Obwohl Sie sich zu manchen Zeiten auch ausufernden Leidenschaften hingeben können, schalten Sie, wie es scheint, mühelos zu Ihren Pflichten und Zielen um. Anders als viele Menschen müssen Sie sich diese Eigenschaften nicht erst mühsam antrainieren. Arbeit wird Ihnen selten zu viel, solange sie die Erwartungen erfüllt, die Sie an sie richten. Arbeit ist das Mittel, durch das Sie Erfolg und Anerkennung bekommen und Ihren Ehrgeiz befriedigen.

Es genügt Ihnen nicht, einfach nur so zu leben und den Dingen ihren Lauf zu lassen. Niemals hat es das in Ihrem Leben gegeben, außer in seltenen, losgelösten Augenblicken des Glücks vielleicht. Schon früh waren Sie mit Pflichten konfrontiert, ein kleiner Erwachsener von Anfang an. Sie kennen diese Sehnsucht nach freier Zeit, nach Tagen, die sich dehnen, nach Ihrem eigenen Rhythmus. Im Grunde Ihres Herzens aber wollen Sie die Dinge aktiv gestalten, Verantwortung tragen und sich Ihren Wert beweisen. Sie wollen nicht auf der passiven Seite des Lebens stehen. Es ist Ihnen wichtig, mehr zu sein als ein Familienmensch, obwohl die Geborgenheit und der Zusammenhalt einer Familie Ihnen viel bedeuten, und mehr als der Mensch, dem es in erster Linie um seine Selbstverwirklichung geht. Etwas in Ihnen sucht eine überpersönliche Aufgabe. Ihr Streben geht über Ihre Privatsphäre hinaus. Sie suchen eine Lebensaufgabe, der Sie sich widmen und durch die Sie die Welt prägen können. Etwas Nährendes, Wärmendes, Nähe und Geborgenheit Gebendes könnte es sein, etwas, wodurch Menschen sich besser fühlen, das ihre Lebensqualität steigert oder das für mehr Fairness und Gerechtigkeit sorgt. Gern nehmen Sie dafür Mühen in Kauf. Hindernisse spornen Sie an, und ein Nein ist für Sie ein Ja, auf das man länger warten muss. Fast scheint es Ihnen, als könne die Welt nichts anderes als ein Hürdenlauf sein. Schon Goethe sagte, dass sich in der Beschränkung der Meister zeige.

Auch wenn es Ihnen gelungen sein mag, größere Reichtümer anzuhäufen, kommen Sie persönlich mit ziemlich wenig aus. In manchen Phasen tut es Ihnen geradezu gut, zu fasten: vom Essen, Sex, von schönen Dingen. Schlichte Kargheit um Sie herum tut Ihnen wohl. Anders als Ihr Gegentyp, der Beschränkung und Gleichförmigkeit wählt, um sich zu beruhigen und zu stabilisieren, sind Sie in Ihrer Seele von Anfang an ein Mönch. Geld und Besitz, Reputation, ein Titel, all das sind Mittel zum Zweck: dem, ein Mensch von Bedeutung zu sein. In anderen Phasen kann dieses Mönchische in sein Gegenteil umschlagen. Sie leben ungezügelt und genussvoll, denn der Wechsel stellt für Sie einen großen Reiz dar.

Mit Faszination und Erstaunen beobachten Sie, wie selbstverständlich die Menschen in Ihrer Umgebung für ihre Bedürfnisse sorgen, als gäbe es nur das. Sie spüren diese Ambivalenz, die Ihnen sagt, dass dort etwas ist, das Ihnen fehlt – eine Freiheit zu sein, wie einem gerade zumute ist –, während Sie sich doch gleichzeitig nicht entschließen können, ebenso zu sein. Auch Sie nehmen sich, was Sie haben wollen, nur geht es Ihnen um mehr als um die Befriedigung Ihrer persönlichen

Bedürfnisse. Sie können die Vorstellung, sich nur um sich selbst zu kümmern, nicht ertragen.

Sie haben eine besondere Begabung im zwischenmenschlichen Bereich. Kontakt aufzunehmen, unverbindlich verbindlich zu sein, charmant und ansprechend, fällt Ihnen nicht schwer. Wie von selbst gewinnen Sie Popularität. Mühelos erfassen Sie das Wesen der Etikette und der Konventionen und setzen sie für Ihre Ziele ein. Sie wissen, wie man Menschen erreicht. Man mag Sie oder verehrt Sie, und meist tun andere gern etwas für Sie. Menschen für ein Ziel zu mobilisieren ist, was Sie bewegt. Allein zu sein, Ihr eigenes, unabhängiges »Ding zu machen«, ist nicht Ihr Wunsch. Was Sie wollen, hängt immer mit anderen Menschen zusammen, nicht nur in Form persönlicher Beziehungen, sondern auch beruflich: als Kunden und Klienten, als Staatsbürger und Völkerschaften. Wenn Sie keine überpersönliche Aufgabe gefunden haben, der Sie sich widmen können, fehlt etwas Wesentliches in Ihrem Leben.

Sich anderen Menschen wirklich zu öffnen dauert lang. Selbst in einer intimen Beziehung achten Sie auf Regeln des Zusammenseins, auf Riten und Gewohnheiten, auf Schritte, die nach und nach Intimität herstellen. Sie können ausgesprochen unpersönlich sein. Die Zeit, die Sie mit einem Menschen verbracht haben, wiegt deshalb ausgesprochen schwer. In Ihren Gefühlsbeziehungen errichten Sie fest definierte Distanzen, die nur durch Vertrautheit, die durch eine lange Zeit des Miteinanderseins entsteht, unterschritten werden können. Wem Sie einmal Ihr Herz geöffnet haben, wird lange darin verweilen, vielleicht für immer, gleich welche Umstände im Außen herrschen.

Ihr Leben ist ein langsamer, gründlicher Reifungsprozess. Auch wenn Sie schnell Erfolg in der Außenwelt erzielt haben, in Ihrem Inneren fühlen Sie sich wie bei dem Aufstieg auf einen hohen Berg. Je länger Sie steigen, desto freier wird die

Sicht und desto leichter der Weg. Wie ungestüm und ehrgeizig Ihr Denken auch sein mag, in Ihrer Seele glauben Sie daran, dass köstliche Früchte langsam reifen.

Erinnerungen und Ängste

> *Als Kind war ich gezwungen, ein Leben zu führen, das weit über mein Alter hinausging; jetzt habe ich die Ordnung auf den Kopf gestellt und beabsichtige, unbegrenzt jung zu bleiben.*
> *Mary Pickford*

Sie waren früh erwachsen. Schon als kleines Kind mussten Sie Verantwortung übernehmen – vielleicht nur für sich selbst, weil Ihre Mutter viel arbeitete und außer Haus war, vielleicht auch für Ihre Geschwister oder den Haushalt. Die Pflichten zwangen Sie in ein inneres Korsett, das Sie noch heute tragen. Sie waren klein und fürchteten sich. Kann ich es schaffen? Die Verantwortung lastete schwer auf Ihren Schultern. Oft fühlten Sie sich ungerecht behandelt.

Möglicherweise führten Ihre Eltern ein gesellschaftliches Leben, in dem korrekte Verhaltensweisen, der gute Ruf und das, was »man« tat, mehr zählte, als wie es einem zumute war. Sie lernten, die Zähne zusammenzubeißen und sich zusammenzunehmen. Die Welt war ein Ort der Pflichten und der Beschränkungen. Was zählte, war, ob und wie gut man seine Pflicht erfüllte. Auch wenn Ihre Eltern versuchten, besonders gerecht zu sein, kann das Gefühl bei Ihnen entstanden sein, Ihre Bedürfnisse und Wünsche seien unwichtig. Besonders gerecht hieß, dass alle ein gleich großes Stück vom Kuchen bekamen, egal ob der eine groß oder klein, mehr oder weniger hungrig war. Für Sie galt, was für alle galt, ohne Ausnahme. Vielleicht hat man Ihnen beigebracht: Du hast keine Priorität. Sie fühlten sich lieblos behandelt, in Ihrer individuellen Natur nicht respektiert. Gibt es eine gerechte Liebe? Ist Liebe nicht vielmehr etwas, das seine ganz eigenen Wege geht, dem man das Lebenselixier entzieht, wenn man es in gleich große Portionen aufzuteilen versucht? Immer war da diese Kühle und Distanz, festgefügt und klar, und hielt Sie dort an Ihrem Platz. All diese Hürden und Schranken! So viele Hindernisse auf dem Weg. Konnte nicht einmal etwas leicht vonstatten gehen? Und immer sahen und sehen Sie andere, die es viel besser verstehen, sich ihre Scheibe abzuschneiden. Ganz leicht und mühelos scheint es bei ihnen zu gehen.

Oft haben Sie sich gefühlt wie ein Baum, der in einer Felsspalte aufwächst und seine Äste nicht richtig ausbreiten kann. Sie kennen dieses Gefühl der Enge, so als könnten Sie sich keinen Platz nehmen. Sie spüren, dass Sie etwas Wesentliches entbehrt haben. Sie haben gestutzte Flügel und wollen doch fliegen. Noch heute begleitet Sie das Gefühl des Mangels, und immer wieder zeigt es sich in neuer Gestalt. Sie sahen andere Kinder spielen, während Sie Ihre Pflichten erfüllten, und wie Eltern mit ihren Kindern spielten, während Sie allein Ihre Sandförmchen füllten. Sie beobachteten, dass andere Kinder von ihren Eltern am Bahnhof abgeholt wurden, während Sie allein nach Hause gehen mussten. Sie fühlten sich ungeliebt, zurückgewiesen, unwichtig. Es wurde zu einer Frage des Selbstwertgefühls. Waren Sie weniger Anerkennung wert als andere? Sind Sie nur einer von vielen, austauschbar, ohne jede Besonderheit? Eine tiefe Trauer umfing Sie, die Sie noch heute kennen, eine Melancholie, eine depressive Verstimmung, ein Fallen in emotionale Löcher. Es ist, als müssten Sie sich für alles doppelt so anstrengen wie andere Menschen. Sie, das ist Ihnen klar, bekommen nichts umsonst. Überall sehen Sie Schilder, auf denen steht, was man zu tun und zu lassen hat und welche Leistungen zu erbringen sind. So ist es Ihnen in Fleisch und Blut übergegangen: »Zu Hause« fühlen Sie sich, wenn eine Situation Beschränkung von Ihnen verlangt. Wenn Sie sich nach mehr sehnen, als Sie bekommen, wenn Glück und Erfüllung zum Greifen nah, für Sie aber unerreichbar zu sein scheinen. Liebe, Wärme, Anerkennung – Sie würden alles tun, um Sie zu bekommen. Und doch fühlen Sie eine große Angst vor der Nähe, nach der Sie sich sehnen: Werde ich wieder verlassen? Wirst du herausfinden, wie unbedeutend ich bin? Wirst du mir deine Regeln aufzwingen? Muss ich tun, was du sagst, damit du mich liebst?

Sie sehnen sich danach, einmal die Wichtigste, der Wertvollste, die Meistgeliebte zu sein. Von Menschen, die Ihnen dieses Gefühl vermitteln, fühlen Sie sich magisch angezogen, und immer begleitet Sie die Furcht, sie könnten es Ihnen wieder entziehen. Wird es sich der Mensch, für den Sie sich unter vielen Ängsten und Schmerzen geöffnet haben, anders überlegen und Sie ins Nichts zurückstoßen, dorthin, wo das Gefühl innerer Lähmung und Schwere warten?

Lösungsversuche und Fallstricke

Auch aus Steinen, die einem in den Weg gelegt werden, kann man Schönes bauen. *Johann Wolfgang von Goethe*

Kaum jemand, der Sie sieht, wird glauben, wie es in Ihrem Inneren aussehen kann. Sie strahlen und versprühen einen Charme, dem man sich nicht entziehen kann. Sie wissen instinktiv, wie Sie mit anderen umgehen müssen, um positiv beurteilt zu werden. Mit gewinnendem Lächeln gehen Sie auf die Menschen zu. Sie wirken ausgesprochen sympathisch. Ja, man glaubt Ihnen, dass Sie ein Mensch mit Herz sind. Man mag Sie, und gern sind andere bereit, sich für Sie einzusetzen oder Ihrem Rat zu folgen. Vertrauenswürdig wirken Sie, glaubwürdig, überzeugend. Sie haben so eine positive Art, dass jeder versteht: Es gibt keine Probleme, es gibt nur Lösungen. Ihr Erfolg beruht auf Ihrer Gabe, sich auf angenehme Weise durchzusetzen. Mit dem Herzen sind Sie jedoch oft nicht dabei. Etwas Wichtiges, Tiefes in Ihnen bleibt unberührt. Sie erfüllen eine Aufgabe oder die Erwartungen, die andere an Sie oder Sie selbst an sich richten. Nicht die Ziele, die Sie anstreben, sind Ihr wahrer Motor, sondern Ihre Sehnsucht nach Anerkennung, die für Sie gleichbedeutend ist mit geliebt werden. Sie wollen gefallen. Gut anzukommen und bestätigt zu werden ist eines Ihrer wichtigsten Grundbedürfnisse. Oft tun Sie deshalb, als würde Ihnen alles einfach zufallen, ein Glückskind, das sich nicht bemühen muss. In Wahrheit haben Sie jedoch jeden Handgriff gründlich durchdacht. Für alles gibt es in Ihrem Leben eine Regel. Selten tun Sie etwas spontan. Wer tiefer mit Ihnen zu tun haben will, muss sich Ihnen langsam nähern und die Regeln einhalten.

Sie zählen zu den Menschen, die Eskimos Kühlschränke verkaufen können. Ihre Kontaktfähigkeit ist eine Ihrer größten Stärken, und Sie zögern nicht, sie für Ihre Ziele einzusetzen. Hinter Ihrem freundlichen Auftreten verbergen sich Ehrgeiz, Kalkül, Ihr Wille zum Erfolg. Auch wenn Sie Konflikten so weit wie möglich aus dem Weg gehen, denken Sie ausgesprochen scharf, konkurrenzbezogen und entwickeln mühelos Ideen und Strategien, wie Sie an das kommen, was Sie haben wollen. Am liebsten lassen Sie andere Ihren Plan ausführen. Sie packen nicht gern selbst zu. So warmherzig und empathisch Sie nach außen wirken können, so kühl und emotionslos können Sie im Innern sein. Weil Sie die Kühlschranktemperaturen Ihrer Kindheit so gut kennen, macht Ihnen die Nähe eines wärmenden Ofens geradezu Angst. Sie sehnen sich nach der Mutterbrust und haben doch gleichzeitig ausgefeilte Strategien, um zu verhindern, dass zu viel Wärme in Ihrem Leben entsteht: Arbeit, noch mehr Arbeit, kaum zu Hause sein, Beziehungen, bei denen jeder seine konventionelle Rolle einhält, den anderen verletzen, wenn er zu liebevoll wird, ihn emotional verhungern lassen und andere Strategien, um die Distanz aufrechtzuerhalten. Nicht nur als Täter, sondern auch als Opfer finden Sie noch weitere Möglichkeiten: Die Rolle der heimlichen Geliebten zum Beispiel eignet sich gut, um das Gefühl von Mangel und Zurückweisung lebendig zu halten, ebenso das Festhalten an einem Partner, der sich nie auf die ersehnte Weise für einen entscheiden wird. Kein Nachteil ohne Vorteil: So können Sie immer gegen die alte, bekannte Mauer anrennen. Alternativ suchen Sie einen Menschen, der Ihren Schutzwall durch seine Lebendigkeit, vielleicht durch seine Wildheit und Unangepasstheit durchbricht. Nach außen aber sind Sie immer top. Kaum jemand kann es mit Ihrer Fähigkeit aufnehmen, gute Miene zum bösen Spiel zu machen.

Konstruktive Lösungsstrategien auf dem Weg zum Ziel

> *Nicht derjenige hat am meisten gelebt, der die meisten Jahre zählt, sondern derjenige, welcher sein Leben am meisten empfunden hat.* *Jean Jaqcues Rousseau*

Schenken Sie Ihren Gefühlen mehr Beachtung. Lockern Sie Ihr inneres Korsett. Akzeptieren Sie Ihre Stimmungen und Neigungen. Entdecken Sie die Schattierungen der Gefühle und ihren Reichtum. Achten Sie auf Ihre emotionalen Reaktionen und die Stimme der Intuition. Lassen Sie Ihr Herz sprechen. Gehen Sie davon aus, dass Sie nur dann Ihre Bestimmung gefunden haben, wenn das, was Sie tun, Sie immer wieder mit Glück erfüllt, wie anstrengend es auch sein mag. Spüren Sie dem chinesischen Sprichwort nach: »Wer sein Herz dem Ehrgeiz öffnet, verschließt es der Ruhe.« Was müssen Sie sich oder einem anderen beweisen? Welchem Auftrag folgen Sie, der in dieser Form vielleicht nicht Ihr eigener ist? Finden Sie die wahren Motive, die Sie vorwärtstreiben, und fühlen Sie, ob es andere Möglichkeiten gibt, sie zu erfüllen, die mehr dem entsprechen, was Sie wirklich anstreben.

Kein Nachdenken, keine Planung kann die intuitive Weisheit Ihres Herzens ersetzen, durch die Sie sich in Übereinstimmung mit sich selbst und in Harmonie mit der Welt bringen. Seien Sie kein blinder Jäger des Erfolges und machen Sie dafür keine falschen Kompromisse. Übernehmen Sie dort Verantwortung, wo es Ihrem Herzen entspricht. Lassen Sie Ihr lebendiges Fühlen zum Maßstab Ihres Lebens werden. Lassen Sie sich, wie Sigmund Freud sagte, von den tiefen, inneren Bedürfnissen Ihres Wesens leiten. Finden Sie Ihre eigenen Lebensspielregeln, die mehr sind als Konvention und Selbstbeherrschung oder eine willkommene Fassade nach außen. Geben Sie dem Raum, was die Geschehnisse in Ihnen auslösen, und bringen Sie Ihre Antwort als Ihren Beitrag ein.

Werden Sie jung. Sie sehnen sich nach Frohsinn, nach Freiheit, danach, einfach spontan zu sein. Riskieren Sie Vertrauen. Wenn Sie hinter Ihrem Schutzwall hervorkommen, werden Sie verletzlich sein und sicher auch verletzt werden – doch nur so lernen Sie Ihre seelische Stärke kennen, den Mut, zu sich selbst zu stehen, ohne sich hinter Regeln, Konventionen oder Pflichten zu verschanzen. Wagen Sie es, sich zu blamieren. Lösen Sie sich von den Erwartungen anderer. Das können Sie nur, wenn Sie innere Antreiber wie »man sollte« und »man müsste« in die Schranken weisen. Entdecken Sie, dass Sie heute, anders als früher, als Ihr Handlungsradius sehr stark von außen bestimmt wurde, diesen Rahmen nun selbst stecken. Wenn Sie sich von der Erinnerung bestimmen lassen, werden Sie einen engen Rahmen ziehen. Denken Sie daran: Nicht Sie dienen den Regeln, sondern die Regeln dienen Ihnen. Was wollten Sie schon immer tun? Wovon haben Sie geträumt? Lernen Sie, zwischen schnellem Genuss und wahrer Freude, die die Seele nährt, zu unterscheiden. Machen Sie sich auf die Suche nach Ihrer Freude, und am Ende werden Sie wie Tagore entdecken, dass auch die Pflicht Freude ist – wenn es die Ihnen gemäße ist. Betrachten Sie die Anforderungen des Tages eher aus einer inneren als aus einer äußeren Perspektive. Entdecken Sie Ihren eigenen, lebendigen Fluss der Zeit. Lösen Sie sich von der Macht der Uhr.

Anders als bei Ihrem Gegentyp, der sich darin übt, durch Ordnung und kontinuierliche Bemühungen zum Ziel zu kommen, tragen Sie diese Eigenschaften bereits in sich. Sie haben gelernt, Verantwortung zu tragen, Disziplin aufzubringen und Aufgaben wichtiger zu nehmen als sich selbst. Sie sind in der Lage, mit Frustrationen zurechtzukommen. Das macht Sie lebenstüchtig und stark. Nun geht es darum, all Ihre Gaben mit Seele zu füllen. Wagen Sie zu fühlen. Achten Sie darauf, echte Begegnungen mit Menschen zu haben, bei denen Sie von Herz zu Herz sprechen. Denken Sie an die Worte von Orson Welles: »Viele Menschen sind zu gut erzogen, um mit vollem Mund zu sprechen; aber sie haben keine Bedenken, dies mit leerem Kopf zu tun.« Und Friedrich Hebbel sagte: »Wer nach den Sternen reisen will, der sehe sich nicht in der Gesellschaft um.« Entwickeln Sie Zivilcourage. Das kann bedeuten, dass Sie an Stellen »nein« sagen, wo man erwartet, dass Sie »ja« zu sagen haben. Scheren Sie aus, wenn Ihr Gefühl es verlangt.

Öffnen Sie sich der Zuneigung und Fürsorge, die Ihnen von anderen entgegengebracht wird. Geben Sie anderen Menschen eine echte Chance, Ihnen zu zeigen, dass sie Sie mögen, lieben und schätzen und dass sie auf Ihrer Seite sind. Bauen Sie umgekehrt Ihr Verhalten und Ihre Handlungen ebenfalls auf Zuneigung und Achtung auf. Seien Sie empathisch. Begegnen Sie anderen Menschen mit Achtsamkeit. Die Aufmerksamkeit, die Sie ihnen schenken, ohne Ihren Vorteil darin zu sehen, ist eine Form von Liebe und zeugt von Wertschätzung, die zu Ihnen zurückkehren wird. Hegen Sie alles Lebendige und entdecken Sie Ihre Liebe zur Natur. Dort kann Ihre Seele ruhen.

Ihr Lebensziel

Wollt ihr klar und richtig denken? Wollt ihr wahr und überzeugend sprechen? Sprechet und denket mit eurem Herzen!
Niccolò Tommaseo

Dieses Leben ist Ihre Chance, an der Welt mit ganzem Herzen teilzunehmen und zu echter Lebensfreude zu finden. Dadurch entsteht ein neues Lebensgefühl. Sie sind empathisch, was nicht bedeutet, dass Sie mit anderen mitleiden, sondern dass Sie »Anteil nehmen«, und Sie haben den Unterschied klar erkannt. Sie können anderen ihre Verantwortung lassen, statt sie sich aufzubürden. Sie entdecken sich als einen Menschen, der zu tiefen Gefühlen fähig ist. Sie wissen nun, wie gern Sie einen Menschen, ein Tier, ein Projekt nähren und hegen möchten. Einen Garten bestellen. Etwas wachsen sehen, um das Sie sich verantwortungsvoll und mit Liebe und Hingabe gekümmert haben. Sie lieben alles, was lebt, und möchten Zeuge seines Wachsens sein. Beobachten, wie aus einem Samenkorn, das Sie gepflanzt haben, ein Baum wird, wie Menschen zu einer glücklicheren Existenz finden, wie eine Firma sich zu einem schönen, stattlichen Unternehmen entwickelt. Als Vorgesetzter mögen Sie sich fühlen wie ein Hirte, der seine Schäflein mit liebevoller Strenge leitet und hütet.

Den Herausforderungen des Lebens begegnen Sie mit Gelassenheit. Ihr lebensbestimmender und lange verborgener Ernst ist Heiterkeit gewichen. Sie erkennen Tatsachen ohne Bitterkeit an und sehen die positiven Seiten. Ihre Fähigkeit zu Selbstbeschränkung hat aus Ihnen einen realistischen Menschen gemacht, der versteht, was »carpe diem«, »pflücke den Tag«, bedeutet. Sie sind in der Lage, sich den Gegebenheiten und Gesetzmäßigkeiten anzupassen und sie für sich nutzbar zu machen. Nach langem Suchen sind Sie zu Ihrer Quelle zurückgekehrt und hören Ihre innere Stimme, die Sie vor langer

Zeit zum Schweigen gebracht hatten. Sie lassen sich vertrauensvoll von ihr führen. Sie wissen nun, was Sie wirklich brauchen, und lassen Ersatzziele hinter sich. Sie haben herausgefunden, wie wenig Sie im Grunde benötigen, um glücklich zu sein, und genießen diese Freiheit. Sie haben Freude daran, dann und wann zu »fasten«: weniger Fernsehen, weniger Party, weniger Sex. Selbst in Ihren Essgewohnheiten kann sich diese Einsicht ausdrücken. Auf diese Weise haben sich Ihre Wahrnehmungen und Empfindungen intensiviert: Weil Sie weniger tun und weniger genießen, ist das, was Sie tun, zu einer eindrucksvollen, Ihr Herz berührenden Erfahrung geworden. Ihre zwischenmenschlichen Beziehungen sind vielleicht weniger zahlreich, aber tiefer und beständiger. Sie öffnen sich leichter, denn Sie wissen, dass Sie für Ihre Bedürfnisse sorgen und sich, wenn nötig, auch schützen können. In Ihrer Offenheit und Verletzlichkeit liegt der Zauber echten Gefühls. Sie haben zutiefst verstanden, dass unser Fühlen die kreative Quelle unseres Seins darstellt und dass wahre, echte, spontane Gefühle die Basis all dessen sind, was uns ausmacht. Sie lassen sich ein auf die direkte und intuitive Verbindung zu Menschen und Situationen und auf den Widerhall, den sie in Ihnen auslösen. Durch diese Verbindung haben Sie eine neue Form von Nähe, Verständnis und Liebe zu sich selbst und anderen gefunden. Ihnen ist bewusst, dass das, was Sie tun, Ihnen Achtung einbringen kann, dass Sie aber für das, was Sie sind, geliebt werden. Und mehr noch als Achtung möchten Sie Liebe. In Ihren privaten wie beruflichen Beziehungen orientieren Sie sich weniger an formalen Kriterien als an Empfindungen, Gedanken und Bedürfnissen. Ihr hohes Verantwortungsbewusstsein gewinnt eine neue Qualität. Mehr als Ehrgeiz fühlen Sie eine Berufung in sich, den Wunsch, sich einer Sache zur Verfügung zu stellen und ihr zu dienen.

Sie haben zu einer Freiheit gefunden, die sich nicht an Konventionen und allgemeinen Zielen und Ansichten orientiert.

Normen erkennen Sie als das, was sie sind: Übereinkünfte, die als Richtlinien des Verhaltens dienen sollen. Sie sind keine ehernen, gottgegebenen Gesetze. Ihre eigenen Maßstäbe sind es, die nun zählen. Ihr persönlicher Lebensrhythmus hat für Sie an Bedeutung gewonnen. Sie sind nicht mehr bereit, sich für ein Ziel in eine Form zu pressen, sondern folgen einer natürlichen inneren Ordnung, durch die Ihr Tagesablauf strukturiert, aber nicht starr ist.

Typ 5: Der Weg des Handelns: Zwischen Herrscher und Vermittler

Kreativität und Führerschaft sind miteinander verwandt. Wer sich auf Menschenführung versteht, kann Menschen dazu bringen, ihre Ideen oder ihr Verhalten zu ändern. Ein kreativer Mensch bringt uns dazu, die Welt mit anderen Augen zu sehen. — *Dean Simonton*

Menschen vom Typ 5 sind aufgefordert, das Steuer ihres Lebens in die Hand zu nehmen und ihren eigenen, unverwechselbaren Kurs einzuschlagen. Für sie geht es um das richtige Maß aus autokratischem Selbstbewusstsein und einer objektivierenden Distanz zu sich selbst. Sie wollen sich ausdrücken, profilieren und in dem, was sie tun, maßgeblich sein. Für sie geht es um die Frage der Authentizität: Bin ich der, der ich bin, oder eine Kopie? Sie fühlen einen starken Impuls in sich, ihre Besonderheit – das, was sie auszeichnet und unterscheidet – durch ihre Handlungen und Schöpfungen unter Beweis zu stellen. Die Vorstellung, zu sein wie alle anderen, empfinden sie als Kränkung. Sie wollen sich in keiner Weise einordnen und etikettieren lassen. Für sie ist die Welt ein Ort, dem sie ihren unverwechselbaren Stempel aufdrücken möchten: eine Tat, eine Leistung, ein Werk, das die Welt prägen soll. Sie können sich nicht vorstellen, eines Tages spurlos »vom Winde verweht« zu sein, und haben deshalb eine Neigung zu philosophischen und religiösen Konzepten, die ein Weiterleben ihrer individuellen Persönlichkeit nach dem Tod zum Inhalt haben. Sowohl für Typ 2 wie für Typ 5 ist es ein starkes Motiv, etwas zu hinterlassen, das ihn überdauert. Während es für Typ 2 jedoch tatsächlich darum geht, ein Konzept zu finden oder zu entwickeln, nach dem er lebt und auf dessen Basis er seine Ziele gestaltet, besteht die Aufgabe für Typ 5 darin, die Relativität von Vorstellungen in den Vordergrund zu rücken und sich so von ihnen unabhängig zu machen. Er muss die innere Trägheit oder Lähmung überwinden und nicht nur von den Ergebnissen seiner Arbeit träumen, sondern sich auch tatkräftig für sie einsetzen. Lebensfreude und *flow*, das Gefühl, im Fluss zu sein, findet Typ 2 durch Hingabe an ein Ideal, Typ 5 durch Hingabe an seine schöpferischen Impulse. Obwohl das eine angenehmer klingen mag als das andere, ist für beide die Herausforderung gleich groß, da Typ 5 starke Sicherheits- und Leistungsmuster hat, die ihm den Zugang zu seinen spielerisch-kreativen Seiten erschweren, und Typ 2 dazu neigt, seine Idealvorstellungen so sehr zu überziehen, dass seine Lebendigkeit und Kreativität darunter leiden.

Die alles entscheidende Aufgabe für Menschen vom Typ 5 besteht darin, eine lebendige Form des Kontakts zu sich selbst herzustellen, bei der sie sich weder selbst zu nah sind (Typ 5a) noch so weit von sich entfernt, dass sie sich selbst vergessen (Typ 5b). Sie fühlen sich entweder bereits als Persönlichkeit mit starkem Kern, die aber darum ringt, eine Aufgabe zu finden, durch die sie ihre Besonderheit zeigen kann, oder sie sind auf der Suche nach diesem Kern, der sie zu handlungsstarken Persönlichkeiten machen soll.

Menschen vom Typ 5 fallen Entscheidungen nicht leicht. Weil ihre besondere Fähigkeit darin liegt, alle Dinge aus unterschiedlichen Perspektiven betrachten zu können, sind sie mit einer Vielfalt an Möglichkeiten konfrontiert, die alle etwas für sich und etwas gegen sich haben. Die Wahrheit hat für sie viele Gesichter. Immer begleitet sie die Qual der Wahl. Soll ich dieses tun oder jenes? Will ich dies oder das? Was ist richtig, was ist falsch? Sie nehmen am liebsten eine »Position zwischen den Positionen« ein, die es erlaubt, möglichst alles einzubeziehen und nach allen Richtungen offen zu sein. Menschen vom Typ 5 brauchen auch dann, wenn sie sich festlegen, das Gefühl, dass noch Optionen offen stehen. Wenn sie zum einen zweifelsfrei »ja« und zum anderen fraglos »nein« sagen, haben sie den Eindruck, sie würden einen nicht nur unliebsamen, sondern auch riskanten Verzicht leisten. Obwohl sie sich nach Verbindlichkeit sehnen, empfinden sie mehr Sicherheit, wenn sie das Gefühl haben, in einer Welt der Möglichkeiten zu leben, in der noch alles offen und nichts entschieden ist. Das Absolute, Endgültige ist für sie Drohung und Faszination zugleich. Aus diesem Grund ist es für Menschen vom Typ 5 ein Reifungsprozess, sich die Freiheit zu eindeutigen Entscheidungen zu nehmen und diese auch nach außen zu vertreten. Zu diesem Prozess gehört, dass sie bereit sind, Verantwortung zu übernehmen und für die Konsequenzen ihrer Entscheidungen einzustehen. Entwickelte Menschen vom Typ 5 wagen es, sich zu konfrontieren. Sie haben gelernt, ihre Neigung, Dinge im unbestimmten Raum stehen zu lassen, zu überwinden, und gehen klärenden Gesprächen und eventuellen Konflikten nicht aus dem Weg.

Immer wieder sind sie herausgefordert, ihr Bedürfnis nach Einzigartigkeit, Autonomie und einem ungebundenen, individuellen Lebensstil mit ihrem Verlangen nach Zugehörigkeit, Bindung und Gemeinsamkeit in einer lebbaren Form zu vereinen, bei der beide Anteile zu ihrem Recht kommen. Sie fühlen sich hin und her gerissen zwischen ihrem Wunsch nach freier Selbstverwirklichung und nach einem Leben in einer Gemeinschaft. Anders als bei Typ 4, der für seine Gefühlsbeziehungen feste Abstände definiert, die nicht unter- oder überschritten werden sollen, wechseln Menschen vom Typ 5 zwischen Nähe und Distanz, und das eine kann sehr plötzlich in das andere umschlagen.

Da sie am liebsten alles einbeziehen und allem gerecht werden würden, sind sie gute Vermittler, denen es gelingt, bei

Kontroversen unterschiedliche Positionen so darzulegen, dass Verständnis auf allen Seiten möglich wird. Von Natur aus sind sie deshalb eine Art »Advocatus Diaboli« – der, der um der Sache willen die Argumente der Gegenpartei vertritt, ohne zu ihr zu gehören. Sie tragen die Vision einer Welt in sich, in der jeder seine Individualität leben und bewahren kann und in der doch Einigkeit durch eine Metaposition herrscht, die nichts ausgrenzt, sondern alles in seiner Unterschiedlichkeit integriert. Deshalb ist – ähnlich wie bei Typ 4 – das Maß an Subjektivität und Objektivität, das sie für ihr Leben zugrunde legen, ausschlaggebend. Während es für Typ 4 jedoch darum geht, die richtige Verbindung seiner subjektiven Erlebniswelt mit der außersubjektiven Welt der Regeln und Zwänge zu finden, muss Typ 5 die richtige Position zu sich selbst finden, um handlungsfähig zu sein. Typ 5a ist stark mit sich selbst identifiziert und sieht sich als Mittelpunkt, um den sich alles dreht, Typ 5b dagegen ist sich selbst entfremdet.

Das Risiko von Menschen vom Typ 5 liegt in selbstverliebtem Stolz und in der Unfähigkeit, sich zu entscheiden, ihre Gabe darin, die Welt aus einer Vielfalt von teils ausgesprochen konträren Perspektiven zu betrachten und sie dennoch in einer ganzheitlichen Weltsicht vereinen zu können. Ihre Grundfrage ist: Wer steht im Mittelpunkt? Typ 5a muss sich seiner Neigung, um sich selbst zu kreisen, bewusst werden und seine starke, innere Position objektivieren. Typ 5b dagegen muss seine Tendenz erkennen, sich selbst zu vergessen und in andere Positionen zu schlüpfen, ohne die eigene zu kennen. Um eine tragfähige Handlungsgrundlage zu entwickeln, muss er seinen inneren Standort klären.

Subtyp 5a: Der Herrscher: Von der Subjektivität zur Selbstdistanz

Worum es Ihnen wirklich geht

Jedenfalls ist es besser, ein eckiges Etwas zu sein als ein rundes Nichts. *Christian Friedrich Hebbel*

Sie tragen das natürliche Gefühl persönlicher Würde und Selbstachtung in sich. Ganz selbstverständlich betrachten Sie sich als Autorität, der andere Respekt zollen sollten. Schon als Kind fühlten Sie sich im Zentrum des Geschehens und stellten dann mit Erstaunen fest, dass andere Menschen ähnlich dachten. Wie konnte das sein? Immer hatte man Ihnen vermittelt, dass Sie etwas Besonderes seien, und tatsächlich nahmen Sie in der Familie eine Sonderrolle ein. Diesen Umstand mögen Sie in mehr oder weniger glücklicher Erinnerung haben, in jedem Fall hat er Sie geprägt. Sie leben aus dem Empfinden heraus, dass sich die Welt um Sie dreht – beziehungsweise zu drehen hat, und nicht umgekehrt.

Entsprechend nehmen Ihre Gefühle und Bedürfnisse einen großen Raum ein. So objektiv und oft auch unpersönlich, wie Sie meist nach außen wirken, so subjektiv auf sich selbst bezogen sind Sie in Ihrem Inneren. Sie sind stolz und verletzlich und reagieren auf alles sehr emotional. Jedes Gefühl trägt den Impuls zur Handlung in sich und bildet einen starken Motor, dem Sie kaum Einhalt gebieten können. Wenn sich Ihre Gefühle Bahn brechen, gleichen sie einer Lawine, die einen steilen Berg hinunterstürzt.

Sie fühlen diesen unverwechselbaren Kern in sich und den Drang, ihn für die Welt manifest zu machen. Eine starke Energie pulsiert in Ihnen, die nach Ausdruck verlangt. Sie wollen etwas umsetzen, und zwar sofort. Es fällt Ihnen nicht immer leicht, dieser Kraft Ziel und Richtung zu geben, weil sich beides mit Ihren Stimmungen ändern kann. Auch sprudelt diese Energiequelle ungleichmäßig, sodass Sie manchmal nur zu Routinearbeiten in der Lage sind, die Sie noch mehr erschöpfen. Dann wieder fühlen Sie eine enorme Schubkraft, diesen Drang, aktiv und produktiv zu sein, und wollen sich und der Welt beweisen, was in Ihnen steckt. Ihr tiefster Wunsch ist, etwas Eigenständiges, Unverwechselbares zu schaffen, und Sie erwarten vom Leben die Chance dazu. Wenn Sie etwas gefunden haben, das Sie mit ganzem Herzen tun können, sind Sie mit Feuer und Flamme dabei und überwinden selbst auftretende Energie- und Motivationsschwankungen. Dann sind Sie in der Lage, erstaunlich ökonomisch und pragmatisch vorzugehen, und haben in Ihrem Tun ein besonderes Gespür dafür, wie Sie Ihr Ziel auf besonders geschickte Weise erreichen.

Ihr Selbstwertgefühl hängt bis zu einem gewissen Grad davon ab, wie erfolgreich Sie sich mit Ihrem inneren Anspruch fühlen. Im Allgemeinen sind Sie selbstsicher, und das auch unter widrigen Umständen, in denen Sie sich nicht auf die Weise verwirklichen können, wie Sie das anstreben, denn tief in Ihnen wissen Sie, dass Sie *jemand* sind und nicht *irgendjemand*. Mit Kritik kommen Sie deshalb nicht gut zurecht. Andere zu beeindrucken ist Ihnen wichtig. Sie wollen ein Mensch sein, der, wie es das I Ging ausdrückt, »alles unter dem Himmel erleuchtet und erfreut«. Sie wollen eine Alpharolle einnehmen – das ist Ihre Vision. Deshalb reagieren Sie auch schnell gereizt, wenn man Sie für durchschnittlich hält oder von Ihnen fordert, sich an die gleichen Regeln zu halten wie alle anderen. Sie sind davon überzeugt, dass Sie mit einem anderen Maß zu messen sind als die meisten Menschen. »Lieber ein König unter den Niedrigsten als ein Untertan unter den Herrschenden« könnte Ihr Motto sein. Dabei können sich die Form und das Aufgabengebiet, in denen Sie diese Vision verwirklichen wollen, immer wieder ändern, oder Sie gehören zu den Menschen, die ein großes Ziel anvisieren, die jedoch verschiedene Wege dorthin ausprobieren.

Alles Neue, Außergewöhnliche, Exotische oder Paradoxe zieht Sie an. Sie träumen von den besonderen Dingen im Leben: von der großen Karriere und gesellschaftlichem Status, von dem Leben eines politischen, geistigen oder spirituellen Erneuerers. Sie sehen sich als Außenseiter und Abenteurer, als Revolutionär und Avantgardist, dem es gelingen wird, anders zu leben als der Durchschnittsbürger. Keinesfalls wollen Sie sich in eine Form pressen oder auf eine Rolle reduzieren lassen. Sie lieben die Freiheit, die für Sie in der Freiheit von etwas besteht: von Konventionen und gesellschaftlichem Druck, von einem Alltag voller Routine, von Verbindlichkeiten, die keine Veränderung zulassen, von dem, was für alle gilt.

Erinnerungen und Ängste

> *Man kann die eigenen Grenzen nur feststellen, indem man sie gelegentlich überschreitet. Das gilt für jene, die man sich selbst setzt, ebenso für jene, die einem andere setzen.*
>
> *Josef Broukal*

Sie erinnern sich gut: In ihrer Familie ging es nicht darum, sich anzupassen und die Regeln einzuhalten, sondern darum, anders zu sein. Sich zu unterscheiden, sei es durch Überzeugungen, den persönlichen Stil, durch Vermögen oder Aussehen, galt als Wert. Anders zu sein wurde mit besonders gleichgesetzt, und Zugehörigkeit entstand durch die Merkmale der Besonderheit. Sie gingen zur Schule und nahmen die Unterschiede zwischen sich und den anderen Kindern wahr. Sie empfanden Stolz, aber auch das Gefühl, nicht dazuzugehören. Vielleicht standen Sie im Mittelpunkt, vielleicht auch an der Peripherie, wie auch immer, das widersprüchliche Gefühl, nicht sein zu wollen und zu können wie die anderen, sich aber dadurch auch im Abseits zu fühlen, kennen Sie gut.

Sie spürten die Erwartung Ihrer Mutter oder beider Eltern, dass Sie sich auszeichnen würden, und Sie waren und sind von dem Wunsch beseelt, genau das zu tun. Doch eine andere Stimme in Ihnen raunt: »Wer sich hoch hinauf begibt, kann tief stürzen.« Da Sie hoch hinaus wollen, ist die Furcht vor dem Absturz Ihr ständiger Begleiter. Was, wenn Ihre Mitmenschen Ihre Besonderheit nicht verstehen? Werden Sie ausgelacht? Wird man Sie kritisieren? Wird man sich von Ihnen abwenden, Ihnen die Anerkennung und Bewunderung entziehen? Werden Sie sein wie Ikarus, der stürzte, weil das Wachs in seinen Flügeln schmolz, als er der Sonne zu nahe kam? Hohe Motivation, Wille, Furcht drehen sich in Ihnen wie ein Karussell, und wenn es Ihnen nicht gelingt, die Furcht zu überwinden, kann es sein, dass Sie sich selbst bestrafen, durch Erkrankungen zum Beispiel, oder durch Phasen der Depression. Vielleicht glauben Sie zu spüren, dass das, was Sie anzubieten haben, zu gering ist, um angenommen zu werden, oder dass Sie zu schwach für den Höhenflug sind. Das mag darauf zurückzuführen sein, dass die Bestätigung Ihres Könnens und Ihres Wertes schon früh von eines anderen Menschen Gnaden abhing und jederzeit wieder entzogen werden konnte.

Möglicherweise haben Sie auch bei Ihrer ersten »Aufgabe« versagt: der, zwischen den unvereinbaren Positionen Ihrer Eltern oder Geschwister zu vermitteln. Die Paradoxie Ihres Lebens, gleichzeitig Mittelpunkt zu sein und sich als unparteiischer Vermittler in Streitsituationen an den Rand stellen zu müssen, gibt Ihnen Rätsel auf. Eloquent wie Sie sind, merkte Ihnen niemand Ihre innere Spannung und das Bemühen, es richtig und gut zu machen, an. Sie stehen unter Leistungsdruck, denn Sie fühlen den Auftrag, innerhalb des Systems, in dem Sie sich bewegen – Ihre Familie, Ihre Firma, Ihre Partei,

Ihr Freundeskreis –, Außenseiter und Mitglied gleichzeitig zu sein. Alles kreist um Sie – und doch kommen Sie nicht wirklich vor. Sie empfinden sich als Mensch mit seinen Wünschen, Kümmernissen und Hoffnungen weitaus weniger gefragt als als Ratgeber und objektiver Beobachter einer Situation, was Sie besonders schmerzt, denn Sie verlangen sehr danach, anziehend, liebens- und bewundernswert zu sein. Ablehnung und Kritik erleben Sie als Kränkung Ihres Selbstwertgefühls. Sie fürchten sich vor Konflikten, die bedeuten, dass Sie hervortreten und sich eindeutig positionieren müssen. Was wird geschehen? Wird man Sie verlassen? Ablehnen? Sind Sie dann für immer festgelegt? Nehmen Sie sich selbst die Chance, eine andere, bessere, aussichtsreichere Alternative zu wählen? Haben Sie dann ein Vergehen begangen, weil Sie einer Seite den Vorzug gaben?

Lösungsversuche und Fallstricke

> *Originelle Formulierungen sind noch keine originellen Einsichten.* *Ludwig Marcuse*

Ihre Lösung ist klar: Sie weichen Auseinandersetzungen mit einer ungewöhnlichen Geschicklichkeit aus. Ambivalenz ist Ihre Lösungsstrategie. Kaum jemand beweist so viel Talent darin, sich hartnäckig zu weigern, klare, eindeutige Aussagen zu machen oder sich einer Situation zu stellen, wenn Sie dazu keine Lust haben oder Streit fürchten, mit Ausnahme Ihres Gegentyps, der anderen Seite von Typ 5, der mit Entscheidungen und Wut ebenso große Probleme hat. Sie tragen eine gehörige Portion Wut in sich, die Sie aber nur selten herauslassen. Lieber widmen Sie sich der passiven Aggression, die auch eine Form von passiver Rebellion ist. Sie entziehen sich, lassen den anderen ins Leere laufen, ohne dass man Sie verantwortlich machen kann. Sie funktionieren nach dem Prinzip des letzten Tropfens, der in ein Wasserglas fällt: Wenn das Glas urplötzlich überlauft, versteht kaum einer der Beteiligten, warum das so ist, so unbedeutend erscheint ihnen der Anlass. Für Sie hat jedoch eine logische Kette von Aneinanderreihungen misslicher Umstände ihr Ende gefunden, und entsprechend reagieren Sie.

Vielleicht gehören Sie jedoch zu denjenigen, für die Freiheit darin besteht, zu allem und jedem sofort die Gegenposition einzunehmen. Wie in der satirischen Zeitschrift »Punch« sagen Sie: »Wenn dies Kaffee ist, möchte ich Tee. Wenn dies aber Tee ist, möchte ich Kaffee.« Sie verschanzen sich hinter einem »ja aber« und sind wie Goethes Faust der »Geist, der stets verneint«. Ihr Widerspruchsgeist ist etwas wie Ihre zweite Natur, mit dem Sie sich selbst schaden, wenn Sie keine konstruktiven Alternativen zu Ihrer Kritik anzubieten haben. Zudem bietet er die Möglichkeit, einer Festlegung auszuweichen, sie in eine unbestimmte Zukunft zu verschieben, während Sie gleichzeitig Ihrem Ärger indirekt Ausdruck geben.

Immer fühlen Sie diese Spannung zwischen Anspruch und Wirklichkeit. Wer hoch gesteckte Wünsche und Ziele verwirklichen will, muss echte persönliche Leistung und Einfallsreichtum beweisen. Sie kommen deshalb nur schwer zur Ruhe, denn Sie glauben, Sie müssen immer etwas *tun*, um jemand zu *sein*. Wenn Ihnen jedoch bewusst wird, wie viele Mühen vor Ihnen liegen, könnten Sie mutlos werden und die Lust verlieren. Sie sind nicht wirklich ausdauernd im Verfolgen Ihrer Ziele und brauchen immer wieder einen Ansporn. Insgeheim hoffen Sie, dass das Leben oder ein Mensch, der Ihren besonderen Wert erkennt, Sie unterstützen wird. Letztlich lässt Ihr innerer Antrieb Sie jedoch nicht los. Sie stehen innerlich »unter Strom«, dürsten danach, etwas zu tun, und doch gleicht Ihre Situation oft eher einem »standby«: Sie stehen in den Startlöchern und kommen nicht von der Stelle.

Wenn Ihre hohen Ansprüche und Ihre Versagensängste Sie

blockieren, flüchten Sie in eine Scheinneutralität. Sie kultivieren Objektivität und Distanz, nehmen einen Standpunkt ein, der im Kontrast zur herrschenden Meinung steht. Sie machen sich unangreifbar und begeben sich in eine Position, in der Sie nicht bewertet werden können, weil es dafür keinen Vergleichsmaßstab gibt. Sie suchen die Nische, umgeben sich mit dem Nimbus des Besonderen, legen sich eine besondere Attitüde zu, sind betont originell oder kauzig, würzen Ihre Sprache mit Fremdwörtern und ungewöhnlichen Formulierungen oder schmücken sich mit ausgefallenen Attributen. Vielleicht waren Sie in manchen Zeiten »snobbish«. Arroganz und Hochmut – seien sie nach außen gezeigt oder insgeheim kultiviert – scheinen einen Weg aus dem Dilemma zu bieten. Ihren Überlegenheitsanspruch gründen Sie vielleicht auf Ihren Besitz oder einen beruflichen Erfolg, der jedoch nichts mit Ihren eigentlichen Zielen zu tun hat und der Ihnen in Wahrheit auch nicht genügt. Sie könnten sich auch als ethischer, korrekter oder klüger als andere einstufen. Prüfen Sie sich, wenn Sie zwischen sich und anderen ein Gefälle sehen, es könnte leicht aus Überheblichkeit sein.

Ein anderer Lösungsweg liegt genau im Gegenteil: In einer besonderen Bescheidenheit, hinter der sich Ihr Empfinden verbirgt, verkannt und unterschätzt zu werden. Sie gründet sich auf die Hoffnung des Bibelspruchs »Die Letzten werden die Ersten sein« oder auch »Wer niedrig ist, wird erhöht werden«. Vielleicht sind Sie auch Bindungen eingegangen, um Ihr inneres Versprechen, frei zu sein und der zu werden, der Sie im Grunde sein wollen, nicht einlösen zu müssen. Sie mögen sich die Rolle des Individualisten geschneidert haben, durch die Sie sich von der Gruppe von Menschen, zu der Sie gehören, abheben, was Ihre Abhängigkeit nicht geringer macht. Doch noch ein anderer Weg steht offen, um der Welt zu zeigen, dass Sie jemand sind: Sie borgen sich die Identität anderer, die etwas Besonderes geleistet haben. Sie profitieren von deren Ruf wie die Ehefrau des Mannes mit Doktortitel, die sich mit »Frau Doktor« anreden lässt. Sie nutzen ihren Namen, ihr Vermögen, ihre Ideen, wie zum Beispiel die erfolgreichen Bands Boney M. und Milli Vanilli, deren Gesang nur Playback war.

Ihre Angst vor Fehlern und Ihre Furcht, das Ziel nicht zu erreichen, treiben Sie zu Lösungen, die letztlich mehr Eigentore produzieren als Erfolge. Sie können Sie ans Bett fesseln, so dass Sie nicht verantwortlich sind für das, was Sie nicht wagen. Doch Ihre tiefere, kreative und wahre Seite kann Ihnen zu der Einsicht verhelfen, dass hohe Ziele die Bereitschaft erfordern, klein anzufangen, zu lernen und auf dem Weg zu wachsen.

Konstruktive Lösungsstrategien auf dem Weg zum Ziel

> *Leute, die den Zucker gegen den Uhrzeigersinn umrühren, können im Leben fast alles erreichen.*
>
> *Sprichwort aus den USA*

Sie fühlen sich zu Besonderem berufen? Sie möchten zeigen, dass Sie anders sind als andere Menschen? Schaffen Sie eine solide Basis, ein Fundament, mit dem Sie diesem Anspruch gerecht werden können. Dazu gehört die Erkenntnis, dass Lehrjahre keine Herrenjahre sind. Erkennen Sie an, dass wir immer an irgendeiner Stelle Schüler sind. Machen Sie sich den Spruch von Gerhard Hauptmann zu Eigen: »Wenn einer in einer Sache Meister geworden ist, sollte er in einer neuen Schüler werden.« Sie müssen das Rad nicht neu erfinden – und schon gar nicht aus dem Stand heraus. Lassen Sie alles, was Sie erleben und lernen, zu einer echten Erfahrung werden, sodass Sie in Kontakt mit Ihrer schöpferischen Quelle kommen. Jede echte Erfahrung führt Sie zu Ihren eigenen, unverwechselbaren Fähigkeiten und der tiefen Erkenntnis dessen, was Sie wirklich sein wollen: ein einzigartiges Individuum und keine Kopie. Das kann Ihnen auch Angst machen, denn sich der Welt so zu zeigen bedeutet, plötzlich allein und ungeschützt zu sein. Keine »Herde« um Sie herum, die Sie sicher in ihre Mitte nimmt. Auf den Gipfeln des individuellen Erfolgs kann ein rauer Wind pfeifen, der Sie zwingt, Konflikte auszutragen und sich gegen Neider durchzusetzen.

Wagen Sie es, anders zu sein. Provozieren Sie. Schwimmen Sie gegen den Strom. Lassen Sie sich nicht in Schubladen stecken. Einordnung ist nicht Ihr Ziel. Schon Konrad Adenauer sagte: »Es gibt zwei Wege für den Aufstieg: Entweder man passt sich an oder man legt sich quer.« Sie zählen zu den Menschen, deren Aufgabe es ist, andere wachzurütteln, Überholtes auszusortieren, zum Umdenken zu zwingen. Legen Sie den Finger auf den wunden Punkt. Schlachten Sie heilige Kühe. Aber tun Sie es mit Substanz. Denken Sie an den weiter oben zitierten Satz: »Originelle Formulierungen sind noch keine originellen Einsichten.« Nicht wie Sie sich geben oder wie Sie wirken ist ausschlaggebend, sondern was an eigenständiger Kreativität und Liebe zur Sache aus Ihrem Herzen kommt. Entwickeln Sie ein klares Bild Ihrer Ziele und wählen Sie eine eindeutige Form für Ihre Handlungen. So werden Sie sich sinnvoll von anderen unterscheiden: durch Ihre individuelle Weise zu leben, Ihren Beruf auszuüben, sich sozial zu integrieren, Ihre Beziehungen zu gestalten und Ihre Art, Ideen zu entwickeln und umzusetzen. Was Sie sind und was Sie tun, muss für Sie selbst und andere klar erkennbar sein. Das bedeutet nicht, dass Sie für immer an ein bestimmtes Ziel gebunden sind. In Ihrem Leben sind immer wieder Kurswechsel in Ihren Absichten und Ihrem Lebensstil denkbar. Schlagen Sie dann einen neuen Kurs ein, wenn Sie einen neuen, tragfähigeren oder einfach aktuelleren gefunden haben, und tun Sie es nach reiflicher Überlegung. Wenn Sie auch dann noch den starken Impuls zur Veränderung spüren, geben Sie ihm nach. Und achten Sie darauf, dass Sie nicht, wie Christoph Friedrich Lichtenberg sagt, »eine halb neue Erfindung mit einem ganz neuen Namen machen«. Stehen Sie zu Ihrem Geltungsdrang und stehen Sie ebenso zu dem, was Sie von anderen übernommen haben. Ihr Eigenes wird dadurch nicht geschmälert, sondern letztlich gemehrt. Lesen Sie die Biografien von Menschen, die auf Ihrem, aber auch auf anderen Gebieten erfolgreich waren. Würdigen Sie Ihr eigenes Können, indem Sie das anderer würdigen, ohne es zu idealisieren oder von oben herab zu betrachten. Entwickeln Sie ein realistisches Selbstbild. Lernen Sie, Ihre Fähigkeiten und Handlungen richtig einzuschätzen. Finden Sie Strategien, die Ihnen helfen, mit Ihren Stimmungsschwankungen umzugehen, sodass Sie weder in Größenfantasien schwelgen noch sich in Minderwertigkeitsgefühlen ergehen. Setzen Sie Ihren Impuls, auf alles ein »ja, aber« zu erwidern, konstruktiv ein. Verneinen Sie nicht um des Verneinens willen. Betrachten Sie unvoreingenommen, was Sie geleistet haben und was Sie noch tun wollen. Hüten Sie sich davor, etwas anzustreben, was Ihre gegenwärtigen schöpferischen Kräfte übersteigt, aber verlieren Sie nicht Ihr Ziel aus den Augen. Manches wird für Sie zu einem langsamen Aufstieg auf den Berg, und immer wieder wandern Sie über den schmalen Grat zwischen Wollen und Können. Vertrauen Sie Ihrem Wollen und geben Sie sich gut genutzte Zeit. Lernen Sie, mit Misserfolgen umzugehen und zu Fehlern und weniger schmeichelhaften Eigenschaften zu stehen. Lernen Sie auch, Kritik auszuhalten und sie als Chance statt als Majestätsbeleidigung zu sehen. Verbergen Sie sich nicht hinter Bescheidenheit. Denken Sie an Golda Meirs Worte: »Sei nicht bescheiden, so großartig bist du nicht.« Vielleicht sind Sie zurzeit noch nicht so großartig, wie Sie es gern wären, aber Sie können es werden. Nicht, indem Sie anders werden, als Sie sind, sondern indem Sie das entdecken, was Sie bereits wirklich ausmacht. Seien Sie aus ehrlichem Herzen tolerant gegenüber anderen Menschen, die Ihnen weniger begabt oder berufen erscheinen.

Kultivieren Sie Ihre Liebe zum Besonderen und die Faszination für das Paradoxe. Das Leben ist voller Paradoxien, die zu kreativen Ideen, Lösungen und Handlungen auffordern. Viele berühmte Denker haben die kreative, aktivierende Wirkung des Widerspruchs betont. Seien Sie der Mensch, der widerspricht, aber nur dann, wenn Sie konstruktive Möglichkeiten anzubieten haben oder sie erahnen. Sprengen Sie Grenzen, innere und äußere. Ihr privater wie beruflicher Lebensweg handelt davon, Neues und Unerwartetes willkommen zu heißen und es anderen anzubieten, ihren eigenen Stil zu finden, avantgardistisch zu sein. Setzen Sie Ihre Vermittlungsgabe ein, um bei Kontroversen unterschiedliche Standpunkte deutlich zu machen und sie ohne Gleichmacherei einer gemeinsamen Lösung zuzuführen. Das Gleiche gilt für Situationen, in denen es um Ideenfindung geht. Machen Sie es sich zur Aufgabe, den gemeinsamen Nenner im scheinbar Unvereinbaren zu finden, in Auseinandersetzungen und ebenso, wenn es um Wissen, Meinungen und Ziele geht. Seien Sie anders, aber nicht getrennt. Erkennen Sie auch in Ihrem eigenen Leben das Gemeinsame und das Unterschiedliche – das Gemeinsame an der Wurzel und das Unterschiedliche in der Form, in der sich jedes einzelne Leben ausprägt. In einer Zeit, in der die Erkenntnis wächst, dass persönliche, ideelle und ethnische Unterschiede essenziell für die Identitätsfindung des Menschen sind und sie deshalb respektiert werden müssen, werden vielleicht gerade Sie gebraucht. Hüten Sie sich vor Arroganz. Jede Form von Hochmut kann Sie von wichtigen Einsichten fern halten. Anders zu sein ist eine Eigenschaft des Menschen an sich und kein Verdienst. Jeder Mensch ist einzigartig, und noch nie zuvor hat es im Universum den gleichen gegeben.

Ihre tiefste Motivation besteht darin, Ihre starke innere Beteiligung, Ihren Impuls zu handeln und Ihre Führungsqualitäten einzusetzen, um anderen Menschen zu zeigen, dass alle Objektivität uns schließlich wieder auf unser Gefühl zurückführt. Es ist unser Gefühl, das die individuelle Beziehung zwischen allen Dingen herstellt und das unsere Handlungsmotive und die Fähigkeit, mit ganzem Herzen aktiv zu werden, entstehen lässt. Dafür müssen Sie zuerst von sich selbst abstrahieren lernen und in andere Welten eintauchen, um die Gleichberechtigung verschiedener Sichtweisen zu verstehen. Dazu gehört auch der Umgang mit den Paradoxien des Lebens.

Ihr Lebensziel

> *Wer wirklich etwas Neues erdenken will, kann gar nicht genügend »verrückt« sein.* — *Nils Bohr*

Dieses Leben ist Ihre Chance, zu entdecken, wie Sie »genügend verrückt« sein können. Das Wort »verrückt« können Sie ruhig wörtlich nehmen – verrücken Sie Ihre Ansichten in eine neue Position, nehmen Sie ungewöhnliche Blickwinkel ein und lassen Sie sich von ihnen inspirieren. Finden Sie Ihre eigenen Maßstäbe und einen Lebensstil, der vollkommener Ausdruck Ihrer Persönlichkeit ist. So wird Ihr Leben zu einem Kunstwerk, zu Ihrer eigenen Schöpfung. Was Sie tun, ist *Ihr* individueller Beitrag, den es in genau dieser Form kein zweites Mal gegeben hat noch geben wird. Ihre kreative Quelle sprudelt und bringt das hervor, was Sie erstreben – und Sie haben den Mut dazu, sich der Bewertung Ihrer Leistung durch andere auszusetzen. Die Angst vor Kränkung ist einem tiefen Vertrauen zu sich selbst gewichen. Um an diesen Punkt zu kommen haben Sie einiges ausprobiert. Vor allem aber haben Sie sich an Ihre frühesten Träume und Visionen erinnert, und diese haben Ihnen die Richtung gewiesen. Sie haben entdeckt, was Sie ausdrücken möchten, wie der Physiker Werner Heisenberg, der nach der Weltformel suchte. Obwohl er damit scheiterte, fand er die Heisenbergsche Unschärferelation, die die wesentlichen Weichen für die weitere Forschung stellte. Das Besondere auszudrücken bedeutet nicht, dass Sie Weltruhm erlangen müssen. Es ist im Alltäglichen ebenso zu finden wie in den großen historischen Augenblicken und Taten. Sie sind sich jedoch bewusst: Was immer Sie tun, wird seine Wirkung entfalten, deshalb achten Sie auf Ihr Tun und Ihre Worte.

Sie haben die Erfahrung gemacht, dass es nicht nur ein Zentrum gibt, eine Sonne, um die Planeten kreisen – Sie selbst –, sondern dass das Universum aus vielen Sternen besteht, die alle auf ihre eigene Art leuchten. Jeder von ihnen stellt einen Mittelpunkt dar, und jeder symbolisiert einen eigenen Standort und eine eigene Perspektive. So sind Sie einer unter vielen geworden und doch etwas Einzigartiges geblieben – und das auch ohne etwas Herausragendes vollbracht zu haben, einfach durch Ihre Existenz. Nun sind Sie fasziniert von der Kunst, jeden Menschen, jede Situation und jedes Ding aus verschiedenen Blickwinkeln zu betrachten. Wie von einem Berggipfel überblicken Sie die verschiedenen Wege und Möglichkeiten, ohne sie sofort zu bewerten oder sich in eine Entscheidung zu stürzen. Sie haben entdeckt, dass die Wahrheit viele Gesichter hat und dass jedes aus dem persönlichen Erleben heraus entsteht. Sie können im Kontakt zu Ihren Gefühlen bleiben, ohne sich von ihnen überwältigen und zu ziellosen Aktionen bewegen zu lassen. Dies bedeutet eine »Standpunktlosigkeit« im besten Sinn: Sie halten sich zurück, bis Sie überzeugende Entscheidungskriterien für Ihr Handeln gefunden haben. Ihr Engagement für eine Sache kommt nun wirklich aus Ihrem Herzen. Dennoch sind Sie distanziert genug, um aus einer übergeordneten Position heraus zu handeln, die so weit wie möglich allem Rechnung trägt. Sie haben ein Höchstmaß an

Objektivität erreicht, ohne sich zu verleugnen. In Ihnen pulsiert die Lebendigkeit, die Ihnen Ihre Vision verleiht: die Sehnsucht nach dem Himmel, der Wunsch, sich hinaufzustrecken in eine Höhe, die Sie von weltlichen Belangen und Nöten befreit; die Fähigkeit, sich von Ereignissen, Menschen und Dingen zu distanzieren, um so eine übergeordnete Perspektive zu gewinnen. Aus dieser Sicht, die Ihnen einen weiten Überblick gestattet, kehren Sie dann mit neuen Erkenntnissen und Ideen zurück in die Welt des Handelns, denn eine Vision, die nicht in die Tat umgesetzt wird, verliert ihren Sinn.

Sie haben erlebt, was Henry Fords Worte bedeuten: »Gegen den Strom schwimmen ist deshalb so schwierig, weil einem so viele entgegenkommen.« Nun wissen Sie auch, dass der Gegenkurs nur um seiner selbst willen Sie nicht voranbringen wird. Sie wählen sorgfältig, bevor Sie Ihre Energie einsetzen, und haben ein Gespür dafür entwickelt, wann es sich lohnt. Bevor Sie etwas beginnen, lassen Sie die Dinge in sich reifen. Sie nehmen wahr, wie der Impuls zum Handeln anschwillt, bis Sie ein Gefühl von Stimmigkeit in sich entdecken, so, als ob ein Schalter Ihnen anzeigt, dass er nun eingerastet und am richtigen Platz ist. Für die Verwirklichung Ihrer Ziele gelten die Worte von Henry David Thoreau, dem radikalen Individualisten, Ökologen und Verfechter des zivilen Ungehorsams gegenüber dem Staat: »Wenn man Luftschlösser gebaut hat, muss man seine Arbeit daran nicht als vertan abschreiben. Luftschlösser gehören in die Luft. Nun errichte man darunter das Fundament.«

Subtyp 5b: Der Vermittler: Von der Selbstdistanz zur Subjektivität

Worum es Ihnen wirklich geht

Wenn die Sonne Zweifel hätte, würde sie sofort erlöschen.
William Blake

Sie fühlen eine tiefe Sehnsucht danach, eine starke, zentrierte und autonome Persönlichkeit zu sein. Selbstbestimmt und frei zu entscheiden ist Ihr Ziel. In Ihren Gefühlen sind Sie ausgesprochen individualistisch. Sie nehmen die Welt auf Ihre sehr spezielle Weise wahr und sind in der Lage, auch sehr gegensätzliche Eindrücke miteinander zu verbinden. Ihre besondere Form von Logik nachzuvollziehen fällt Ihrer Umgebung nicht immer leicht. Sie denken und fühlen in Assoziationsketten, die sich außerhalb der üblichen Folgerichtigkeit bewegen. Wer mit Ihnen zu tun hat, empfindet Sie als ungewöhnlich, eigentümlich und oft auch als sprunghaft. Ihre Intuition ist stark ausgeprägt. Weil Sie eine schnelle Auffassungsgabe besitzen, stellen sich häufig Geistesblitze und Aha-Erlebnisse ein. Wegen Ihres sensiblen, zerbrechlichen Seelenlebens und Ihrer gleichzeitigen Orientierung nach außen können Sie sich nur schwer abgrenzen. Alles, was um Sie herum geschieht, hat einen starken Einfluss auf Sie und kann Sie ganz plötzlich aus der Bahn werfen. Sie haben ein Gespür für die Gefühle und Motive anderer Menschen ebenso wie für Zeitgeistphänomene und ahnen Entwicklungen voraus. Um sich vor Überlastung zu schützen, dissoziieren Sie und fallen in Trancezustände, in denen Ihre Wahrnehmung extrem eingeschränkt ist bis hin zu Absencen. Sie sehen dann nur das, was Sie sehen wollen, aber das vielleicht besonders genau.

Ihre innere Komplexität macht Sie zu einer ungewöhnlichen Persönlichkeit und führt Sie gleichzeitig in allerlei Widersprüche. Sie erleben sich als eine Vielzahl unterschiedlicher Persönlichkeiten, von denen jede ihre eigene Zielsetzung, ihre eigene Sehnsucht, ihre Ängste und ihre eigene Logik hat. Sie haben ein großes Verlangen nach Beziehung und kennen Augenblicke, in denen Sie am liebsten mit dem anderen Menschen verschmelzen würden, und doch ist es Ihnen außerordentlich wichtig, Ihre Eigenständigkeit und Freiheit zu bewahren. Sie sehnen sich nach Verbindlichkeit und Dauer und empfinden Festlegungen als Einschränkungen. Sie haben eine Vorliebe für Ungewöhnliches, Unkonventionelles und Paradoxien und suchen doch die Sicherheit fester Strukturen. Ihre Persönlichkeit ist ein Ausdruck des Versuches, die Gegensätze zu vereinen. Um das zu können, verzichten Sie auf eine feste, eigene Position zugunsten der Fähigkeit, sich zwischen möglichst vielen anderen Positionen hin und her bewegen zu können. Auf diese Weise erleben Sie die Welt aus den unterschiedlichsten Perspektiven und können Menschen, Dinge und Gedanken zusammenbringen, die sich auszuschließen scheinen.

Sie möchten es gern allen recht machen und sichergehen, dass Sie niemanden verletzen. Aus diesem Grund sind Sie der ideale Vermittler. Sie beobachten und nehmen wahr, was gebraucht wird, um auszugleichen. Wenn Sie wollen, können Sie sich in fast jeden Menschen hineinversetzen. Wie von selbst schlüpfen Sie in seine Haut und sehen die Welt aus seiner Sicht. Sie verstehen Ihren Partner, Ihre Kinder, Ihren Chef, Ihre Freunde, auch wenn sie völlig widersprüchliche Meinungen und Lebenskonzepte vertreten. Sie sehen das Körnchen Wahrheit in jeder Ansicht. Weil Ihre Aufmerksamkeit meist geteilt ist, sind Konzentration und die Suche nach Ihrer eigenen inneren Position – nach Ihrem Fokus – eine lebenslange Herausforderung. Leben bedeutet für Sie, dass Sie ständig an

Wegkreuzungen stehen, die Ihnen eine Wahl abverlangen. Wählen aber bedeutet entscheiden, entscheiden bedeutet ausschließen, und das fällt Ihnen nicht leicht. So sehr Sie sich danach sehnen, eine unverrückbare, stabile Position einzunehmen, im Grunde Ihres Herzens möchten Sie sicher sein, dass immer noch Wege offen stehen und dass Sie sich verändern können. Sie lieben das Unbestimmte, den Raum, der sich öffnet und neue Möglichkeiten und unerwartete Wendungen bietet, wenn Sie um die nächste Ecke biegen. Alles Absolute, Fanatische, Festgelegte scheint Ihnen fremd zu sein. Während Typ 2 nach absoluten Wahrheiten und perfekten Lösungen sucht, leben Sie in einer Welt, in der es nichts Absolutes gibt. Von Ihren Gefühlen und Wahrnehmungen kennen Sie das, dass jede Empfindung ihr Gegenteil in sich trägt. Während Typ 2 sich eine feste, unumstößliche Meinung bildet, und das auch von anderen fordert, plädieren Sie dafür, dass je nach Perspektive und Kontext unterschiedliche Meinungen richtig sein können, und möchten diese am liebsten nebeneinander stehen lassen. Wenn andere eine Sichtweise unnachgiebig vertreten, werden Sie jedoch mit Ihrer eigenen versteckten dogmatischen Seite konfrontiert, denn genau das können Sie nicht ertragen. Dann können Sie zum Prinzipienreiter des Gegenteils werden, denn Sie fühlen den unwiderstehlichen Impuls, sich in die Gegenposition zu begeben.

Die Vielschichtigkeit Ihrer Empfindungen erzeugt eine Spannung, die Sie zu kreativen Lösungen treibt. Sie *fühlen* nicht nur anders, Sie müssen auch etwas anders *machen*. Kreativ zu sein, zu gestalten und zu erfinden, Neues zu erdenken und Alternativen in Betracht zu ziehen macht Sie lebendig. Mehr als in der physischen Welt leben Sie in der Welt der Ideen und Vorstellungen. Im Kern sind Sie ein eher geistiger als körperlicher Mensch. Im Laufe Ihres Lebens lernen Sie, nicht nur einen Körper zu haben, sondern auch ein Körper zu sein.

Eine Besonderheit Ihres Lebensweges ist Ihr Umgang mit Bindung und Freiheit. Sie kennen dieses Bedürfnis nach Sicherheit, nach Kontinuität, nach vorhersehbaren Abläufen und dauerhaften Beziehungen. Trotz Ihrer inneren Stimmung, die das Ungebundene liebt, kann es sein, dass Sie im konkreten Leben wenig experimentierfreudig sind. Ihre zerbrechliche, empfindsame Seele verträgt keine harten Stöße.

Erinnerungen und Ängste

Tief im Menschen ist eine große Unruhe. *Dalai Lama*

Ihr grundlegendes Lebensgefühl ist, dass Sie sich auf dünnem Eis bewegen. Vorsichtig setzen Sie einen Fuß vor den anderen, mit gespannter Aufmerksamkeit darauf, ob die nächste Stelle tragen wird. Schon als Kind hatten Sie vermutlich das Gefühl, darauf achten zu müssen, nicht zwischen den Fronten auf der Strecke zu bleiben. Eine unterschwellige oder offensichtliche Spannung lag in der Luft, die Sie beunruhigte. So lernten Sie, sich zurückzuhalten und nicht zu viele oder die »falschen« Ansprüche zu stellen. Stattdessen nahmen Sie eine Rolle ein: Sie waren brav, lieb und freundlich, der Sonnenschein, der alle wärmt, vielleicht aber auch das schwierige Kind, das durch die Probleme, die es verursacht, die Eltern davon abhält, sich mit ihren Problemen zu beschäftigen. Immer nach außen konzentriert, beobachteten Sie, was nötig war, um auszubalancieren, und sprangen jeweils dorthin, wo Sie dafür gebraucht wurden. In der schnellen und flexiblen Reaktion, mit der Sie einspringen, Platz machen, die Position wechseln und jederzeit ausweichen konnten, lag Ihre Sicherheit. In Ihrer Umgebung spürten Sie ein empfindliches Gleichgewicht, das leicht durch falsche Schritte aus der Balance gebracht werden konnte. Sie fürchteten sich davor, dass Ihre Familie auseinanderbrechen könnte, und diese Angst berührte Ihre tiefsten Überlebensinstinkte.

Andererseits fühlten Sie sich als Zünglein an der Waage in einer instabilen Situation. Sie hatten eine wichtige Aufgabe: Dafür zu sorgen, dass die offensichtliche oder versteckte Krisensituation nicht weiter eskalierte. Sie taten alles, um ein Auseinanderbrechen der Familie zu verhindern. Sie nahmen die Rolle des Vermittlers ein, der jede brüchige Stelle sofort ortet und kittet. Innerlich waren Sie deshalb ständig auf dem Sprung. Ihre Habachtstellung führte dazu, dass ein Teil von Ihnen immer angespannt darum bemüht ist, das Richtige zu tun. Noch heute sind Sie schnell überreizt und neigen zu Überempfindlichkeit. Sie pendeln zwischen Ihrem Bedürfnis nach Zuneigung, Nähe und Anerkennung und Ihren Wunsch nach Eigenständigkeit. Sie können sich nicht gut abgrenzen und haben das Gefühl, dass Ihnen alles zu viel ist. Am liebsten ziehen Sie sich dann in Ihren Elfenbeinturm zurück. Weil Ihr Wunsch nach Beziehung ebenso stark sein kann wie Ihre Angst davor, sich festzulegen, können zwischenmenschliche Kontakte eine große Herausforderung sein. Auch ein lockeres Zusammensein kann Sie anstrengen, weil Sie die Grenze zwischen innen und außen nicht finden. Ihr innerer »Eiertanz« macht Sie zum individualistischen Eigenbrötler, der Beziehung gleichermaßen sucht, wie er sie meidet.

Wenn Sie auffielen, dann durch Eigenschaften, die, obwohl Sie vordergründig zur Belastung wurden, letztlich dem Ziel dienten, die Familie zusammenzuhalten: Krankheiten zum Beispiel, Ängste, die dauernd beruhigt werden mussten, oder auch Rebellion. Ohne es zu wissen, brachten Sie ein Opfer, denn auch Ihre Rebellion war eine Form von Anpassung. Ihre größte Angst war und ist noch heute, daran schuld zu sein, dass eine – und sei es nur einigermaßen – funktionierende Situation durch Ihr Verhalten und Ihre Entscheidungen zerbricht. Sie brauchen das Gefühl, dass sich alle Dinge abwenden oder wieder in Ordnung bringen lassen. Die Vorstellung, dass eine Tür für immer zufällt, können Sie nicht ertragen. Kaum ein anderes Wort kann

Sie so sehr beunruhigen wie »unwiederbringlich«. Ebenso aber kennen Sie die Furcht, in einer Situation, die Sie als unerträglich empfinden und der Sie nicht entrinnen können, gefangen zu sein.

Vielleicht waren Sie das Lieblingskind, dem alle Aufmerksamkeit galt und an das alle Hoffnungen geknüpft waren, die nicht enttäuscht werden durften. Weil Ihre Eltern oder Geschwister an wesentlichen Stellen zu konträr waren, konzentrierte sich alles auf Sie. Mehr oder weniger bewusst empfand man Sie als Bindeglied. Vor allem Ihre Mutter versuchte, glücklicher und ausgefüllter zu sein, indem sie sich ganz Ihnen widmete. Von Ihnen hing es ab, ob das gelang. Sie fühlten diese Erwartung als starken Druck, mit dem Sie, damals wie heute, nicht gut umgehen können.

Wie auch immer Ihr frühes Leben gewesen sein mag, Sie entwickelten das Gefühl, dass Sie sich nicht in Ruhe auf sich selbst konzentrieren können. Immer störte etwas, kam etwas dazwischen: die nächste spannungsgeladene Situation oder die Überfürsorge eines Elternteils. Noch heute sind Sie deshalb leicht ablenkbar und können nicht gut »nein« sagen, wenn jemand etwas von Ihnen will. Fragt man Sie: »Wie geht es dir?«, fällt Ihnen eine Antwort schwer. Die zweite Frage, die Sie in eine Zwickmühle bringt, ist: »Was willst du?« Sie haben sich so daran gewöhnt, von sich selbst wegzugehen, dass Sie nicht wissen, wie Sie sich entscheiden sollen. Sie kennen diese Zustände emotionaler Labilität, in denen Sie alles auf einmal und doch nichts wirklich zu sein und zu wollen scheinen. Stattdessen haben Sie gelernt, die Fühler auszustrecken, auch die kleinste Veränderung im Außen zu registrieren und zu reagieren. Ihr Außenthermometer misst den Grad an Missstimmung und Ablehnung, aber auch an Wohlwollen und Akzeptanz, der Ihnen entgegengebracht wird, ebenso wie den, der zwischen den Menschen um Sie herum herrscht. Sie fühlen sich anders, als Fremdkörper, ein Kuckucksei, das, wenn es entdeckt wird, sicher aus dem Nest geworfen würde. Sie fallen deshalb nicht gern auf und nehmen lieber eine sichere Position an der Peripherie ein, bei der Sie nicht im Brennpunkt der Aufmerksamkeit stehen oder zur Zielscheibe werden. Diese innere Haltung steht im Kontrast zu der Erfahrung, dass Sie häufig wie von selbst in den Mittelpunkt rücken.

Lösungsversuche und Fallstricke

Es gibt einen Unterschied zwischen Warten und Zögern.
Natalie Goldberg

In Ihrer Persönlichkeit vereinen sich die gegensätzlichen Wesenseigenschaften Ihrer Eltern. Ambivalenz ist deshalb Ihre natürliche Grundhaltung: »Will ich ins Theater oder nicht?«, »Möchte ich ein Steak oder Fisch?«, »Will ich ein Haus kaufen oder nicht?«, »Will ich mich trennen oder bleiben?« Kein anderer der sechs Typen kann so hartnäckig immer beide Seiten einer Sache sehen wie Sie. Sobald es um Ihre persönlichen Belange geht, ist Ihre Entscheidungsfähigkeit dahin. Es ist nicht einfach für Sie, einen persönlichen Standpunkt zu entwickeln. Viel leichter ist es, eine neutrale Position einzunehmen. Wer sich nicht festlegt, bietet keine Angriffsfläche, und nichts kann ihm geschehen, so glaubt das Kind in Ihnen. Auch Ihre Sprache drückt das aus: Sie bevorzugen Wörter, die Möglichkeiten ausdrücken, wie »es könnte«, »vielleicht« oder »vermutlich«. Die Erfahrung, dass sich jede Situation blitzschnell und unverhofft ändern kann, sitzt tief. Geht etwas anders aus als vermutet, haben Sie sich nicht schuldig gemacht. Noch heute ähneln Sie dem Kind, das bei dem Spiel »Reise nach Jerusalem« übrig bleibt. Es überlegt so lange, welchen Stuhl es nehmen soll, wenn die Musik aufhört, bis alle anderen Kinder sitzen und keiner mehr da ist.

So genannte negative Gefühle wie Ärger und Wut scheinen

Sie nicht zu kennen. Sie können doch jeden verstehen, wie könnten Sie dann wütend sein? Doch nur eine Handbreit tiefer ist sie da, die Wut darüber, dass Sie sich vor den Karren anderer gespannt fühlen, der Zorn, dass Sie nicht wissen, wie Sie sich wehren sollen, ohne Schuldgefühle zu entwickeln, die Frustration, dass Ihr Leben anderen zu gehören scheint, nur nicht Ihnen selbst. Auch vermeiden Sie mit allen Mitteln, die Akzeptanz oder Liebe anderer Menschen zu verlieren. »Mein Leben ohne mich« könnte einer Ihrer Sprüche sein. Tatsächlich vergessen Sie sich immer wieder selbst. Sie vermeiden es, sich zu fühlen, indem Sie sich auf andere konzentrieren, als Puffer zwischen den Fronten vielleicht oder als guter Freund, der jedem sein Ohr leiht. Zorn und Konflikten gehen Sie auch deshalb aus dem Weg, weil beide bedeuten würden, dass Sie eine eindeutige Position beziehen müssten, auf die man Sie dann festlegen wird. Das kann – Sie wissen es genau – nichts Gutes nach sich ziehen. Vermeidung ist Ihre Lösungsstrategie, die sich bisher nicht schlecht bewährt zu haben scheint. Wegen Ihrer Unparteilichkeit glauben andere, Sie seien tolerant. Tatsächlich sind Sie tolerant, doch auf ganz andere Weise als Typ 3, der um der Fülle und Farbigkeit willen alles einschließen möchte. Sie dagegen bevorzugen den unbestimmten Raum. Auch wer sich nicht festlegt, scheint alles großzügig zu akzeptieren.

Sie wissen sehr viel genauer, was Sie nicht wollen, als was Sie wollen. Gern schließen Sie sich dem an, was andere tun. Kooperativ und kompatibel wie Sie sind, sind Sie ein gern gesehener Gast. Für Sie ist das bequem. Sie richten sich nach dem, was andere wollen, und brauchen dann nicht durch den lästigen Prozess einer Entscheidungsfindung zu gehen. Am liebsten nämlich stehen Sie neben sich.

Auch leben Sie in dem Gefühl, dass alles, was Sie bekommen, seinen Preis hat, den Sie nicht immer zu zahlen gewillt sind. Weil das Zusammensein mit anderen früher nicht ohne

»Kosten« war, glaubt etwas in Ihnen, das müsse immer so sein. Auch das ist ein Grund, weshalb Sie sicher sein wollen, dass es einen Fluchtweg gibt. Trotz aller Verlustängste haben Sie oft weniger Probleme damit, mit einem Bein in der Luft zu hängen, als es auf den Boden zu stellen. Das bedeutet nicht, dass Ihnen zwischenmenschliche oder existenzielle Sicherheit gleichgültig wären, im Gegenteil. Sie haben einfach nur eine tief verwurzelte Abneigung dagegen, sich festzulegen, und werden nervös, wenn man es von Ihnen verlangt. Solange sich noch weitere Perspektiven anbieten, sind Sie beruhigt und schlafen gut. Für jede persönliche Entscheidung suchen Sie nach dem beruhigenden »Klick«, das Ihnen sagt, dass Sie unumstößlich richtig liegen. Sie zögern, zweifeln, wägen ab und drehen und wenden die Dinge nach allen Seiten, bevor Sie irgendetwas tun. »Es gibt nichts Gutes, außer man tut es« mag Ihre Devise sein, aber widersprüchlich wie Sie sind, haben Sie kein Problem damit, etwas für richtig zu halten, ohne es zu tun. In Wahrheit verfolgt Sie immer die Angst, Sie könnten durch ein Fehlverhalten alles zerstören. Sie fürchten, sich schuldig zu machen, weshalb Sie tatkräftig für andere Dinge regeln, aber zögern, wenn es um Ihre eigenen geht. Die kürzesten Wörter – »nein« und »ja« – erfordern das längste Nachdenken, das haben Sie schon festgestellt. »Nein« kann jedoch auch eine Trotzhaltung sein, eine Weigerung, Erwartungen zu erfüllen, oder eine Absage an das Gefühl, dass man Sie instrumentalisiert.

Weil es Ihnen schwer fällt, sich abzugrenzen, können Sie auch nicht damit umgehen, wenn man Sie unter Druck setzt. Das kann Sie in eine schier unlösbare Situation bringen, aus der Sie sich nur durch einen Rundumschlag befreien können. Zuerst aber weichen Sie aus, entziehen sich, schalten auf Durchzug und hoffen, dass der andere von selbst merkt, dass Sie nicht wollen. Immer wieder stellen Sie fest, dass diese Strategie nicht besonders erfolgreich ist, denn andere scheinen diesbezüglich erstaunlich taube Ohren zu haben. Der Entscheidung darüber, was Sie tun und was nicht, können Sie nicht entkommen. Immer wieder werden Sie mit ihr konfrontiert. Obwohl Sie vermutlich teilnehmend, selbstsicher und klar wirken, stehen Sie innerlich als möglichst unbeteiligter Beobachter am Rande, und klar ist Ihnen nicht besonders viel. Ihre Zweifel verkaufen Sie sich und anderen als Objektivität – eine Metaposition, die Sie aus allem enthebt und Sie vor Schuld bewahrt.

Ebenso wie Ihr Gegentyp 5a funktionieren Sie nach dem Prinzip des Wassertropfens, der das Fass zum Überlaufen bringt. Wenn Sie schließlich wütend werden, steht die Umwelt fassungslos vor Ihnen. Was hat gerade jetzt Ihren Wutausbruch veranlasst? Niemand kann Ihre innere Logik nachvollziehen, bei der Tropfen auf Tropfen fiel, bis schließlich eine Kleinigkeit genügte, um einen Dammbruch zu erzeugen. Immer wieder stauen sich Ihre Gefühle auf, um sich dann irgendwann zu entladen. Danach ist alles ruhig in Ihnen, bis sich, ganz unvermittelt, Schuldgefühle über diesen Ausbruch einstellen. So lange es geht, vermeiden Sie deshalb, sich Ihren Gefühlen zu stellen. Kontrolle ist auch Ihr Mittel der Wahl, um Ihre Irritierbarkeit und Unruhe zu beruhigen. Vorsichtig aber mit besonderer Konsequenz kontrollieren Sie alle Schwachstellen innen wie außen. In Ihren Beziehungen können Sie deshalb ausgesprochen besitzergreifend sein.

Konstruktive Lösungsstrategien auf dem Weg zum Ziel

> *Habe keine Angst davor, dass das Leben endet, sondern dass es niemals richtig beginnt.* — *Grace Hansen*

Nehmen Sie aktiv am Leben teil. Überwinden Sie Ihre innere Lähmung. Handeln Sie. Zeigen Sie Profil. Stehen Sie nicht als Zuschauer an der Peripherie herum. Gestehen Sie sich Ihre

Ansprüche an das Leben ein, und stellen Sie sich selbst in das Zentrum Ihres Lebens. Wenn Sie das tun, können Sie auch anderen ihre Freiheit lassen, ohne sie aus Angst vor Verlust kontrollieren zu wollen. Weil Sie auf Ihre Art schon immer eine zentrale Rolle gespielt haben, mag Ihnen diese Empfehlung seltsam erscheinen. Wenn Sie genauer hinsehen, werden Sie jedoch feststellen, dass Sie zwar im Zentrum des Geschehens, aber nicht im Mittelpunkt Ihres eigenen Lebens standen. Sie haben als Dreh- und Angelpunkt gedient. Sie haben vermittelt, ausgeglichen, versucht, Freude in das Leben anderer zu bringen. Sie hatten Erfolg, wurden vielleicht bewundert und beneidet. Aber Sie waren jemand in Beziehung zu anderen, ohne echte Beziehung zu sich selbst. In Beziehungen neigen Sie deshalb dazu, eine suchtartige Abhängigkeit zu entwickeln. Irgendwann in Ihrem Leben müssen Sie die Aufmerksamkeit von außen nach innen richten und herausfinden, wer Sie sind und was Sie eigentlich wollen. »Machen Sie Ihr eigenes Wiederentdecken zur ersten Priorität in Ihrem Leben«, schrieb Robin Norwood, die Autorin des Buches »Wenn Frauen zu sehr lieben«. Erst wenn eine wichtige Beziehung aus Ihrem Leben geht oder Sie durch andere Umstände auf sich selbst zurückgeworfen werden und sich nicht mehr ablenken können, wird Ihnen bewusst, wie sehr Sie sich über andere und über Ihre Rolle definiert haben. Nun fühlen Sie eine Leere, so, als würden Sie nicht mehr existieren. Lange haben Sie gekämpft, haben vielleicht Lebensbedingungen akzeptiert, die nicht wirklich akzeptabel waren, um diesem Zustand zu entgehen. Irgendwann wird er Sie einholen, denn er ist das Tor, durch das Sie treten müssen, um zu sich selbst zu finden.

Die Leere, die Sie fühlen, ist eine schöpferische Leere. Wenn Sie sie nicht mehr mit fremden Inhalten anfüllen, können Sie zum ersten Mal zu sich vordringen, zu Ihrer eigenen inneren Fülle. Hören Sie auf, sich nach etwas umzusehen, was Sie tun können, und beginnen Sie, etwas zu sein. Finden Sie heraus, was Ihnen *flow* vermittelt, jenes geheimnisvolle Gefühl des Einsseins mit dem, was Sie tun. Das kann bedeuten, dass Sie vieles von dem, was Sie bisher wichtig fanden, hinter sich lassen, aber es gibt Ihnen die Chance, zu einer inneren Ruhe zu finden, die aus Ihrer Mitte entspringt.

Stabilisieren Sie Ihre emotionale Achterbahn. Erkennen Sie Ihren Wert. Er ist unabhängig von den Meinungen, Bestätigungen und Schmeicheleien anderer. Sie haben etwas zu geben, aber Sie sind nicht dazu da, die Glückserwartungen anderer zu erfüllen. Lernen Sie, dass Sie vermitteln können, aber nicht müssen. Diese besondere Gabe ist ein Geschenk, das Sie anderen machen. Entwickeln Sie den Mut, hervorzutreten und sich zu profilieren. Denken Sie an die Worte Winston Churchills: »Wir sind alle Würmer, aber ich glaube, dass ich ein Glühwürmchen bin.« Investieren Sie Vertrauen in sich und Ihre Fähigkeiten. Lernen Sie mit Kritik umzugehen, ohne sich von ihr aus den Angeln gehoben zu fühlen. Die Fähigkeit, zu sich zu stehen und dafür auch Peinlichkeiten in Kauf nehmen zu können, ist die Grundlage jeder echten Souveränität, die weder eine Selbstinszenierung noch ein Machtspiel ist. Entwickeln Sie innere Klarheit, Charakterstärke und ein Gefühl für persönliche Würde, ohne demonstrative Zurschaustellungen Ihrer Macht. Überprüfen Sie sich auf Zeichen von Stolz und Überheblichkeit. Beides wird Sie von wichtigen Einsichten fern halten. Sie gewinnen die Herzen der Menschen durch Freundlichkeit und Güte. Beides entspringt einer stabilen Selbstakzeptanz und Selbstliebe. Senden Sie ein Lächeln aus, und es wird zu Ihnen zurückkehren. Um das aus vollem Herzen zu können, müssen Sie sich mit Ihrem verborgenen Zorn auseinander setzen. »Wut«, schreibt Julia Cameron in ihrem Buch »Der Weg des Künstlers«, »ist eine Stimme, ein Schrei, eine Bitte, eine Forderung. Wut verlangt nach Respekt. Warum? Weil Wut eine Landkarte ist. Wut zeigt uns, wo unsere Grenzen sind. Wut zeigt uns, wohin wir gehen möchten. Sie lässt uns erkennen, wo wir gewesen sind, und lässt uns wissen, wenn es uns nicht gefallen hat.« Und sie empfiehlt: »Bei Wut geht es darum, dass man ihr zuhört.«

Lassen Sie sich nicht davon täuschen, wenn Ihre innere Festigkeit immer wieder ins Wanken gerät. Das ist der Test, wie stabil Ihr inneres Fundament wirklich ist. Nehmen Sie die Herausforderung an, sich immer wieder einmal Ihre alte Landschaft der Schwäche, der Unentschiedenheit, des Zweifels zu betrachten – und gehen Sie voran. Seien Sie innovativ. Bringen Sie das Besondere in sich zum Ausdruck. Kehren Sie zurück zu dem Erfindergeist des Kindes. Lernen Sie durch praktisches Tun und lassen Sie Fehler zu. Sie sind nichts anderes als Hinweise, was besser wäre. Beschäftigen Sie sich mit dem, was Ihr Herz höher schlagen lässt. Leben Sie ein leidenschaftliches Leben. Entdecken Sie das Leben als ein Spielfeld der Möglichkeiten, auf dem Sie Ihre Wahl treffen. Das ist es, wofür Ihr früherer Mangel an Eindeutigkeit die Grundlage schuf: für die Freiheit, bewusst unter verschiedenen Möglichkeiten wählen zu können, wohl wissend, dass die Erde ein Ort der Beschränkungen an Zeit, Raum und Lebensenergie ist. Entscheiden Sie sich und seien Sie klar. Bedenken Sie, dass gerade unsere inkonsequenten Handlungen oft die größten Konsequenzen nach sich ziehen. Übernehmen Sie Verantwortung für Ihr Tun. Gehen Sie einen Weg mit Herz. Auf diesem Weg werden Sie feststellen, dass Sie Entscheidungen wie von selbst fällen können und dass sie mit einem Gefühl von Gewissheit verbunden sind. Der Weg mit Herz ist Ihre Freiheit.

Ihre tiefste Motivation besteht darin, Ihre Gabe, von sich selbst abstrahieren und alles aus verschiedenen Perspektiven sehen zu können, nutzbringend für Sie selbst und die Welt einzusetzen. Um dies tun zu können, müssen Sie zuerst Ihr inneres Zentrum finden, aus dem heraus Sie entscheiden und handeln, sodass Sie zu einem selbstbestimmten Menschen werden, der aktiv am Leben teilnimmt.

Ihr Lebensziel

Besser man ist ein Löwe für einen Tag als ein Schaf fürs ganze Leben. — *Elizabeth Henry*

Dieses Leben ist Ihre Chance, sich aktiv für das einzusetzen, was Sie vom Leben wollen. Sie befreien sich von Abhängigkeiten, in die Sie verstrickt waren, und entdecken, was es bedeutet, das Leben frei zu gestalten: auch Gebundenheiten zu akzeptieren, jedoch nicht ohne hinterfragt zu haben, ob sie – vielleicht nur zurzeit – unabdingbar sind. Und Sie wählen, so sehr es Ihnen nur möglich ist, die Bindungen, zu denen Sie ja sagen können. Sie erleben, was es bedeutet, von etwas frei zu sein. Sie sind autonom und wahren Ihre Grenzen. Sie haben sich in der Frage, ob Sie lieber Löwe oder Schaf sein wollen, für den Löwen entschieden und kämpfen mit Löwenmut um das, was Ihnen am Herzen liegt. Sie fühlen den inneren Motor, die Sehnsucht nach geistigen oder realen neuen Ufern, das Verlangen nach dem Himmel auf Erden, das Bedürfnis, etwas zu gestalten und es unter Ihren Händen wachsen zu sehen.

Die Worte »Die Wahrheit hat viele Gesichter« haben eine neue Bedeutung für Sie gewonnen: Sie haben erkannt, dass, wie Bernhard Pörksen sagt, »Objektivität die Wahnvorstellung ist, es gäbe eine Beobachtung ohne den Beobachter«. Deshalb bekennen Sie sich nun zu Ihrer Subjektivität, durch die Sie in Ihrem Wesenszentrum Platz nehmen, und sind gleichzeitig in der Lage, Ihre Gabe, Positionen zu wechseln und den Blickwinkel anderer einzunehmen, sinnvoll zu nutzen. Sie sind bereit, Verantwortung zu tragen und für die Konsequenzen Ihrer Handlungen einzustehen und, wenn nötig, für Ihre Entscheidungen durchs Feuer zu gehen.

»Die einzig lohnende Herausforderung des Lebens ist, einen Weg mit Herz in seiner ganzen Länge zu gehen«, schrieb

Carlos Castaneda in seinem Buch »Die Lehren des Don Juan«. Kein Zaudern, Zögern und Zweifeln mehr. Sie folgen der Kraft Ihrer Intuition, der Intelligenz Ihres Herzens, die Sie dorthin führt, wo Sie sein müssen, um sich zu vervollkommnen. Manches Mal kann Sie dieser Weg durch einen dunklen Korridor führen, doch Mut und Vertrauen in die Sinnhaftigkeit dessen, was geschieht, begleiten Sie.

Aus der Erkenntnis, dass andere Lebensstile, Überzeugungen und Bewertungen gleichberechtigt nebeneinander stehen, ist ein tief empfundenes Wissen geworden. Sie verstehen jeden Menschen als ein Individuum, das aus seiner Lebensgeschichte heraus und nach den dort herrschenden Gesetzen existiert, mit der vollen Berechtigung, so zu sein, wie es seinem Wesen entspricht. Ihr Ideal ist eine menschenfreundliche Weltsicht, bei der es trotz aller Unterschiede möglich ist, Übereinstimmungen zu finden, über die sich Menschen verständigen können, und die ihnen hilft, sich auch an stark divergierenden Stellen zu einigen. Sie wünschen sich, Menschen nicht anders, sondern mehr zu dem zu machen, was sie von Natur aus sind. Sie glauben an die Kraft der Akzeptanz, die nicht nur Sie selbst, sondern auch andere Menschen befreit. Sie verstehen, was Fjodor Dostojewski meinte, als er sagte: »Lieben heißt, einen Menschen so zu sehen, wie Gott ihn gemeint hat.« Sie wissen sicher nicht, wie ein Mensch in seiner letzten Essenz gemeint ist, aber sie erahnen seine schönere und wahrhaftigere Form.

Sie sind aus tiefster Seele friedliebend, denn Sie haben gelernt, auch Ihre Wut zu zeigen, wenn Sie sich verletzt fühlen. Wie ein Spiegel reflektieren Sie, was draußen geschieht – und was es mit Ihnen macht. Weil Sie fähig sind, Ihr Leben in die Hand zu nehmen und Ihre Wünsche umzusetzen, strahlen Sie Zuversicht, eine positive Lebenseinstellung und Selbstvertrauen aus. Sie lieben neue Herausforderungen und können sich einer Sache voll und ganz widmen, behalten jedoch

Ihre Fähigkeit, Dinge aus der Distanz sehen zu können, die es Ihnen möglich macht, unterschiedlichsten Menschen und Aufgaben gerecht zu werden. Sie wissen aus eigener Erfahrung, was der Satz bedeutet, »Verändere deine Sicht der Dinge, und die Dinge, die du siehst, verändern sich«. Sie können andere zu einer differenzierteren und neuen Sicht der Dinge anregen und ihnen Mut machen, zu sich selbst zu stehen und ihrer Kreativität Ausdruck zu verleihen. Sie haben ein Gefühl für persönliche Würde entwickelt und sind bereit, die Konsequenzen Ihres Handelns zu tragen ebenso wie die, die sich aus einer verantwortungsvollen Stellung, die Sie eventuell einnehmen, ergeben. Durch alle seelischen Stürme hindurch haben Sie zu der Gelassenheit gefunden, die Marie von Ebner-Eschenbach »eine anmutige Form des Selbstbewusstseins« nannte.

Typ 6: Der Weg des Vertrauens: Zwischen Einordnung und Freiheit

Die Wolken am Himmel ziehen sich zusammen, aber über ihnen breitet sich die Milchstraße aus.

Sprichwort der Maori

Menschen vom Typ 6 suchen ihren Platz in einem größeren Ganzen, in das sie sich einordnen können. Entscheidend für ihr Leben ist die Art und Größe des Rahmens, den sie sich dafür stecken. Das erste System, in das wir uns einordnen, ist die Familie oder, falls sie entfällt, zum Beispiel die Kinder und Erzieher in einem Waisenhaus. Im Laufe der Sozialisation vergrößert sich dieses System um Freunde, Nachbarn, Schulkameraden, Lehrer, später Kollegen und Vorgesetzte, die Kirche, den Staat. Mit den Grenzen der Welt, in denen sich ein Mensch bewegt, gehen die Grenzen seiner Vorstellungskraft einher. Menschen vom Typ 6 spüren, dass es jenseits der Verankerungen, innerhalb derer sie sich bewegen, etwas unendlich Großes, vielleicht Grenzenloses gibt, das ihnen Angst macht, sie aber auch zu ehrfürchtigem Staunen veranlassen kann. Viele haben deswegen eine Neigung zu religiösen und spirituellen Systemen, die ihnen eine Sicherheit jenseits der Grenzen der Logik bieten. Der Maler der Romantik, Caspar David Friedrich, hat dieses Lebensgrundgefühl in seinem Bild »Der Mönch am Meer« ausgedrückt: An einem Strand unter einem unendlichen Himmel, der fast die ganze Fläche des Bildes einnimmt, steht ein winziges Menschlein, verloren in der Weite und doch aufgehoben.

Die Grenzen der Vorstellungskraft zu transzendieren und

sich in neue, unbekannte Dimensionen hineinzubewegen macht nicht nur Menschen vom Typ 6 Angst. Doch für sie ist es die große Herausforderung ihres Lebens, einerseits einen Lebensrahmen zu finden, der ihnen entspricht, und andererseits bereit zu sein, diesen Rahmen auch immer wieder zu überschreiten. Gleich, ob sie einen kleineren, mittleren oder großen Rahmen wählen, was zählt, ist, wie sie ihn ausfüllen. Unabhängig von der gewählten Größenordnung haben Menschen vom Typ 6 ein starkes Bedürfnis danach, ihren Standort zu bestimmen und zu wissen, wohin sie gehören. Mehr als andere suchen sie ihren Platz im Leben. Dabei geht es ihnen weniger um das Bedürfnis, sich verwurzeln zu wollen wie Typ 2, als darum, sich angemessen einordnen zu können. Typ 2 findet seine Sicherheit, indem er sich entweder an konkrete, materielle und physisch greifbare Inhalte bindet oder alternativ an ideelle und indem er dort seine Wurzeln schlägt. Für Menschen vom Typ 6 ist es essenziell zu wissen, was über, unter, neben, vor und hinter ihnen ist, das gibt ihnen Sicherheit. Sie orientieren sich an ihrer Umgebung und möchten sich möglichst harmonisch einfügen, jedoch ohne deshalb auf ihren Raum und ihre Rechte zu verzichten. Ihnen ist bewusst, dass dem Menschen auf der materiellen Ebene Grenzen gesetzt sind, seinen geistigen Freiraum kann jedoch niemand beschneiden, außer er selbst tut es. Etwas sehr Starkes in ihnen sucht nach Freiheit. Das Ausmaß, in dem sie wagen, die Grenzen der Vernunft zu überschreiten und ihre Freiheit auszuloten, entscheidet darüber, wie ihr Leben verläuft. Entscheidend ist auch, wie sie mit ihrem Bedürfnis umgehen, gegebene Grenzen und Umstände so lange zu akzeptieren wie nötig, jedoch nicht länger. Entwickelte Menschen vom Typ 6 können Bedingungen für sich arbeiten lassen, anstatt vor ihnen zurückzuweichen oder sie zu ignorieren. Durch ihre Gabe, mit Möglichkeiten und Grenzen ausgesprochen flexibel und geschickt umzugehen, können sie das Bestmögliche aus den

Gegebenheiten herausholen. Sie suchen nach dem Optimalen, gemessen an dem, was ist, und orientieren sich dabei am Machbaren. Da der Einordnungsrahmen, den sie suchen, gleichzeitig eine Begrenzung darstellt, sind sie bereit, Schranken zu akzeptieren, zumindest solange sie nicht absolut und unveränderlich gesetzt sind und es noch Spielräume gibt. Viele von ihnen träumen einen Traum von etwas Großem, Schönem oder Besserem und widmen sich mit aller Kraft seiner Verwirklichung. Ihr Erfolg liegt in der einzigartigen Verbindung aus realistischem Einschätzungsvermögen, Geduld, Fleiß und der Gabe, die Grenzen dessen, was allgemein für machbar gehalten wird, hinauszuschieben und sich in neue Bereiche vorzuwagen.

Ein Leben ohne Orientierungshilfen macht ihnen Angst. Sie brauchen ein Referenzsystem, in das sie sich einordnen. Es kann groß und umfassend oder klein und überschaubar sein, weltlich oder spirituell, aber immer gibt es Halt. Sie ahnen, dass die Welt jenseits der menschlichen Ordnungsversuche und Verständnishilfen unendlich groß und nicht fassbar ist. Sie suchen nach einem rationalen Verständnis, nach Erklärungen, nach Überschaubarkeit. Ein Gefühl der Hilflosigkeit kann sie überkommen angesichts der Unmöglichkeit, die Welt mit dem Verstand zu begreifen. Sie wissen oft über lange Zeit nicht wirklich, wohin sie gehen sollen: Typ 6a, weil es ihm schwer fällt, überhaupt Ziele zu entwickeln und eine Richtung einzuschlagen, und Typ 6b, weil es ihm an geeigneten, klaren Motivationen fehlt. Für beide gilt das Sprichwort: »Es gibt keinen günstigen Wind für den, der nicht weiß, wohin er fahren soll.«

Derselbe Anteil in ihnen, der sich ängstigt, sehnt sich jedoch auch danach, die Enge des normalen Daseins zu überwinden und einen Blick in die Grenzenlosigkeit zu tun, die sie erahnen. Dies kann ein spiritueller Antrieb sein, aber ebenso ein sehr konkreter, bei dem es zum Beispiel darum geht, die gängigen Vorstellungen von den Karrieregrenzen des Normalbürgers hinter sich zu lassen. Diese Seite in ihnen will gesellschaftliche Regeln und Glaubenssysteme hinterfragen, sich nicht den Grenzen der Vernunft beugen, sondern Ziele in größerem Rahmen oder sogar in einer weltumspannenden Dimension verwirklichen wie Arnold Schwarzenegger, Bill Gates oder Osho.

Menschen vom Typ 6 haben die Gabe, zur richtigen Zeit am richtigen Ort zu sein und das Richtige zu sagen, zu tun oder davon abzusehen. Ihre Fähigkeit, Abläufe und Prozesse zu verstehen und sich mühelos in sie einzuklinken, macht sie zu guten Marketingleuten und Logistikern. Sie verstehen etwas von der Logistik des Lebens und repräsentieren den Menschentypus, der nicht nur logisch-rational denken, sondern die Dinge auch aus der Intuition heraus erfassen und zum Laufen bringen kann. Mit feinem Gespür nehmen sie wahr, was in der Gefühlswelt anderer vor sich geht und was dort nicht glatt läuft. Sie sind sensible Beobachter, denen nichts entgeht, denn durch Beobachtung gewinnen sie Sicherheit. Diese Fähigkeit kann jedoch gerade dann versagen, wenn es um ihre eigenen Gefühle geht.

Ihre große Herausforderung ist ihre Lebensangst. Oft beschränken sie sich aus Angst vor dem nächsten Schritt, dessen Konsequenzen sie nicht voraussehen können, und bleiben so unter ihren Möglichkeiten. Ihre Gabe liegt darin, sich mehr vorstellen oder zumindest mehr erahnen zu können als die meisten Menschen. Sie haben ein Sensorium für das, was in der Luft liegt, und können es entweder einsetzen, um Schreckensszenarien zu entwerfen oder um die Zeichen der Zeit zu nützen. Sie haben ein Gefühl für das Ungeformte und was sich daraus machen lässt. Die Grundfragen von Typ 6 sind: Wohin gehöre ich? Und: Was kann ich dort gestalten? Für eine Antwort und deren Umsetzung genügt es nicht, dass sie erkennen, was sie wollen. Menschen vom Typ 6 sind in der Regel keine Kämpfer, die mit Willenskraft durchsetzen, was sie anstreben. Sie sind folgerichtige Denker, die Regeln aufstellen und verständlich darlegen können, oder auch Pragmatiker und Beziehungsmenschen, die um der Beziehung willen zu allerlei Kompromissen bereit sind. Sie suchen nach dem »Klick«, mit dem ihre Entscheidungen und ihr Tun möglichst nahtlos in die richtigen Scharniere rasten. Etwas Größeres als sie selbst soll ihre Schritte dorthin lenken, wo ihr Platz in der verwirrenden Vielfalt des Lebens ist – das ist ihre Sehnsucht, sei sie nun bewusst oder verborgen.

Anders als Typ 5, der sich ebenfalls bewusst ist, dass viele Plätze und Aufgaben die richtigen sein können, kennt Typ 6 nicht die Qual der Wahl, denn für ihn kontrastieren die Dinge des Lebens nicht so stark. Vieles sieht gleich gut oder gleich schlecht aus, sodass keine feste Zielrichtung entsteht. Das Risiko von Menschen von Typ 6 liegt entweder in übergroßer Ängstlichkeit, die sie zwingt, immer wachsam zu sein und nach allen Seiten abzuprüfen, ob Gefahren drohen, oder darin, dass sie keinerlei Grenzen akzeptieren wollen und nur danach streben, sie zu überschreiten. Sie treiben dann wie Blätter im Wind dahin und verlieren die Bodenhaftung. Ihr gesunder Überlebensinstinkt versagt. Menschen vom Typ 6 können auf eine Weise ohne Halt im Leben sein, die sich hinter scheinbarer Kompetenz und Lebensklugheit verbirgt. Für sie gilt die Aufforderung: Lasse dich vertrauensvoll führen. Das Thema von Typ 6 lässt sich in dem »Gebet der Gelassenheit« des Theologen Friedrich Christoph Oetinger zusammenfassen: »Gott gebe mir die Gelassenheit, Dinge hinzunehmen, die ich nicht ändern kann, den Mut, Dinge zu ändern, die ich ändern kann, und die Weisheit, das eine vom anderen zu unterscheiden.«

Subtyp 6a: Der Realist: Von der Einordnung zur Freiheit

Worum es Ihnen wirklich geht

> *Den Wind kann man nicht verbieten. Aber man kann Mühlen bauen.* *Sprichwort aus Holland*

Wohin soll ich gehen? Was ist mein Ziel? Was ist mein Auftrag? Wie kann ich meinen Platz in dieser Welt finden? Wo gehöre ich hin? Kaum eine Frage bewegt Sie bewusst oder unbewusst mehr als diese. Schon immer haben Sie sich nach einem Rahmen gesehnt, in dem Sie sich entfalten können. Wenn Sie die Bedingungen kennen, mit denen Sie zurechtkommen müssen, können Sie sich entspannen. Es fällt Ihnen nicht schwer, sich zu arrangieren, was für Sie nicht gleichbedeutend damit ist, sich einem anderen unterzuordnen. Ihr persönlicher Freiraum ist Ihnen wichtig. Davon machen Sie nur Abstriche, wenn Vernunftgründe oder Ängste Sie dazu veranlassen. Für Sachzwänge haben Sie viel Verständnis, was nicht zuletzt darauf zurückzuführen ist, dass Sie sich sicher fühlen, wenn Sie sich einordnen können. Sie brauchen klare Spielregeln, durch die Sie wissen, womit Sie im Umgang mit anderen zu rechnen haben und was andere von Ihnen erwarten. Und Sie suchen nach den großen Regeln, nach denen Ihr Leben verlaufen kann und soll. Beides wünschen Sie sich von außen – andere sollen sie Ihnen zur Verfügung stellen. Wer bereit ist, diese Aufgabe in Ihrem Leben zu übernehmen, und sich nicht scheut, Ihnen eindeutig Grenzen und Richtlinien zu liefern, wird einen treuen Gefährten in Ihnen haben. Nicht gut zurecht kommen Sie mit Unbestimmtheit oder Widersprüchlichkeit. Was vor Ihnen liegt, sollte überschaubar sein, sodass Sie nicht auf unliebsame Überraschungen gefasst sein müssen.

Obwohl Sie sich gern als Außenseiter geben, der seine ganz eigene Art des Auftretens und Kommunizierens hat, sind Sie nicht wirklich ein Revolutionär. Sie lieben es einfach, anders zu denken, das *enfant terrible* zu sein und aus der Norm zu fallen, die Ihnen jedoch innerlich als Sicherheitsanker durchaus wichtig ist. Nach außen wirken Sie vermutlich selbstsicher, souverän und durchaus liebenswürdig. Zumindest Freunde kennen Sie jedoch auch als launischen Menschen, dessen Reaktionen ebenso unvorhersagbar sind wie seine wechselnden Stimmungen. Was Sie fühlen, wird dadurch bestimmt, wie gut Sie die Welt und die von ihr ausgehenden Eindrücke gerade verdauen. Ihr Gefühlsleben gleicht dabei einem engen Nadelöhr, durch das ein Strom an Informationen fließen soll – es geht nur langsam, in kleinen Portionen.

Tief in Ihrem Inneren wohnt die Angst vor dem Chaos, vor dem, was sich nicht überblicken und kontrollieren lässt. Die Welt ist für Sie ein Ort, an dem es viel zu bedenken gibt und an dem es gilt, die Konsequenzen vor der Tat zu berechnen. Deshalb suchen Sie Orientierungspunkte, die den nächsten Schritt sicher erscheinen lassen. Am liebsten möchten Sie immer um die nächste Ecke schauen, und um die nächste und übernächste. Dieses Bedürfnis steht im Kontrast zu dem Verlangen, sich zu profilieren: Sie möchten mutig hervortreten und sich durchsetzen als einer, der kann, was andere nicht können – doch an vorderster Front zu stehen, bedeutet auch, zur Zielscheibe von Angriffen werden zu können. Deshalb kann es sein, dass Sie die Nische vorziehen, aus der heraus Sie unauffällig handeln können – ein Drahtzieher hinter den Kulissen. Vielleicht ziehen Sie sich in Ihre geschützte Studierstube zurück, in der Sie an Ideen und Modellen basteln, in denen Sie auch Halt finden, oder Sie wählen eine verantwortungsvolle Stelle, vielleicht in leitender Position – aber es gibt jemand über, unter und neben Ihnen, der Ihren Aktionsradius durch seine Anwesenheit definiert. Obwohl es eine andere Seite in Ihnen gibt, die sich grenzenlos ausdehnen und grenzenlos bedeutend sein möchte, ziehen Sie es vermutlich vor, einen Vorgesetzten zu haben, der dem Wind der Gezeiten ausgesetzt ist – und nicht Sie.

Wer mit Ihnen zu tun hat, erlebt Sie als loyal. Weil Ihnen Vereinbarungen so wichtig sind, bemühen Sie sich sehr, sich selbst auch daran zu halten. Mit gesellschaftlichen Konventionen haben Sie dagegen wenig am Hut. Sie verstehen gut, dass es nötig ist, Regeln aufzustellen, doch geht es Ihnen mehr um persönliche Vereinbarungen, die das Leben regeln und leichter, sicherer und berechenbarer machen sollen, als um die großen »mans«: Man tut dieses und lässt jenes – Sie fragen sich, wozu das gut sein soll. Vielleicht halten Sie sich an Gebote und Verbote, aber mit der Ihnen eigenen Dynamik passen Sie in keine Norm, auch wenn Sie sich aus Sicherheitsgründen noch so sehr darum bemühen sollten. Etwas in Ihnen weiß, dass Ihr Weg nicht der konventionelle Weg des Durchschnittsbürgers ist.

Sie streben danach, die Welt zu verstehen und durch möglichst viel Wissen begreifbar zu machen. Deshalb lernen Sie gern und sind neuen Informationen gegenüber aufgeschlossen. Sie haben ein ausgezeichnetes Gefühl für die »Logistik« der Dinge. Intuitiv wissen Sie, wie Vorgänge aufeinander aufbauen, wer wo seinen besten Einsatz findet und wie etwas funktioniert: die Psyche eines Menschen, arbeitstechnische Abläufe und wie man am besten mit Ressourcen umgeht. Sie haben ein natürliches Gespür für das beste Timing und für das, was machbar ist. Das ist es auch, worum es Ihnen geht: Ihre innere Berufung liegt in dem Wunsch, alle Dinge möglichst ohne Reibungsverlust, mit so wenig Energieaufwand und so viel Nutzen wie möglich zu gestalten. Aber da ist noch etwas anderes: die Sehnsucht, mit etwas Größerem zu verschmelzen, in dem Sie sich behütet, angenommen und frei fühlen. Dieses Große wird alle Fragen und Ängste verstummen lassen. So offen und frei, wie Sie nach außen wirken mögen, so kritisch, vorsichtig und ängstlich sind Sie im Innersten, so lange, bis Sie zu Ihrer Kraft gefunden haben. Dann aber sind Sie der Visionär, der die Strömungen des Zeitgeistes erfasst, dessen Ahnungen und Intuitionen von großem Wert für die Umgebung sind und der Sätze wie »das geht nicht« oder »das kann ich nicht« aus seinem Wortschatz gestrichen hat. Ihr Sinn für das Mögliche ist auf das Höchste geschärft – und Sie haben verstanden, wie unendlich viel mehr möglich ist als das, was wir gemeinhin glauben.

Erinnerungen und Ängste

> *Als Erstes musste ich lernen, meine Angst zu besiegen, nachdem ich eingesehen hatte, wie sehr sie mich lähmte. Angst macht hilflos, und das erzeugt wiederum Angst.*
>
> *Janis Byron*

Sie waren ein ängstliches Kind. So vieles war unverständlich. Immer wieder hatten Sie das Gefühl, eine Belastung zu sein, und empfanden deswegen Schuldgefühle. Sie bemühten sich, sich klein zu machen, und waren brav. Schließlich wollten Sie nicht unangenehm auffallen. Ansonsten schien alles in Ordnung zu sein. In der Familie ging man sachlich und vernünftig miteinander um, aber da war etwas, das Sie beunruhigte. Sie sehnten sich danach, dass Ihnen jemand sagte: Alles wird gut! Sie wollten beruhigende Erklärungen, durch die Sie verstehen würden, wie die Welt funktioniert. Sie waren sich sicher: Wenn Sie verstünden, wie alles zusammenhing, würde alles gut. Denn dann konnten Sie das Richtige tun. Sie beobachteten genau, und sobald es Ihnen möglich war, begannen Sie zu analysieren, was Sie sahen. Doch irgendwie kamen Sie nie an ein befriedigendes, erlösendes Ende. Immer gab es noch etwas zu bedenken, stand etwas Undefiniertes im Raum, dem man nur begegnen konnte, indem man sich vorsichtig bewegte. Die Schatten an der Wand waren immer riesengroß – auch wenn Sie gelegentlich feststellen konnten, dass es sich nur um den einer Maus handelte. In Ihrer Fantasie malten Sie sich allerlei Schreckensszenarien aus, die, je länger Sie hinsahen, größer und größer wurden – und das tun Sie noch heute.

Sie wünschten sich, gehalten und gestreichelt zu werden, aber Berührungen gab es kaum. Man sprach nicht über Gefühle. Wichtiger war es, ordentlich, sauber und vernünftig zu sein, nicht über die Stränge zu schlagen und nicht aufzufallen. »Schuster bleib bei deinen Leisten!« Sie fühlten die Zukunftsängste Ihrer Familie, die Warnung, besser unten zu bleiben, nicht zu hoch hinaus zu wollen, denn »wer sich in Gefahr begibt, kommt darin um«. Die Familie war ein Team, das sich mit der Bewältigung des Alltages befasste. Sie lernten, sich zurückzunehmen. Noch heute macht es Ihnen Angst, wenn Sie Platz und Aufmerksamkeit beanspruchen, und obwohl Sie eine Tendenz haben, sich viel mehr Platz zu nehmen, als Ihnen klar ist, haben Sie immer das Gefühl, es gäbe nicht genügend Raum für Sie. Das macht Sie wütend. Oft fragen Sie sich, ob Sie nur ein Rädchen im Getriebe sind, das seine Aufgabe möglichst gut erfüllen soll – und nicht mehr.

Dann sind da diese großen Fragen: Wozu ist das alles gut? Nach welchen Regeln funktioniert die Welt? Wo ist mein Platz? Welchen Sinn hat mein Leben? Was vielen anderen Menschen Sicherheit gibt, kann Sie nicht wirklich befriedigen. Sie neigen zu der Ansicht, dass es keinen Halt im Leben gibt. Deshalb haben Sie immer wieder mit einem Sinnlosigkeitsempfinden zu kämpfen, denn gesellschaftliche Konventionen und allgemein anerkannte Ziele sind Ihnen keine Stütze. Sie haben aber auch keine anderen Richtlinien zur Verfügung, nach denen Sie Ihr Leben ausrichten könnten. Was Ihre Lebensziele angeht, fühlen Sie sich orientierungslos. Wie der Atheist Friedrich Nietzsche, der in einem Gedicht ausdrückte, dass er so froh wäre, wenn er an Gott glauben könnte, wünschen Sie sich ein Regelwerk, in dem Sie sich einordnen und geborgen fühlen können. Zu manchen Zeiten flüchten Sie sich darum in gesellschaftliche Werte, aber im Grunde Ihres Herzens zweifeln Sie alle Regeln und allgemein gültigen Vorstellungen an. Sie können nicht wirklich das wollen, was andere wollen, empfinden es aber auch als riskant, zu anspruchsvoll zu sein. So bewegen Sie sich auf der Grenzlinie, die zwischen Konvention und Ihrer persönlichen Freiheit verläuft. Sie suchen Autoritäten, die Ihnen Sicherheit bieten – und sind gleichzeitig nicht wirklich bereit, sie zu akzeptieren. Wird man Ihren Freiraum beschneiden? Wird man Sie übervorteilen? Wagen andere mehr? Ihre vorausschauende Sorge lässt Sie zögern. Zukünftigen Möglichkeiten bringen Sie Misstrauen und nicht selten Zweckpessimismus entgegen: Sie warten auf das dicke Ende. Instinktiv wittern Sie alle möglichen Bedrohungen. Ihre Sensoren schlagen bei der kleinsten Bewegung an. Fantasiebegabt wie Sie sind, können Sie sich viele Schreckensdinge ausmalen, und alles und jedes kann Ihnen Furcht einflößen. Ihre pessimistische Seite warnt selbst vor Erfolg: Er könnte Sie dem Angriff von Konkurrenten und Neidern aussetzen, die vielleicht sogar in Ihrer eigenen Familie vorhanden sind. Sie machen sich selbst zum Verlierer aus dem Streben heraus, alles im Griff behalten zu wollen. Weil Sie ohnehin nicht so recht wissen, wohin Sie gehen sollen (und wollen), bleiben Sie unten, das ist Ihre Lösung.

Weil Sie sich Ihr Leben lang mit der Angst herumschlagen müssen, ist sie Ihnen wohl vertraut. Sie erkennen auch die Ängste und Schwachpunkte anderer. Das kann einen einfühlsamen Zuhörer aus Ihnen machen, Sie aber auch dazu verleiten, andere zu manipulieren. Wenn es um Gefühlskontakt geht, sind Sie schüchtern. Wie wird der andere reagieren, wenn Sie zeigen, was Sie fühlen? Sie warten, bis er den ersten

Schritt tut, um sich dann daran zu orientieren. So gehen Sie kein Risiko ein, vor allem nicht das der Ablehnung. Besonders fürchten Sie Alter und Tod. Wenn es Ihnen nicht gelingt, Ihre Angst zu überwinden und das aus sich zu machen, wozu Sie sich fähig und berufen fühlen, sind beide ein Schreckgespenst, dem Sie durch Haften an Jugendlichkeit aus dem Weg zu gehen versuchen. Beide aber können Sie auch motivieren, Ihren Weg in die Freiheit anzutreten.

Lösungsversuche und Fallstricke

Die Angewohnheit zu analysieren hat die Tendenz, die Gefühle zu verwischen. *John Stuart Mill*

Drei grundlegende Lösungswege boten sich in Ihrer Situation an. Der erste war der Weg des geringsten Widerstandes: Trotz Ihres Wunsches nach Freiheit, Selbstbestimmung und Selbständigkeit haben Sie sich in eine Hierarchie eingeordnet, zum Beispiel in einer Firma, in der Sie wichtig sind, aber nicht wirklich an der Spitze stehen. Dort sind Sie nicht besonders glücklich, aber auch nicht unglücklich. Sie schätzen die Vorteile, und man lässt Sie in gewissem Rahmen schalten und walten. Sie vermeiden es anzuecken und versuchen, mit allen gut auszukommen. Die andere Seite in Ihnen, die mehr will – viel mehr –, beruhigen Sie durch Ablenkungsmanöver wie oberflächliche Vergnügungen, Trinken, Rauchen, Fleiß. Oberflächlichkeit, die Ihnen hilft, tiefere Impulse und Wahrheiten zu leugnen, ist eine Ihrer bevorzugten Vermeidungsstrategien. Auch wenn Sie nicht der Chef des Ganzen sind, können Sie unglaublichen Einsatz und Arbeitswut entwickeln, so, als wären Sie es doch, während Sie sich gleichzeitig an vielen Stellen fügen. In Ihnen steckt ein Suchtpotential, das Sie von allem Möglichen abhängig machen kann: einer Beziehung, Ihrer Arbeit, von Alkohol oder Drogen.

Oder – das ist der zweite Weg – Sie haben sich einen Raum eingerichtet – in räumlicher oder seelisch-geistiger Hinsicht –, in dem Sie ungestört Ihren Gedanken und Überlegungen nachgehen und forschen können, denn Sie sind ein strukturierter Denker, der sich gern mit abstrakten Dingen befasst. Dort denken Sie über Theorien und die Kybernetik der Dinge nach und gehen ihrer Funktionsweise auf den Grund. Sie vergessen, wann Tag und Nacht ist, und leben nur nach dem Rhythmus Ihrer Gedanken, von denen Sie vollständig absorbiert sind.

Vielleicht haben Sie, als dritte Möglichkeit, aber auch die Flucht nach vorn angetreten und suchen riskante Situationen auf, die Sie zwingen, durch Ihre Angst hindurchzugehen: als Lastwagenfahrer oder Journalist in Krisengebieten, beim Freestyleclimbing oder als Stuntman. Sie kultivieren Ihre aggressiven Tendenzen als Bodybuilder oder in aggressivem Geschäftsgebaren. Sie sind nicht zimperlich und lassen sich eine Gelegenheit, wütend zu werden oder sogar Streit zu suchen, nicht entgehen.

Welchen Weg Sie auch gegangen sind, immer sind Sie von dem Bedürfnis nach Gewissheit über das, was kommen wird, motiviert. Sie können nicht gut vertrauen und versuchen, auf Ihre Weise das Heft in der Hand zu behalten. Dennoch gab es auch Zeiten, in denen Sie ziellos durch das Leben trieben. Immer sind Sie innerlich auf der Hut, denn Sie sehen in allem Möglichen eine Bedrohung und glauben, sich verteidigen zu müssen. Kritik kann Sie deshalb völlig aus der Fassung bringen. Sie leben nach dem Motto »Wissen ist Macht«, und so mancher fand, dass Sie ein Informationsjunkie sind. Irgendwann, so glauben Sie, werden Sie so viel wissen, dass Ihnen nichts Unvorhergesehenes mehr geschehen kann. Es ist nur eine Frage der Menge und der Genauigkeit. Zufall ade. Was für eine wunderbare Vorstellung, dass alles geordnet und berechenbar ist! Dann haben Sie zweifellsfrei Ihren Platz in dieser Ordnung. Sie müssen sie nur erkennen. Dann haben Sie alle Koordinaten, um zu wissen, wohin Sie gehören.

Sie suchen das perfekte System, dem Sie sich anvertrauen können. Dort können Gefühle Sie nicht überwältigen, denn Sie können erklären, woher sie kommen, weshalb sie sind, wie sie sind, und wie sie sich vor ihnen schützen können. Für alles gibt es eine logische Erklärung, man muss nur lange genug danach suchen. Bis es so weit ist, lassen Sie Gefühle nur nach genauer Analyse zu. Sie brauchen viel Zeit, um das verdauen zu können, was auf Sie einstürmt. Ihr Seelenleben ist wie ein dünnes Nadelöhr, durch das alle Gefühle passieren müssen. Von Menschen und Bindungen, die Sie einmal eingegangen sind, lassen Sie nur langsam los. Es dauerte, bis Sie sich öffneten, sich hineinbegaben in die Beziehung, nun kommen Sie nicht so einfach wieder heraus. Stück für Stück durchdenken und durchleben Sie, was geschah, bis sich der Ablösungsprozess vollzogen hat, und es kann geschehen, dass ein Teil von Ihnen immer bei einem einmal geliebten Menschen bleibt.

Ordnung ist Ihnen wichtig. Wie seltsam, dass sie sich Ihnen immer wieder zu entziehen scheint! Mit Ihren persönlichen Sachen, in Ihrer Wohnung, fällt es Ihnen schwer, Ordnung zu halten. Vielleicht gehören Sie zu denjenigen Ihres Typs, die, sobald sie in ein neues Kleidungsstück geschlüpft sind, darin aussehen, als hätten sie schon zwei Wochen darin geschlafen. Es ist, als sei Ihnen Ordnung auf der praktischen Ebene doch nicht so wichtig, aber auf einer anderen schon: Ihre Partnerin, Ihr Partner zum Beispiel schafft mehr Ordnung in Ihrem Leben, als es ein aufgeräumter Kleiderschrank jemals könnte.

Konstruktive Lösungsstrategien auf dem Weg zum Ziel

Antizipiere nicht mit Sorge ..., partizipiere lieber mit Freude!
Catherine Kineany Dugan

Schauen Sie Ihren Ängsten ins Gesicht. Beobachten Sie, wohin sie führen. Wenn Sie sie einerseits ernst nehmen als einen Teil von Ihnen, der Gutes will, indem er warnt, aber auch bereit sind, darüber hinauszugehen, werden Sie zu mutigen, gut überlegten Entschlüssen kommen: Sie haben sich die Konsequenzen vor der Tat bewusst gemacht, so sehr Sie sie vorher bestimmen können. Sie haben sich die bestmöglichen Startbedingungen geschaffen – dafür waren Ihre Sorge und Ihr analytischer Verstand gut. Sie lassen aber auch Ihren Bauch zu Wort kommen, der über ein Wissen verfügt, das sich Ihrem rationalen Zugriff entzieht und das mehr enthält als nur Angst vor der Zukunft. Vielleicht kennen Sie diesen Satz: »Wir erleben mehr, als wir begreifen.« Erinnern Sie sich: Immer wieder konnten Sie feststellen, dass schlechte Wendungen gute Ergebnisse brachten und glückliche Wendungen in einem Desaster endeten. Wie hätten Sie das vorher wissen können? Niemand kann um die Ecke sehen, und unser Lebensweg führt um viele Ecken herum. Und falls es doch jemand kann, dann nicht mit seinem Verstand, sondern durch Intuition – jene Kraft, die sich nicht genau beschreiben und festlegen lässt. Entwickeln Sie ein Vertrauen, das jenseits der Logik und der Erklärungsmöglichkeiten Ihres Verstandes liegt. Verinnerlichen Sie das Zitat: »Jeder Grashalm hat seinen Engel, der ihm sagt: Wachse! Wachse!« Denken Sie daran, dass wir, wenn wir etwas immer weiter und weiter analysieren, schließlich nichts mehr in Händen halten. Die Dinge lösen sich auf, so wie sich subatomare Teilchen in nichts auflösen, wenn man versucht, sie weiterhin zu spalten. Der letzte Urgrund ist immateriell und über Ihren Verstand nicht fassbar oder gar beeinflussbar. Sie gewinnen Sicherheit, indem Sie alles tun, was Sie für nötig erachten, um etwas gut auf den Weg zu bringen – und dann lassen Sie los. Der Schriftsteller Karl Kraus sagte: »Einen Brief zur Post bringen heißt ihn aufgeben.« Was für ein intelligenter, doppeldeutiger Satz! Wenn Sie einen Brief geschrieben, ihn mit einem Umschlag, der Adresse und einer Briefmarke versehen haben, müssen Sie ihn buchstäblich aufgeben. Sein weiterer Weg liegt nicht in Ihrer Hand.

Haben Sie den Mut, Ihre eigenen Lebensleitlinien zu entwickeln. Ihr Problem ist gleichzeitig Ihre Chance: Weil Sie weniger als andere von konventionellen Vorstellungen geprägt sind, sind Sie auch freier, eigene Richtlinien und Ziele zu finden. Was »man« tun oder lassen sollte, sagt Ihnen wenig. Vermutlich sind Sie nicht einmal gegen die allgemeinen Spielregeln und Denkschemata, Sie können nur nicht so recht etwas damit anfangen. Suchen Sie nach Ihrer inneren Wahrheit, nach Ihrer Sehnsucht, sich einzuordnen in den Dienst von etwas Größerem. Das kann bedeuten, dass Sie viel wagen und viel Verantwortung übernehmen. »Freiheit wird nicht mit dem Streben nach Freiheit, sondern mit dem Streben nach Wahrheit erlangt. Freiheit ist kein Ziel, sondern eine Folge. Wenn du dich unfrei fühlst, suche die Ursache in dir.« Die Worte von Leo Tolstoj weisen Ihnen den Weg. Achten Sie darauf, wann Sie in Ihre Vermeidungsstrategien Oberflächlichkeit und Angst vor Erfolg verfallen. Hüten Sie sich vor Manipulation oder Täuschung – Sie haben die Gabe, andere zu verführen. Fragen Sie sich, ob Sie in einer Welt leben möchten, in der alle so handeln wie Sie. Lassen Sie Ihr inneres Bedürfnis nach Angemessenheit zur Grundlage Ihrer Ethik werden.

Öffnen Sie sich dem Leben. Sie kennen dieses Gefühl, dass Ihr Leben irgendwann beginnen wird, irgendwann in der Zukunft. Machen Sie sich bewusst, dass es längst begonnen hat.

Ihr Mut, über Grenzen hinaus zu denken, entscheidet darüber, wie es verläuft, und keine Instanz von außen wird etwas daran ändern. Kommen Sie zur Ruhe. Nur in stillen Momenten können Sie die Situation vorurteilsfrei betrachten und erkennen, welches die angemessene Reaktion ist. In der ruhigen Betrachtung dessen, was um Sie herum geschieht, ohne Erwartungen, Hoffnungen oder Projektionen, entdecken Sie die Antworten auf Ihre Fragen in sich selbst. Seien Sie vertrauensvoll und aufgeschlossen. Begegnen Sie dem Leben mit Hingabe. Wagen Sie, verletzlich zu sein. Pläne, Organisation und Programme sind nur ein Teil des Lebens. Sie sind die Halterungen, die wir anwenden, um Dinge zu realisieren. Der andere, wesentlichere Teil besteht in der Bereitschaft, Erfahrungen offen, direkt und ohne intellektualisierende Schutzmechanismen zu machen. Lassen Sie sich vom Leben berühren, wie es gerade ist, denn das, was Sie in jedem Augenblick erleben, ist alles, was die Summe Ihres Lebens schließlich ausmachen wird. Nehmen Sie sich Abraham Lincolns Worte zu Herzen: »Halte dir jeden Tag dreißig Minuten für deine Sorgen frei, und in dieser Zeit mache ein Nickerchen.«

Machen Sie sich die Relativität der gesellschaftlichen Spielregeln und der üblichen Moral bewusst. Sie wollen sich über Bewertungen wie »gut« und »böse«, »richtig« und »falsch« hinausbewegen. Erkennen Sie an, dass sie nötig sind, damit Menschen wissen, wohin sie gehören. Durch Ihre Wertvorstellungen werden Sie fähig, Entscheidungen zu treffen. Doch Sie wissen auch, dass Regeln und Werte von dem Bezugsrahmen abhängen, in dem sie entstanden sind. Sie stellen deshalb keine absoluten Maßstäbe dar, sondern können von Fall zu Fall angepasst werden. Dazu braucht es Geschicklichkeit, über die Sie in hohem Maße verfügen, und eine Grundethik der Achtung und Verantwortlichkeit dem Leben gegenüber. Mit diesen Dingen ausgestattet, sind Sie zu Großem fähig. Denken Sie jedoch daran, anderen nicht einfach etwas geschickt zu verkaufen, sondern ihnen den Wert und Sinn des Ganzen zu vermitteln, ebenso wie Sie von dem Wert überzeugt sein sollten.

Entwickeln Sie ein Gespür für Heuchelei und setzen Sie ihr Ihre Wahrheit entgegen. Die Aufforderung, gehorsam zu sein, die Sie schon von Kindesbeinen an kennen, kann ein Weg sein, um Menschen zu beherrschen. Immer wieder wurde sie auch in der Geschichte dazu benutzt. Viele Menschen folgen ihr aus Angst vor Eigenverantwortung und Risiken in der Hoffnung, dass die höhere Instanz – der Staat, die Kirche, die Leitfigur – weiß, was gut und richtig ist. So werden Menschen zu Untertanen, die unter ihren Möglichkeiten bleiben. Sie selbst schwanken zwischen Gehorsam und Ablehnung jeder Fremdbestimmung, und so manches Mal überspannen Sie den Bogen in die eine oder andere Richtung. Stellen Sie sich kritisch die Frage: Wie viel Freiraum kann ich mir nehmen, und wo endet er, weil er an den Entfaltungsspielraum der anderen stößt? Entwickeln Sie eine innere Freiheit, bei der Sie sich nicht dort anpassen, wo Sie den größten Vorteil vermuten oder wo die größere Sicherheit zu winken scheint, sondern stehen Sie zu dem, was Sie als wahr erkannt haben, in vollem Vertrauen darauf, dass die Wahrheit, die Sie in sich fühlen, das Einzige ist, was im Leben zählt.

Ihre tiefste Motivation besteht darin, die Grundlage für große, die Grenzen des Denkens überschreitende Ziele und Visionen mit Sorgfalt und Genauigkeit, aber auch mit Flexibilität und Geschick zu schaffen und Ihre Gabe der Voraussicht für ein optimales Ergebnis einzusetzen.

Ihr Lebensziel

Ich schließe meine Augen, um zu sehen. *Paul Gauguin*

Dieses Leben ist Ihre Chance, mit Ihrem ganzen Wesen zu verstehen, dass wir spirituelle Wesen sind, die etwas in sich tragen, das nach Ausdruck verlangt. Irgendwo im tiefsten Innersten fühlen wir uns zu etwas berufen, das vielleicht nicht klar umrissen ist, aber es ist ein Ruf, den wir hören, wenn wir in die Stille gehen, ein Impuls etwas zu sein und zu tun. Unser Körper und die gesamte materielle Welt sind das Medium, das uns zur Verfügung steht, um ihn zu verwirklichen.

Sie haben verstanden, dass wir Wissen, wie Ambrose Bierce sagt, »nur den kleinen Teil der Unwissenheit nennen, den wir geordnet haben«, und dass unser Versuch, die Welt rational zu erklären und begreifbar zu machen, immer an Grenzen stoßen wird. Der Quantenphysiker Hans-Peter Dürr spricht in seinem Buch »Wir erleben mehr als wir begreifen« von der Bedeutung und dem Wert beider Formen des Denkens und Wissens. Aus einem tiefen Glauben heraus gehen Sie nach innen und lauschen, bis Sie die Stimme Ihrer Wahrheit vernehmen, die Sie lange Zeit durch Ängste, Vorsorgemaßnahmen und Ablenkungsmanöver verdrängt haben. Sie lassen sich führen – von Ihrer Intuition, von einer höheren Macht, von etwas ohne Namen, dem Sie sich anvertrauen. Sie haben Ihre Kleinheit und Ihre Größe gesehen und den Mut entwickelt, Risiken einzugehen, denn Sie haben die Erfahrung gemacht, dass »Gott die Mutigen belohnt«. Früher dachten Sie, das sei ein Allgemeinplatz, aber heute wissen Sie, dass er eine tiefe Wahrheit enthält. Als Sie es wagten zu wagen – als Sie Ihre Fähigkeiten über Ihre Ängste und Bedenken hinaus in den Dienst eines Risikos stellten –, sieh an, da waren Sie erfolgreich! Jeder Misserfolg wurde ein Zwischenschritt und eine Herausforderung, es erneut und mit besseren Voraussetzungen zu wagen. Aus einem kleinen Unternehmen wurde ein großes, und Sie lernten, was es heißt, vorwärts zu gehen. Nun sehen Sie Grenzen als etwas Durchlässiges. Sie sehen die größere Dimension dahinter, das Spielfeld der Möglichkeiten, das dem Menschen zur Verfügung steht, wenn er nur offen und weit genug denkt. Und was macht Ihren Erfolg aus? Sie verfügen über die besondere Gabe zu wissen, wie Sie die Dinge zum Laufen bringen können, effizient und reibungslos, mit dem geringsten Energieaufwand. Ihre ausgezeichnete Beobachtungsgabe ist ein Grundbaustein dafür. Leicht fällt Ihnen auch, Aufwand und Nutzen gegeneinander abzuwägen. Sie lassen sich nicht durch Perfektionismus oder ideologische Forderungen vom Weg abbringen.

Im Laufe Ihres Lebens ist Ihnen klar geworden, dass alle Beobachtungen, die wir machen, immer eine Frage des Zeitpunktes und des Blickwinkels sind. Das ist der Grund, weshalb sich Erinnerungen verändern: Wir blicken aus unterschiedlichen Perspektiven auf sie zurück. Was Sie wahrnehmen, ist nun für Sie ebenso relativ wie alles andere – und das macht Sie frei. Auch der Platz, den Sie unbedingt meinten finden zu müssen, stellt sich nun anders dar: Viele unterschiedliche Orte und Aufgaben erscheinen Ihnen jetzt sinnvoll, machbar, liebenswert. Sie wissen: Es ist eine Frage Ihrer Definition.

Weil Sie gelernt haben loszulassen – was bedeutet, die Entwicklung der Dinge vertrauensvoll sich selbst zu überlassen –, können Sie auch großzügiger mit Ihren Gefühlen umgehen. Sie können Sie nun verschenken, ja verschwenderisch mit ihnen umgehen, nicht immer, aber oft, mit dem Gespür für den richtigen Zeitpunkt. Statt nur akribisch zu beobachten, sind Sie nun achtsam, mit sich selbst, mit anderen Menschen und der Welt. In allem, was Sie sehen, können Sie Ordnung und Sinn entdecken und anderen Vertrauen und Zuversicht vermitteln.

Die Worte Khalil Gibrans »Lieber bin ich ein Träumer unter

den Niedrigsten, mit Visionen, die zu verwirklichen sind, als Herr zwischen jenen, die ohne Träume und ohne Verlangen sind« sind Ihr Lebensmotto geworden. Sie nützen mutig Ihre erstaunliche Intuition und Visionskraft, um Grenzen des Denkens zu überschreiten und neue Räume des Möglichen zu erschließen. Sie wissen, dass es oft wichtiger sein kann, »sich über eine Rosenblüte zu freuen, anstatt sie unters Mikroskop zu legen«, wie Oscar Wilde sagt. Und Sie haben die Kraft der Stille entdeckt, die Surya Singer so beschreibt: »Ruhig sitzen, nichts tun. Der Frühling kommt, und das Gras wächst von selbst.«

Subtyp 6b: Der Träumer: Von der Freiheit zur Einordnung

Worum es Ihnen wirklich geht

Es liegt in allen Dingen eine Erinnerung an das Paradies.
Hermann Hesse

Schon immer war es so: Sie erahnen mehr, als sich mit dem Verstand begreifen lässt. Die Welt um Sie herum ist voller Zwischentöne, voll von Eindrücken, die sich verschwommen, randlos sozusagen, abzeichnen. Wer bin ich? Wer bist du? Wo ist die Grenze zwischen uns? Gibt es diese Grenze? Wohin gehöre ich? Spüre ich nicht hinter dem, was du sagst, noch etwas anderes? Wenn Sie glauben, eine Antwort gefunden zu haben, zerrinnt sie wieder, und eine neue Antwort taucht auf. Nahtlos gehen die Dinge ineinander über. Das Leben ist für Sie ein fließender Strom, von dem immer nur ein kleiner Teil in einem Gefäß eingefangen werden kann. Sie fühlen diese Sehnsucht, mit dem Strom zu fließen, zu verschmelzen, sich ohne Widerstand hineinzugeben in die sich entfaltenden Bewegungen. Wenn Sie das tun können, fühlen Sie sich glücklich und frei. Wie Bojen tauchen Maßstäbe und Regeln auf, die allgemein gültig sein sollen. Sie sehen ihren Sinn: Sie lenken Ihren Weg entlang des Wassers. Sie setzen Grenzen und geben Halt. Aber Sie erkennen auch, dass es ganz leicht wäre, sie an eine andere Stelle zu verschieben, und immer noch würden sie ihre Aufgabe erfüllen. Wie relativ sie sind! Und wie sehr wir uns davor fürchten, sie nicht genügend beachtet zu haben. Sie sehnen sich danach, frei zu sein von all den Regeln und Konventionen, den Vorschriften und Vorurteilen, die unser Leben bestimmen. Gleichzeitig verlangen Sie danach, sich einzufügen in eine Ordnung, die durch natürliche Lebensregeln entstehen soll. »Wir müssen wieder lernen, nicht aus dem Gedränge der Zwecke und Vorurteile, sondern aus dem Wesen der Dinge zu entscheiden«, formulierte Romano Guardini, und das ist es, worum es Ihnen geht.

Sie ahnen, dass es eine Sprache gibt, die jenseits aller Worte ist. Sie beschreibt einen Raum, in dem Stille, Friede und Einheit herrschen. In diesem Raum gibt es mehr zu wissen, als wir formulieren können. Immer wieder möchten Sie diesen Raum betreten, in dem Sie sich – endlich! – zu Hause fühlen, erlöst von der Einsamkeit und von der Hektik des Alltages. Erinnerungen und Ängste lösen sich auf, Sie gewinnen innere Klarheit und Zuversicht. In diesem Raum gibt es keine Trennung, und alle Dinge fügen sich zu einem sinnvollen Muster zusammen. Was Sie dort fühlen und erleben, können Sie nur durch Kunst beschreiben: in Bildern, durch Musik oder Worte, die Gemälde statt Definitionen sind. In Ihren Träumen und Fantasien ist diese Welt real – und in den Augenblicken der Stille, in denen Sie nach innen lauschen. Doch Sie fühlen auch, dass sich in dieser Welt nichts mehr eindeutig unterscheiden lässt. Die Grenzen fließen … Konventionen und Regeln geben nicht wirklich Halt. Woran können Sie sich orientieren? Was ist gut, was ist böse? Welches ist der richtige Standpunkt? Wie können Sie wissen, was geschehen wird? Sehen Sie die Dinge richtig oder falsch? Die Realität des täglichen Lebens verlangt Klärung und Entscheidungen, die auf Trennlinien beruhen. Sie haben ein starkes Bedürfnis nach Ordnung. Sie möchten mit dem Verstand begreifen, was um Sie herum vorgeht. Obwohl Sie sich so sehr nach dem Gefühl des Aufgehobenseins in einer Welt, in der es keine Unterschiede gibt, sehnen, drängt Sie eine andere Seite in Ihnen danach, zu differenzieren, Grenzen zu ziehen, Erklärungen zu finden, die Welt be-greifbar zu machen. Nur so, das fühlen Sie, lernen Sie die Spielregeln des Lebens und können wirklich teilnehmen, statt als unbeachteter Beobachter am Rand zu stehen und sich verloren zu fühlen. Beobachtung, so scheint es Ihnen, ist der Schlüssel zum Verständnis des Lebens. Sie beobachten andere Menschen, wie sie sich darstellen, wie sie ihre Gefühle äußern. Sie haben ein tiefes Verlangen danach, Ihre Gefühle mitzuteilen, sich überhaupt mitzuteilen, und doch bleiben Sie stumm wie ein Fisch, wenn es um Ihre wahren und tiefsten Emotionen geht.

Und immer wieder diese großen Fragen: Woran kann ich mich orientieren? Wie kann ich Ordnung und Überblick in mein Leben bringen? Wie kann ich eine Lebensweise entwickeln, die zu mir passt? Die nicht rigide ist? Sie sehnen sich nach einem Koordinatensystem, das den Rahmen Ihres Lebens festlegt: Wer ist neben mir? Über mir? Unter mir? Und vor und hinter mir? Sie suchen Menschen, in deren Kreis Sie eingebettet sind, und festen Grund. Gibt es ein Handbuch für das Leben? Eine Anleitung, die Sie befreit? So chaotisch Sie sein können, so genau und analytisch sind Sie an anderen Stellen. Dieser Wesenszug in Ihnen reduziert Ihre romantische Seite auf die pragmatische Frage, was machbar ist und was nicht. Sie ist es wohl, die dafür sorgt, dass Ihre Träume oft Träume bleiben und Sie sich eher Dingen zuwenden, die greifbar vor Ihren Augen sind.

Sie haben die natürliche Begabung, für alles, was Sie tun, einen gut funktionierenden Plan zu entwickeln, mit dem Sie mit so wenig Aufwand wie möglich an Ihr Ziel kommen. Sie sind geschickt darin, sich einen Platz im Leben einzurichten und ihn zu behaupten. Doch diese Fähigkeit ist zunächst einfach ein Trieb, eine Strategie, mit der Sie dem Leben begegnen. In Wahrheit fehlt es Ihnen an einer klaren Motivation.

Erinnerungen und Ängste

Wer sich vor dem Ertrinken fürchtet, tut besser daran, schwimmen zu lernen, als dem Wasser auszuweichen.
Karl Heinrich Waggerl

Sie kennen diese Einsamkeit. Inmitten anderer Menschen kann sie Sie überschwemmen wie eine Flut. Gut verborgen hinter Ihrer nach außen gezeigten Stärke und Kompetenz ist das Gefühl, dass Ihr Leben auf Treibsand aufgebaut ist. Sie fürchten, dass sich die mühsam zusammengefügten Bausteine Ihres Lebens wie in Rauch auflösen könnten. Dass Sie den Platz, den Sie sich geschaffen haben, verlieren. Als Kind hatten Sie ein immenses Bedürfnis nach Orientierung und haben sie nicht gefunden. Halt gab es vielleicht in der täglichen Routine und in Ihren Pflichten. Doch für Ihre Ängste, Ihre Fragen, Ihre rege Fantasie voller oft undeutlicher, verwirrender, nicht einschätzbarer Bilder gab es keine Stütze. Sie hatten Angst, ins Bodenlose zu fallen. Sie klammerten sich an Ihre Mutter, die Ihnen trotz physischer Präsenz unerreichbar schien. Sie fühlten sich unverstanden und überfordert davon, sich selbst auf die Suche nach etwas begeben zu müssen, das Ihnen Halt geben konnte. Noch heute kennen Sie diese tief greifenden Ängste vor unberechenbaren Geschehnissen und unabwendbaren Verlusten. Deshalb suchen Sie Sicherheit mit allen Fasern Ihres Seins.

Hinter einer vielleicht heilen oder sogar bunten Fassade erschien Ihnen Ihre Kindheit trist und grau. Tief verborgen in Ihrem Inneren leiden Sie unter dem Gefühl, etwas Wesentliches entbehrt zu haben, und etwas in Ihnen glaubt, das müsse immer so sein: seelische Wärme und Geborgenheit, das Gefühl, geliebt zu werden, ein Zuhause zu haben. Sie vermissten echte Aufmerksamkeit und Achtsamkeit im Umgang mit Ihnen und Ihren Bedürfnissen. Stattdessen ging es um Wohlverhalten. Keine Extravaganzen bitte! Vielleicht veranlasst Sie diese Erfahrung heute dazu, das *enfant terrible* zu spielen – bis zu der Grenze, an der Sie den Bogen wirklich überspannen könnten. Größer als der Wunsch zu rebellieren ist Ihre Angst davor, verlassen zu werden.

Noch heute ist es so, dass Sie sich fragen, ob die Menschen, die Ihnen nahe stehen, nicht sehen, wie es Ihnen ums Herz ist. Merken sie denn nicht, was Sie brauchen? Wonach Sie sich sehnen? Sie fragen sich: Zähle ich nicht? Weshalb blickt ihr durch mich hindurch? Bin ich niemand? Bin ich jemand? Wer bin ich für euch? Bin ich nur das, was meine Leistungen aus mir machen? Nur das, was mich nützlich macht? Alles scheint wichtiger zu sein als Sie. Sie fühlen sich verloren. Sie gehen hinaus in die Natur und suchen Trost. Doch was Sie suchen, wonach Sie sich sehnen, sind Menschen, die Sie begleiten, die zu Ihnen gehören. Am liebsten für immer.

So gut es Ihnen tut, mit Menschen zu tun zu haben, es strapaziert auch Ihre sensible Seele. Sie fühlen ihren Kummer, ihre Traurigkeit, die unausgesprochenen Worte zwischen den Zeilen, die Stimmung. Wie früher als kleines Kind wälzen Sie sich nachts. Sie träumen. Etwas geht vor sich, das Sie nicht verstehen, und es macht Ihnen Angst. Trinkst du? Verbirgst du etwas vor mir? Wirst du mich verlassen? Sie fühlen Panik. Bitte erkläre mir, was vor sich geht. Aber nichts geschieht, der Schleier wird nicht gelüftet. Sie laufen durch den Nebel. Sie fürchten sich davor, Ihre Mutter zu verlieren. Sie fürchten sich davor, allein im Leben zu stehen, ohne Halt, ohne Kompass, ohne Ziel. Können Sie noch einsamer werden, als Sie es jetzt schon sind? Mit allem Geschick, zu dem Sie fähig sind, haben Sie sich einen oder mehrere Menschen gesucht, die Sie nun fest und mit allen Mitteln bei sich halten. Und dann wieder die Angst: Hast du mich belogen? Verbirgst du etwas? Ist deine Liebe aufrichtig? Wirst du gehen? Nimmst du mich überhaupt wahr? Als Mensch, und nicht nur weil du mich brauchst? Ich weiß: Am liebsten bin ich dir, wenn ich keine Last bin. Du bist mir fremd und doch so nah.

In manchen stillen Stunden, in denen Sie sonst die Einsamkeit besonders stark spürten, geschieht ein Wunder: Friedvolle Stille breitet sich in Ihnen aus, und Sie fühlen eine Geborgenheit, deren Dimension alles überschreitet, was Ihnen ein Mensch je geben konnte.

Lösungsversuche und Fallstricke

> *Ich habe mich an allem Möglichen orientiert – nur selten an mir.* *Kristiane Allert Wybranietz*

Sie sind ein Überlebenskünstler. Diese Fähigkeit haben Sie schon früh trainiert, als Sie übten, allein zurechtzukommen. Ihre feinen Sensoren orten, was vorgeht, und mit der Ihnen eigenen Flexibilität passen Sie sich an die Umstände an. Instinktiv wissen Sie, wann es klug ist, eine Grenze einzuhalten. Wer aber deshalb glaubt, Sie »unterbuttern« zu können, irrt. Sobald Sie eine Möglichkeit dazu sehen, werden Sie Ihre Grenzen wieder ausdehnen, entweder offen oder subtil manipulativ. Sich in die Umstände hineinzufügen fällt Ihnen gar nicht so schwer, denn Sie haben weniger fest umrissene Vorlieben und Abneigungen als viele andere Menschen. In Ihrem Leben wie in Ihren Beziehungen haben Sie keine feste Kontur. Sie werden zu der Person, die der andere in Ihnen sehen möchte, so sehr Sie das nur vermögen. Wie Wasser fließen Sie in die neue Form hinein. Das stärkste Motiv Ihrer verletzten Seite ist, gebraucht zu werden. Immer misst ein inneres Thermometer den Grad an Wärme und Liebe, den man Ihnen entgegenbringt. Mit feinem Gespür finden Sie heraus, wo die schwachen Stellen anderer Menschen sind. Sie stehen ihnen bei in ihrem Leid, ihren Schmerzen und Konflikten und werden unentbehrlich. So, glauben Sie, kann Ihnen nichts geschehen, denn Sie bieten weder eine Angriffsfläche noch einen Grund, Sie zu verlassen. In Ihrer Anpassungsfähigkeit und Dienstbereitschaft liegt eine große Macht. Genau an dieser Stelle sind Sie jedoch selbst manipulierbar. Wenn Ihnen jemand signalisiert, dass er Sie braucht, können Sie nicht nein sagen. Immer wieder aber geraten Sie auch an Menschen, die sich Ihrer liebevollen Umklammerung entziehen.

Als Kind haben Sie sich vor Leid geschützt, indem Sie vergaßen, wer Sie sind und was Sie wollten. Weil niemand um Sie herum sich wirklich für Sie zu interessieren schien, interessierten Sie sich ebenfalls nicht für sich. Schon früh haben Sie gelernt, sich zu betäuben: mit Arbeit, Pflichten, mit Alkohol, Tabletten, Nikotin, mit Ablenkungen aller Art. Was nicht passt, lügen Sie sich schön. Selbstbetrug ist eine Ihrer erfolgreichsten Vermeidungsstrategien. Er schützt Sie vor unliebsamen Erkenntnissen und deren Konsequenzen. Was, wenn die Wahrheit an den Tag käme? Was, wenn Sie etwas ganz anderes wollten, als Sie die ganze Zeit über glaubten? Auch wenn Sie nach außen gefestigt und lebensklug erscheinen, gibt es etwas in Ihnen, das ziellos durch das Leben treibt. Weil Sie nicht wissen wollen, was Sie wissen – denn tief im Inneren kennen Sie die Wahrheit –, ziehen Sie es vor, an den essenziellen Stellen blind und taub zu sein. Sie halten diesen Schutzmechanismus aufrecht, denn mit nachlassender Betäubung kehren heftige Schmerzen zurück – und die Angst, Sie könnten den Konsequenzen der Wahrheit, der Sie nun ins Gesicht sehen müssen, nicht gewachsen sein. Statt sich einzugestehen, welche Weichen Sie aus Angst gestellt haben, obwohl Sie sich nach anderen Dingen sehnen, betonen Sie das Akzeptable und das Positive – ein guter Zug, wenn er Sie nicht von den Erkenntnissen ablenken würde, um die es geht: eine Beziehung, die sich auseinander entwickelt hat vielleicht, eine Abhängigkeit, die Sie gern los wären, eine Arbeit oder Lebensbedingungen, von denen Sie einfach genug haben, und immer wieder die Einsamkeit, die Sie veranlasst, an Beziehungen mit aller Macht festzuhalten. Sie glauben, andere Menschen zu brauchen, um Ihrem Leben einen Sinn zu geben. Sie kennen allerlei Süchte, zum Beispiel die Sucht nach Träumen und Fantasien. Ihre bevorzugte Sucht ist die Beziehungssucht: Aus Angst vor Leere klammern Sie sich an Ihren Partner oder Ihre Partnerin. Für eine dauerhafte Beziehung sind Sie bereit, alles zu geben. Der andere ist der Anker in dem Meer, in dem Sie treiben. Durch die Flucht in den Traum leben Sie, was das Leben Ihnen nicht zu bieten scheint.

Vielleicht gehören Sie jedoch zu den Menschen, die die Flucht nach vorn antreten: Statt Traum ist Realismus Ihr Mittel, um schmerzhafte Gefühle zu verdrängen. Nur das Ergebnis zählt. Für einen Erfolg sind Sie bereit zu lavieren und hängen Ihr Fähnchen nach dem Wind. Weil Ihnen ohnehin nicht klar ist, was Sie wirklich motiviert, und weil Bewertungen wie gut und böse fließend sind, könnte es sein, dass Sie wenig Hemmungen kennen, wenn Sie etwas haben wollen.

Sie haben den Anspruch an sich, großzügig und optimistisch zu sein. Auch das kann Ihnen dabei helfen, sich um Ihre wunden Punkte herumzumogeln: Sie finden Erklärungen, sind tolerant und einsichtig an Stellen, an denen Sie besser kritisch wären. Sie sehen nicht genau hin, bis Sie irgendwann die Realität einholt. Eine Seite in Ihnen verachtet Details und alles, was Sie für kleinkariert halten.

Konstruktive Lösungsstrategien auf dem Weg zum Ziel

If you are not here
You are nowhere
If you are just here
You are somewhere
If you are really here
You are everywhere
Introduction to the Yellow Pages of Trivandrum, India

Jede Ihrer Abwehrstrategien hat ihre negative und ihre positive Seite. Ihre Anpassungsfähigkeit ist ein wirksamer Mechanismus, um gut im Leben zurechtzukommen, vorausgesetzt, Sie wissen, wer Sie sind und was Sie wollen, sodass Sie sich nicht zu einer Marionette anderer machen. Ihre Empathie und Ihre Bereitschaft, sich liebevoll um andere Menschen zu kümmern, sind ein Geschenk, vorausgesetzt, Sie tun es aus ganzem Herzen und nicht, um Macht zu gewinnen. Dann nämlich könnten Sie sich ausgenützt und ungeliebt fühlen, wenn Ihr angestrebtes Ergebnis ausbleibt. Ihre Gabe, sich zu betäuben, kann Kanäle für Informationen und Erfahrungen öffnen, die weit über Ihre Persönlichkeit hinausgehen – eine Intuition für das nicht Offensichtliche, für die Wahrheit hinter den Dingen.

Sehen Sie genau hin. Glauben Sie nicht, es genüge, die große Linie zu verstehen. Seien Sie aufmerksam und gewissenhaft in allem, was Sie tun. Lassen Sie sich nicht von Ihrer Neigung verführen, Dinge im Unklaren zu lassen. Gehen Sie Ihren Gefühlen auf den Grund. Lernen Sie Ihre wahren Triebfedern kennen: das, was Sie im Grunde Ihres Herzens zum Handeln motiviert. Seien Sie ehrlich mit sich. Wonach sehnen Sie sich wirklich? Was haben Sie schon immer gewollt? Wie können Sie eine erwachsene Form für diese Kindersehnsucht finden? Warum halten Sie an einer Beziehung fest, die Sie an wichtigen Punkten nicht erfüllt? Was könnte Sie stattdessen erfüllen? Welche unterschwelligen Bedürfnisse werden durch sie abgedeckt? Was geschieht, wenn andere Ihnen ihre Zuneigung und Bestätigung entziehen? Machen Sie eine realistische Bestandsaufnahme Ihrer Situation. Haben Sie die richtigen Weichen gestellt? Wer sind Sie jenseits eingeübter Rollen? Füllen Sie das Gefühl von Leere mit Liebe, zu sich selbst und Ihrem inneren Kind, das verstört und ängstlich nach Zuwendung schreit, zum Leben, zu Menschen im Allgemeinen. Seien Sie auch realistisch und ehrlich mit den Gefühlen und Absichten anderer Menschen. Beschönigen Sie nichts. Entwickeln Sie Lebensgeschicklichkeit auch an dieser Stelle: eine realistische Einschätzung, wann es noch möglich ist, die Grenzen auszudehnen, um zu bekommen, was Sie wollen, und wann es gut ist zu akzeptieren, wie die Dinge sind. Fixieren Sie sich nicht. Ihre Kraft liegt in echter, kluger Nachgiebigkeit. Mit dieser Form von Weisheit werden Sie das bestmögliche Ergebnis erzielen. Es mag nicht immer das Ergebnis Ihrer Träume sein, doch durch Ihre Akzeptanz entstehen innerer Friede und mehr Glück, als Sie sich vorstellten, auch ohne den erträumten Idealzustand. Denken Sie an die Worte des großen Physikers und Begründers der Quantentheorie, Max Planck: »Auch eine Enttäuschung, wenn sie nur gründlich und endgültig ist, bedeutet einen Schritt vorwärts.«

Üben Sie sich in jenem meditativen Zustand des nicht Wertens und Wollens, den wir Betrachtung nennen. Wenn für Ihren Gegentyp 6a gilt: »Ich schließe meine Augen, um zu sehen«, dann gilt für Sie: »Ich öffne meine Augen, um zu sehen.« Wenn Sie auf diese Weise schauen, kann es sein, dass Sie das Gefühl haben, vieles zum ersten Mal zu sehen. Betrachten Sie die Welt, wie Daniel Goleman sagt, »mit den staunenden Augen eines Kindes und dem unbestechlichen Blick eines Wissenschaftlers«. Glauben Sie nicht, was man sagt und was man schreibt, sondern beobachten Sie selbst, und denken Sie nach. Entwickeln Sie eine konstruktive kritische Haltung. Achtsamkeit ist Ihr Schlüssel zum Glück, Selbstbeobachtung Ihr Tor zum Selbstverständnis. Werden Sie sich Ihrer selbst bewusst. So wird es Ihnen gelingen, den Platz in der Welt und die Beziehungen zu finden, die Ihnen eine echte Heimat sind. In diesem Zuhause werden Ihre wahren Bedürfnisse erfüllt.

Leben Sie das gewöhnliche Leben auf ungewöhnliche Weise. Entdecken Sie die Liebe zum Alltäglichen und zum Detail. Um Einfluss zu nehmen und Ihren Platz im Leben zu finden, müssen Sie ein klares und von innerer Wahrhaftigkeit durchdrungenes Ziel definieren, dem Sie sich einfühlsam, langsam und stetig nähern. Berücksichtigen Sie die Details. Seien Sie sorgfältig. Wenn es Ihnen noch nicht gelingt, ein solches Ziel zu finden, üben Sie dennoch Achtsamkeit und Einsatzbereitschaft. Sie führen Sie an den Punkt, an dem sich Ihre wahren Ziele offenbaren.

Seien Sie offen für Informationen, und entwickeln Sie eine gewisse Sachlichkeit. Machen Sie sich den Grundsatz des erfolgreichen Schriftstellers und früheren englische Premierministers Benjamin Disraeli zu Eigen: »Die zweitwichtigste Kunst nach der Fähigkeit, Gelegenheiten zu ergreifen, ist zu wissen, wann ein Vorteil ungenutzt bleiben muss.« Nützen Sie Ihre sich wandelnden Erinnerungen, um zu erkennen, dass Erinnerung eine Frage der emotionalen Gestimmtheit ist, die den Blickwinkel bestimmt, unter dem Sie etwas betrachten: Wenn Sie heute von einem Buch schwärmen, das Sie vor zwanzig Jahren toll fanden, kann es sein, dass Sie Ihre Begeisterung nicht mehr verstehen, wenn Sie es wieder zur Hand nehmen. Diese Erkenntnis schenkt Ihnen eine unglaubliche Freiheit. Nun können Sie Erinnerungen neu definieren, sodass sie zu glücklicheren Wurzeln Ihrer Handlungen werden.

Ihre tiefste Motivation besteht darin, Ihre Gabe der vorurteilslosen Betrachtung der Welt zu nutzen, um etwas zu tun, das den Menschen ihre gemeinsame Wurzel deutlich macht. Um dies tun zu können, müssen Sie begreifen, dass unsere Freiheit nicht zuletzt in der Kunst der richtigen Einordnung liegt.

Ihr Lebensziel

Vertrauen ist eine Oase des Herzens, die von der Karawane des Denkens nie erreicht wird. *Khalil Gibran*

Dieses Leben ist Ihre Chance, Ihre Sehnsucht nach wahrer Freiheit zu verwirklichen. Sie haben eine Lebensform für sich gefunden, in die Sie sich gern einfügen, und haben Ihre Freiräume abgesteckt. Sie leben aus Ihrem Herzen, Ihrer Intuition und aus einem tiefen Vertrauen in das Leben. Sie wissen, wohin Sie gehören – oder genauer gesagt –, wohin Sie jenseits Ihrer Ängste gehören wollen. Sie sind sich Ihrer Empfindungen bewusst und können sie zeigen. Jedes ausgedrückte Gefühl entspricht Ihrer inneren Wahrheit. Sie kennen Ihre Beweggründe und wissen, dass Sie die innere Freiheit besitzen, sie gegebenenfalls zu verändern. Indem Sie den Weg des geringsten Widerstandes gehen, erreichen Sie das bestmögliche Ziel. Wie Wasser machen Sie vor einem Hindernis Halt, sammeln Kraft, um es schließlich zu überspülen. Anders als früher, als Sie noch versuchten, Dinge zu erzwingen, tun Sie nun alles, was getan werden muss und was Sie tun können, und Sie tun es nach bestem Wissen und Gewissen – und lassen dann los. Durch Ihr einfühlsames Vorgehen, Ihre flexible Anpassung und Bereitschaft, nicht mehr als nötig einzugreifen, gibt es kein Stagnieren, keinen unnötigen Reibungsverlust durch Widerstand, wenn die Zeichen der Zeit anders stehen. Sie sind zur richtigen Zeit am richtigen Ort und können gute Gelegenheiten nutzen. Sie verbinden ein Grundvertrauen mit einer soliden Einschätzung der Lage.

Sie sind auf eine besondere Weise präsent. Keine Nuance entgeht Ihnen. Jedes Detail findet Ihre Aufmerksamkeit. Alles, was Sie sehen, gibt Ihnen die Möglichkeit, Rückschlüsse auf das zu ziehen, was ist oder was kommen wird; und so haben Sie die Chance, sich optimal zu platzieren, und können diese Gabe auch für andere einsetzen. Sie sprechen zum richtigen Zeitpunkt eine Warnung aus und raten dann, wenn es sinnvoll ist, zum Vorangehen. Mit Ihren Energien und allen Ressourcen gehen Sie ökonomisch um und nutzen Ihr feines Gespür, um herauszufinden, wer wann am besten Platz ist.

Sie haben Ihr Leben geordnet und sind bereit, Konventionen und Regeln in dem Maße einzuhalten, wie sie Ihnen sinnvoll und lebensförderlich erscheinen. Dennoch fühlen Sie diese Sehnsucht, sich nicht den Zwängen der Gesellschaft, den gängigen Moralvorstellungen oder der Meinung anderer Leute beugen zu müssen. Sie sind sich der Freiheit bewusst, die entsteht, wenn wir in größeren Dimensionen denken und fühlen als denen, in denen wir uns gemeinhin bewegen: unsere üblichen Werte, unsere Vorstellungsgrenzen, all unsere Bindungen, durch die wir so vieles ausgrenzen. Trotzdem wissen Sie, dass diese Freiheit die Aufforderung in sich birgt, sich nicht in ihr zu verlieren, kein Blatt im Wind des Lebens zu sein, sondern sie zu nutzen, um selbstverantwortlich die Ihnen gegebene Zeit für die Ziele zu nutzen, die Sie für wertvoll halten.

Der Vernunft, dem Verstand und dem Denken messen Sie nun eine andere Bedeutung bei: Statt sich an sie zu klammern, um so etwas wie Sicherheit zu erlangen, sehen Sie sie als nützliches Instrument zur Differenzierung, aus der Klarheit entsteht. Dennoch verstehen Sie Werner Heisenberg, der sagte: »Der erste Trunk aus dem Becher der Naturwissenschaften macht atheistisch, aber auf dem Grund des Bechers wartet Gott.« Ihr Gefühl der Einsamkeit hat sich verändert. Wie auf Caspar David Friedrichs Bild »Der Mönch am Meer« erleben

Sie sich winzig angesichts der Größe des Universums und geborgen zugleich. Sie wissen, dass Zeiten des Rückzuges, Alleinsein und die Auseinandersetzung mit sich selbst Sie zu sich führen. Wären die Menschen, auf die Sie Ihren Halt gründeten, immer auf die Weise für Sie da, die Sie sich in Ihren Verschmelzungsträumen wünschten, hätten Sie nie einen Anlass gefunden, sich selbst zu erkennen und die differenzierte, gefühlsvolle Persönlichkeit aus sich zu machen, die Sie nun sind.

Vor allem aber haben Sie gelernt, wahrhaft zu lieben. Die Spiele der Manipulation und Abhängigkeit haben ihr Ende gefunden, denn Sie lieben auf eine Weise, die den anderen ebenso frei lässt, wie Sie es im Grunde Ihres Herzens – dann, wenn Sie heil genug sind – sein möchten. Sie haben zutiefst verstanden, dass die Hölle auf Erden entsteht, wenn wir anderen und uns selbst Schuld zuweisen, dafür, dass wir sind, wie wir sind. Sie glauben an die Rückkehr des »verlorenen Sohnes«, machen eine Rückkehr aber nicht zur Bedingung. Tania Blixens Bekenntnis ist zu Ihrem geworden: »Wenn ich mich hinsetzte, um von der Liebe zu schreiben, die mein Herz umfangen hält, so wäre es so viel, dass es ein herrliches großes Buch nicht fassen könnte.«

Ursprung und Grundlagen der Typologie

Sechs Lebenslandschaften

Die sechs Typen der »Reise zum Lebensziel« beschreiben sechs archetypische Lebenswege. Jeder dieser Lebenswege befasst sich mit jeweils einem von sechs großen Themen, um die das menschliche Leben kreist. Sie können mit Landschaften verglichen werden, durch die wir wandern, um sie immer besser kennen und nützen zu lernen. Dabei enthält jede Landschaft ihre eigenen Herausforderungen, Aufgaben und Ziele. In jeder Landschaft können andere Blumen und Sträucher blühen, gibt es unterschiedliche Bodenbeschaffenheit, Seen, Täler und Berge, Häuser und Menschen. Unsere Bestimmung liegt darin, unsere Lebenslandschaft zum Blühen zu bringen. Für jede Landschaft gibt es jeweils zwei Startpositionen, die in den Subtypen a und b beschrieben werden.

Da wir nicht »aus einem Holz geschnitzt«, sondern komplexe Wesen sind, sind wir meist mehr als einem Typ zuzuordnen. Wenn Sie den Fragebogen beantworten, wird sich in der Regel ein Haupttyp zeigen (der, der die höchste Punktezahl bekommt) und ein bis zwei weitere Typen, deren Themen ebenfalls relevant sind. Im Normalfall bekommen diese Typen etwas geringere Punkte, können sich jedoch, auch abhängig von der Lebensphase, als gleich stark präsentieren. Ihren Mischtyp finden Sie also, wenn Sie, ausgehend von der Punktezahl, die stärksten zwei bis drei Typen in ihren Aussagen kombinieren. Ihr individueller Typ kann auch berechnet werden (siehe weiter unten: **Anfertigung Ihres individuellen Lebensschlüssels S. 251**).

Der Mensch im Mittelpunkt des Universums

Die Struktur der sechs Gegensatzpaare ergibt sich aus der Erkenntnis Einsteins und im Weiteren der Quantenphysik, dass jeder Punkt im Universum zum Ausgangspunkt gemacht werden kann, weil es kein fest definiertes Zentrum gibt. Für unseren Wirklichkeitszugang ist es elementar, dass alles, was wir erleben, immer von der Perspektive – also dem Standort des Beobachters – abhängt. Der Beobachter und sein jeweiliger Standort bilden den Ausgangspunkt, von dem aus die Welt betrachtet wird. So ist jeder Beobachter immer Mittelpunkt des von ihm wahrgenommenen Universums. Dieser Standort kann ein räumlicher sein, also der tatsächliche Ort, an dem wir uns aufhalten, oder ein innerer. Sowohl der äußere als auch der innere Standort entscheiden darüber, welche Sicht sich uns bietet und welchen Standpunkt wir entsprechend einnehmen. Das bedeutet, dass jede Sichtweise immer relativ ist, weil sie sich mit einer Standortveränderung ebenfalls verändert. Für unsere Lebensgestaltung ist der innere Standort als ausschlaggebend zu betrachten, denn er beschreibt, welche Bedeutung wir dem, was wir sehen, beimessen. Eine Veränderung des äußeren Standortes – ein Ortswechsel – kann uns helfen, einen freieren Geist und neue Perspektiven zu entwickeln. Für die Veränderung des inneren Standortes brauchen wir uns räumlich nicht zu bewegen, und doch verändert sich alles, wenn wir diesen inneren Ortswechsel vornehmen: Unsere Sichtweisen, Bewertungen und Erkenntnisse und entsprechend unsere Handlungsmöglichkeiten können eine vollständig andere Qualität gewinnen. Obwohl diese Erkenntnis mittlerweile Allgemeingut geworden sein dürfte, machen wir uns nicht wirklich bewusst, was sie für uns bedeutet: Sie zeigt, dass das Leben in viel größerem Umfang eine *Wahl* ist, als wir glauben, anstatt ein Ort unumstößlicher Tatsachen.

Das bekannteste Experiment der Physik, mit dem man

herausfinden wollte, ob Licht aus Wellen oder aus Teilchen besteht, hilft uns, zu verstehen, welche zentrale Bedeutung unsere Ausgangsposition hat. Es bewies: Licht ist beides. Je nachdem, welches Ergebnis der Wissenschaftler als Beobachter des Experiments erwartet, zeigt sich die eine oder die andere Qualität des Lichts. Sein innerer Standort – also seine Erwartungshaltung – bestimmt über die Art und Weise, wie er das Experiment anordnet, und fördert entsprechend die eine oder die andere Eigenschaft des Lichts zu Tage. Was Licht als Ganzes ist, wissen wir nicht, denn wir haben nur zu seinen Teilaspekten Zugang. Auf unser tägliches Leben übertragen bedeutet das, dass wir aufgrund unserer Position nur bestimmte Anteile einer Person oder einer Sache erkennen können und dass ein Standortwechsel ebenfalls andere Anteile sichtbar machen wird. Das Gleiche gilt für unser Selbstbild.

Doch nicht nur unser Ausgangspunkt ist entscheidend, obwohl er die Startbedingungen festlegt, sondern auch die Art und Weise, wie wir den damit verbundenen Weg gehen. Um in dem im ersten Kapitel eingeführten Bild zu bleiben: Die Quelle ist der Beginn. Wie sie sich dann ihr Flussbett im Zusammenspiel mit den Gegebenheiten gräbt, entscheidet über die Tiefe und den Verlauf des Flussbetts.

Sechs Richtungen und sechs archetypische Wege

Durch die Aufteilung der Wirklichkeit in eine Anzahl von Ordnungskriterien wird sie für uns fassbar, und wir können uns orientieren. Alle religiösen, philosophischen und naturwissenschaftlichen Systeme sind Erklärungsmodelle der Wirklichkeit. Sie beschreiben sie jeweils aus einer bestimmten Perspektive und unterteilen sie nach einer bestimmten Anzahl von Kriterien. So wie ein Kuchen in zwei oder sechzehn Stücke geschnitten werden kann, kann die Wirklichkeit in eine beliebige Anzahl von Grundelementen unterteilt werden. Jede Aufteilung ist dabei gleichberechtigt. Keine ist »richtiger«, sondern jede ist lediglich anders und geht von anderen Voraussetzungen aus. Ausschlaggebend für die Wahl des Betrachtungssystems ist die Frage, was wir denn wissen wollen.

Dies gilt auch für die Entwicklung von Typologien: Wir können Menschen unter drei, sechs, neun, zwölf oder einer beliebigen anderen Anzahl an Persönlichkeitszuordnungen betrachten. Es ist jedoch leicht einzusehen, dass eine zu große Zahl unübersichtlich wird und ihren Zweck nicht mehr erfüllt. Typologien verwenden in ihrer Einteilung traditionell Zahlen, die bereits einen mythisch-spirituellen Hintergrund haben: die Drei zum Beispiel, die als Zahl der Ganzheit und Vollkommenheit betrachtet wird, erscheint in der Konstitutionslehre mit den Typen »sanguinisch«, »phlegmatisch« und »cholerisch«. Die Vollkommenheit der Drei zeigt sich in Entsprechungen wie »Vater, Sohn, Heiliger Geist«, »Vater, Mutter, Kind« oder »These, Antithese, Synthese«.

Die Typologie »Reise zum Lebensziel« legt aus Gründen, die weiter unten erläutert werden, sechs Typen mit jeweils zwei gegenpolaren Ausrichtungen zugrunde. Die sich daraus ergebenden beiden Subtypen sind wie zwei Seiten einer Medaille. Als Ziel streben sie das Gleiche an: die Synthese beider Pole. Jeder Subtypus startet an einem Pol. Auf seinem Lebensweg lernt er, den anderen Pol auf eine immer konstruktivere Weise zu integrieren und so zu seiner persönlichen Form von Synthese zu finden.

Die »Reise zum Lebensziel« stellt den einzelnen Menschen in den Mittelpunkt seines Universums. Warum die Zahl sechs als Einteilungsgrundlage besonders sinnvoll ist, lässt sich aus den Grunddeterminanten menschlichen Erlebens erklären:

1. Wir leben in einer dreidimensionalen Welt.
2. Wir können uns nur erkennen, indem wir uns zu etwas in Bezug setzen.

3. Bewusstsein entsteht aus dem Erkennen von Unterschieden.

1. Wir leben in einer dreidimensionalen Welt

Nehmen Sie sich einen Augenblick Zeit, und erleben Sie sich bewusst als Mittelpunkt der Welt. Lassen Sie für diesen Moment räumliche Grenzen wie den festen Boden unter sich außer Acht. Stellen Sie sich vor, Sie könnten sich in diesem Raum, dessen Mittelpunkt Sie sind, frei bewegen. Wie viele Hauptrichtungen gibt es, die Sie, ausgehend von Ihrer Blickrichtung, einschlagen könnten? In einem dreidimensionalen Raum können Sie sich nach vorn, hinten, links, rechts, oben und unten bewegen – sechs Wege eröffnen sich Ihnen. Alle Richtungen, die zwischen diesen Hauptrichtungen liegen, sind Ableitungen davon. Sie unterteilen die grundlegende Sechserstruktur und sind deshalb als Unterfunktionen beziehungsweise als Mischungen zu verstehen.

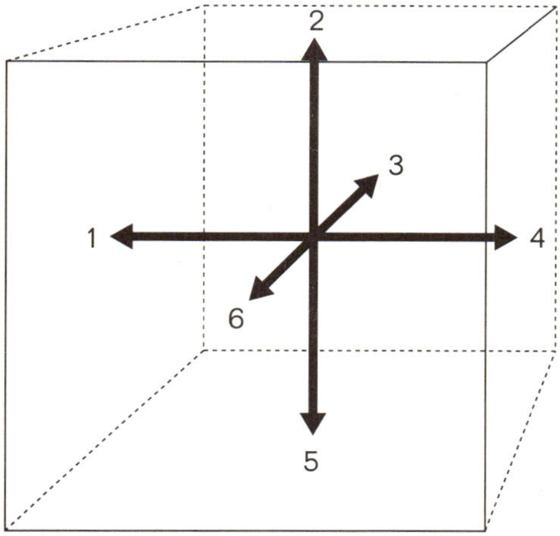

ABB 3: Sechs Richtungen. Bei der weiter oben beschriebenen Übung stehen Sie auf dieser Abbildung im Knotenpunkt.

Entsprechend kann der Wirklichkeitszugang des Menschen über sechs Grundthemen definiert werden, die archetypische Themen abbilden, um die das menschliche Leben kreist: Beziehung zur Umwelt (Typ 1), Geist und Materie (Typ 2), Kommunikation (Typ 3), Identität (Typ 4), Ausdruck der Identität durch Handeln (Typ 5), Standortbestimmung (Typ 6). Jeder der sechs Wege beschreibt einen psychologischen Typus mit einem Lebensschwerpunkt, persönlichkeitsspezifischen Merkmalen, Problemfeldern und einem Entwicklungsziel.

Der Standort des einzelnen Menschen wird in dieser Typologie als der Startpunkt seiner *Reise zum Lebensziel* und entsprechend als Ausgangspunkt seiner Bestimmung verstanden. Bei seiner Geburt blickt der Mensch in eine der sechs Richtungen, diejenige, die ihn auf den Weg seines zentralen Lebensthemas führt. Ist sein zentrales Lebensthema eine Mischung aus zwei der sechs Typen, blickt er zum Beispiel in Richtung der Diagonale: Er steht zwischen dem einen und dem anderen Lebensweg. Seine Lebensaufgabe besteht darin, eine individuelle Synthese nicht nur aus den beiden Polen, sondern auch aus beiden Typen zu bilden.

Den Weg seiner Blickrichtung muss er gehen. Sie ist etwas Vordefiniertes, mit dem er geboren wurde. Die große Anzahl an Möglichkeiten, die sich dennoch ergeben, lassen sich mit dem Bild eines Spiels verdeutlichen: Nehmen wir an, Ihr Leben wäre ein Schachspiel. Es gäbe ein in Größe und Form festgelegtes Spielbrett und bestimmte Spielfiguren, die sich jeweils nur auf eine bestimmte Weise bewegen dürfen: der Turm anders als der Springer oder der Bauer. Trotz dieser vorgegebenen Bedingungen ist zu Beginn des Spiels alles offen. Wenn Sie ein Buch aufschlagen, in dem Schachpartien abgebildet sind, können Sie sich die unglaublich große Anzahl an Spielverläufen deutlich machen. Nur eines ist nicht möglich: Sie können nicht beschließen, statt Schach »Mensch ärgere dich nicht« oder »Halma« zu spielen. Und: Ohne die Vorgaben wäre das Spiel gar nicht möglich. Es wäre nämlich nicht definiert, und Sie wüssten gar nicht, was Sie spielen sollen.

Ihre Blickrichtung zum Zeitpunkt der Geburt legt die Chancen, Herausforderungen und Erfahrungen, denen Sie begegnen werden, auf die gleiche Weise fest wie das Schachbrett und seine Figuren die Grundvoraussetzungen für das Spiel. Sie bilden das Grundmuster Ihres Lebens, aus dem Sie Ihr eigenes Spiel gestalten. Entsprechend stellt jeder der sechs Typen und seine Mischungen einen *Schlüssel zum Leben* dar. Ihr individueller Typ ist *Ihr persönlicher Lebensschlüssel.*

2. Wir können uns nur erkennen, indem wir uns zu etwas in Beziehung setzen

Leben heißt, in Beziehung treten. Obwohl wir uns in unserem Alltagsbewusstsein als getrennte, eigenständig existierende Wesen empfinden, bestehen und agieren wir in Wahrheit in einem Netz von Bezügen und Wechselwirkungen. Die Art und Weise, wie wir uns zu der Welt um uns herum in Beziehung setzen, das heißt, wie wir das, was wir erleben, bewerten und wie wir daraufhin handeln, entscheidet in wesentlichem Umfang über den Verlauf und die Qualität unseres Lebens. Aus unseren Erfahrungen, die sich durch unsere Bewertungen bilden, entsteht unsere Identität. Kurz gefasst kann Identität nur durch unsere Beziehung zur Umwelt entstehen. Jeder der sechs Persönlichkeitstypen stellt eine spezifische Weise dar, sich zu anderen Menschen und zur Welt im Allgemeinen in Beziehung zu setzen.

Die elementare Bedeutung der Umwelt für unsere Möglichkeit, Identität zu entwickeln, beschreibt Neale Donald Walsch in *Freundschaft mit Gott* mit einem eingängigen Bild:

»Stell dir vor, du befindest dich in einem völlig weißen Raum –

weiße Wände, weißer Boden, weiße Decke, keine Ecken. Und stell dir vor, dass du, von einer unsichtbaren Kraft gehalten, in diesem Raum schwebst. Du hängst da mitten im Raum. Du kannst nichts berühren, du kannst nichts hören, und du siehst nur weiß um dich herum. Was glaubst du, wie lange du auf der Ebene deiner Erfahrung von dir, des Erlebens deiner Person ›existieren‹ wirst?« Die Antwort lautet, dass wir in einem solchen Fall zwar existieren, aber nichts über uns wissen würden. Fragen wie »Bin ich groß?« »Bin ich klein?« ließen sich nicht beantworten, weil es nichts außerhalb von uns selbst gäbe, womit wir uns vergleichen könnten. *»Dann geschieht etwas, um all das zu ändern. Es erscheint ein kleiner Punkt an der Wand. Es ist, als sei jemand mit einem Füllfederhalter gekommen und hätte ein winziges Tintentüpfelchen hinterlassen. Niemand weiß, wie dieser Punkt dorthin gekommen ist, aber das spielt auch keine Rolle, denn der Punkt hat dich gerettet.*

Nun gibt es da noch etwas anderes. Da bist du, und da ist dieser Punkt an der Wand. Plötzlich kannst du wieder Entscheidungen treffen, kannst du wieder Erfahrungen machen. Der Punkt ist dort drüben. Das bedeutet, du musst hier sein. Der Punkt ist kleiner als du. Du bist größer als er. Du fängst an, dich wieder zu definieren – in Bezug zu dem Punkt an der Wand. Deine Beziehung zu dem Punkt wird etwas Heiliges, weil sie dir dein Gefühl für dein Selbst zurückgegeben hat.«

3. Bewusstsein entsteht aus dem Erkennen von Unterschieden

Stellen Sie sich ein Blatt Papier vor. Genau in der Mitte ist eine Trennlinie gezogen. Beide Hälften sind ansonsten leer. Wie können Sie beide Hälften unterscheiden? Und zwar ohne ein Bezugssystem aus dem Umfeld des Blattes zu verwenden (zum Beispiel linke Hälfte, rechte Hälfte).

ABB 4: Blatt mit Trennlinie

Nun fügen wir in der einen Hälfte einen Stern ein:

ABB 5: Blatt mit Trennlinie und Stern

Wie sieht es nun aus? Plötzlich ist es ganz leicht, die beiden Hälften zu unterscheiden, und außerdem entsteht noch eine emotionale Bewertung: Der Stern gefällt Ihnen oder nicht, Sie ziehen die leere Seite vor oder nicht. Durch den Unterschied kommt Leben und Bewegung in das Bild. Sie sind herausgefordert, sich zu positionieren. Was finde ich schön und was nicht? Auf welche Seite will ich mich stellen? Was sagt das über mich aus? Was bedeutet das für meine Entscheidungen? Die Antworten auf diese Fragen zeigen Ihnen, wie Sie sich selbst definieren. Übertragen Sie das Bild des Blattes auf Ihre täglichen Lebensfragen, auf Ihre Ansichten und Ziele, Ihre Vorlieben und Abneigungen, und Sie werden sich selbst neu erfahren: Wo ziehe ich die Grenzen zwischen anderen Menschen und mir? Zwischen welchen Menschen und mir? Warum? Wo mache ich einen Unterschied und warum? Was heiße ich gut, und was ist meiner Meinung nach schlecht?

Abschließend möchte ich Sie noch zu einem Gedankenexperiment einladen:

Könnten Sie die Grenze zwischen dem, was Sie gut heißen, und dem, was Sie ablehnen, verschieben, und welche Konsequenzen würden sich daraus ergeben? Was würde sich in Ihrem Leben dadurch ändern?

Wie schon in dem Bild von Neale Donald Walsch beschrieben, definieren wir uns über die Unterschiede zwischen uns und anderen beziehungsweise über die Unterschiede zwischen uns und der Welt insgesamt: »Das ist eine Pflanze. Ich bin keine Pflanze, sondern ein Mensch.«

Die Typologie der sechs Lebensschlüssel baut auf der Wahrnehmung von Unterschieden auf. Unterschiede entstehen für uns am deutlichsten durch Gegensätze: heiß oder kalt, hell oder dunkel, angenehm oder unangenehm. In jedem von uns

ABB 6: Blatt mit Stern und verschobener Grenze

gibt es etwas, von dem wir sagen, »das bin ich«, und etwas, von dem wir sagen »das bin ich nicht«. Nach einigem, von dem wir sagen »das bin ich nicht«, fühlen wir eine Sehnsucht, denn wir ahnen oder wissen, dass in der Integration des Gegenpols der Weg zu unserer Ganzheit liegt. Jeder der sechs Typen entsteht aus einem Gegensatzpaar, das in seiner Unterschiedlichkeit klar abgegrenzt ist. Zusammen bilden die beiden Antipoden das Ganze wie zwei Seiten einer Medaille. Die »Reise zum Lebensziel« eines jeden der sechs Typen besteht in der individuellen Synthese, die er aus den Gegenpolen herstellt. Dies ist nicht statisch, als ein einmal festgelegtes und zu erreichendes Ziel zu verstehen, sondern als lebendiger Vorgang, der sich wie Fraktale aus dem Grundmuster entwickelt. Sein gesamtes Leben kreist darum, immer neue Formen der Synthese zu finden und zu bilden. In manchen Zeiten bewegt er sich dabei mehr um die Mitte herum, in anderen enthält seine Synthese mehr von dem einen oder anderen Pol.

Auf der »Reise zum Lebensziel« ist das Wort »Ziel« nicht

als das Ende einer Strecke, sondern als ein Möglichkeitsraum zu verstehen.

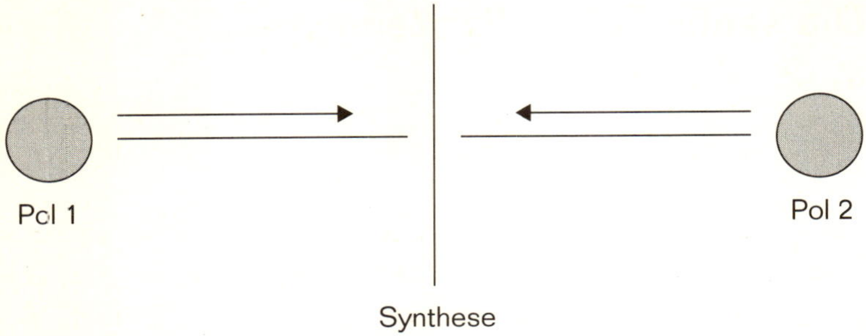

ABB 7: Die Pole und ihre Synthese

Die sechs Persönlichkeitstypen in der Astrologie

Astrologie ist ein System, das in der Lage ist, das gesamte uns bekannte Universum und alle darin stattfindenden Beziehungen und Abläufe in Form von Prinzipien zu beschreiben. Sie verwendet dazu eine Symbolsprache, die auf zwölf Grundprinzipien – den Tierkreiszeichen – aufgebaut ist. Jeweils zwei stellen ein Gegensatzpaar dar. Wie die zwei Seiten einer Münze bildet jedes der sechs Gegensatzpaare zusammen eine Einheit: zwei Gesichter ein und derselben Thematik. Gleichzeitig stellt sie den Menschen in den Mittelpunkt: Das Horoskop ist die Abbildung eines bestimmten Himmelsausschnitts, so wie er sich für den einzelnen Menschen von seinem Standort bei der Geburt aus darstellt. Sein räumlicher Standort – sein Geburtsort – zu diesem Zeitpunkt bestimmt darüber, wie das Horoskop aussieht. Doch im Kern ist das Geburtsbild die Abbildung seines inneren Standortes: seiner Anlagen und Neigungen, seiner Art und Weise, die Welt zu erleben und zu deuten.

Wenn man die sich gegenüberliegenden Tierkreiszeichen, die diese Gegenpole repräsentieren, zusammenfügt, ergeben sich sechs Persönlichkeitstypen: der Typus Widder/Waage, Stier/Skorpion, Zwillinge/Schütze, Krebs/Steinbock, Löwe/Wassermann und Jungfrau/Fische. Anders als in den gängigen Vorstellungen über die Astrologie sind wir nicht einfach ein »Widder«. Jeder Typus hat seine eigene Lebensthematik, die in Form von Gegensätzen erlebt und bearbeitet wird. Entsprechend gibt es zwei Startmöglichkeiten: Man kann zum

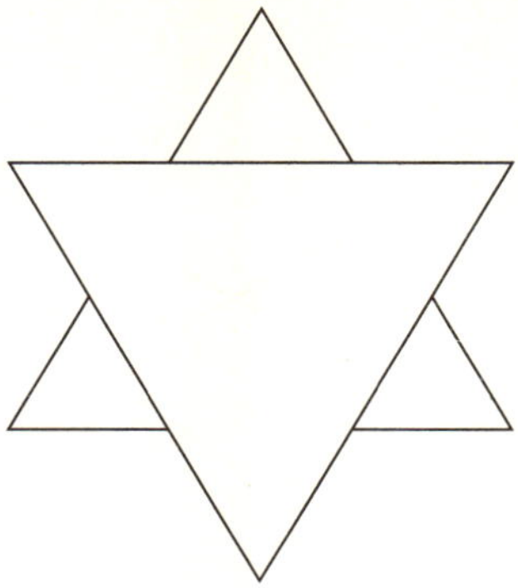

ABB 8: Der Tierkreis als Hexagramm

Beispiel ausgehend von der Jungfrau als Startpunkt zu den Fischen blicken oder umgekehrt von den Fischen ausgehend zur Jungfrau. Der anvisierte Pol entspricht dem auf dem Lebensweg zu integrierenden Thema.

Wenn wir die gegenüberliegenden Eckpunkte mit Linien verbinden, ergibt sich eine Struktur aus sechs Typen mit jeweils zwei Polen:

Mit dieser Struktur formulierte die Astrologie in Form einer Bildersprache schon lange vor den großen Wissenschaftlern wie Albert Einstein, Nils Bohr und Werner Heisenberg Grundtatsachen der menschlichen Existenz. Dass sie sich dabei auf Axiome – Grundannahmen – stützte, brachte sie immer wieder in Verruf, obwohl sie durchaus nicht das einzige System ist, das sich auf Axiome beruft. Mit dem »wunderbaren Kreis«, wie der Astrologe Nicolaus Klein den Tierkreis nannte, ist es möglich, das persönliche Universum eines Menschen zu betreten, die zentralen Inhalte seines Lebensweges

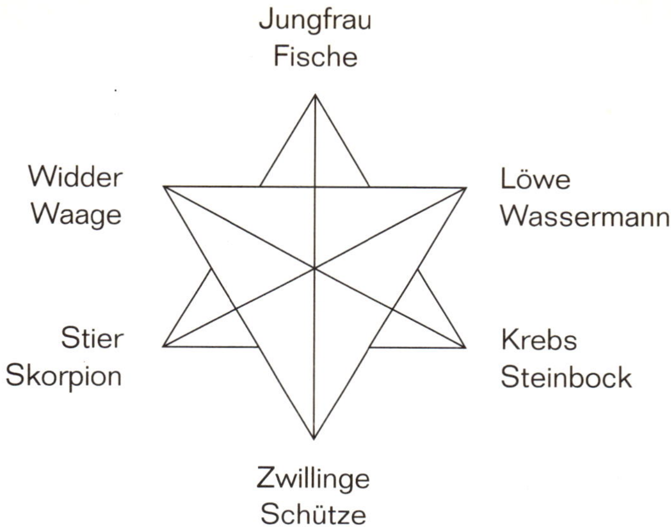

ABB 9: Der Tierkreis dargestellt als sechs Typen mit jeweils zwei Polen

zu erkennen und ihm einen Leitfaden auf der *Reise zu seinem Lebensziel* zu geben.

Anfertigung Ihres individuellen Lebensschlüssels

Dieses Buch gibt Ihnen die Möglichkeit, Ihren Grundtypus und seine möglichen Mischungen zu finden. Bildlich gesprochen kann jeder Typ mit einem Hochhaus verglichen werden. In diesem Buch finden Sie den Schlüssel zu Ihrem persönlichen Hochhaus. Es kann Ihnen jedoch nicht den Schlüssel zu Ihrem ganz privaten Apartment innerhalb Ihres Hochhauses geben – das wäre noch nicht einmal möglich, wenn man eine Enzyklopädie schriebe, denn jeder Mensch ist einzigartig.

Wenn Sie den Schlüssel zu Ihrem privaten Apartment bekommen möchten, kann er in einem persönlichen Gespräch gefunden werden. Als Grundlage dafür wird Ihr Geburtsdatum, Geburtsort und Ihre Geburtszeit benötigt. Daraus wird Ihr persönliches Kosmogramm erstellt, aus dem sich in Zusammenarbeit mit Ihnen Ihr individueller Lebensschlüssel entnehmen lässt.

Bibliographie

Julia Cameron: Der Weg des Künstlers. Droemer Knaur 2000

Carlos Castaneda: Die Lehren des Don Juan. Fischer 1994

Marcus Chown: Warum Gott doch würfelt. dtv 2005

Mihaly Csikszentmihalyi: Flow – Das Geheimnis des Glücks. Klett-Cotta 2001

Wayne Dyer: Mit Absicht. Goldmann 2005

Hans-Peter Dürr, Marianne Oesterreicher: Wir erleben mehr als wir begreifen. Herder 2001

Daniel Goleman: Emotionale Intelligenz. dtv 1997

Daniel Goleman: Kreativität entdecken. Carl Hanser 2002

Brian Greene: Das elegante Universum. Siedler 2000

Anselm Grün: Quellen innerer Kraft. Herder 2005

Brigitte Hamann: Die Zwölf Archetypen. Droemer Knaur. Überarbeitete Neuauflage 2005

Douglas R. Hofstadter: Gödel, Escher, Bach – Ein endloses geflochtenes Band. dtv 1991

Josef Kirschner: Die Kunst, ein Egoist zu sein. Droemer Knaur 1992

Nicolaus Klein: Der wunderbare Kreis. Gedanken zur Evolution auf der Basis des astrologischen Häusersystems. Hugendubel 1988

Shimon Malin: Dr. Bertlmanns Socken. Wie die Quantenphysik unser Weltbild verändert. Reclam 2003

Victor Mansfield: Tao des Zufalls. Diederichs 1998

Klaus Mücke: Probleme sind Lösungen. ÖkoSysteme 2003

Robin Norwood: Wenn Frauen zu sehr lieben. Rowohlt 1996

Bernhard Pörksen: Die Gewissheit der Ungewissheit, Carl-Auer-Systeme Verlag 2002

Harriet Rubin: Soloing. Krüger 2001
Raymond Smullyan: Das Tao ist Stille. Fischer 1994
Angela Sommer-Bodenburg: Ich lieb dich trotzdem immer. dtv 2000
Neale Donald Walsch: Freundschaft mit Gott. Goldmann 2000
Paul Watzlawik: Anleitung zum Unglücklichsein. Piper 1986
R. L. Wing: Das Arbeitsbuch zum I Ging. Goldmann 2004
Kristiane Allert-Wybranietz: Geh dem Glück ein Stück entgegen. Heyne 2004
George Johnson: In den Palästen der Erinnerung. Droemer Knaur 1991

Wenn Sie sich für ein persönliches Gespräch zu Ihrem Lebensschlüssel oder für Veranstaltungen zur »Reise zum Lebensziel« interessieren, wenden Sie sich bitte an:

Brigitte Hamann
Tel. +49 (0)170 1679920
E-Mail: info@Brigitte-Hamann.de
Homepage: www. Brigitte-Hamann.de und:
www.reise-zum-lebensziel.de